TOMÁS BALMACEDA

#PIÉNSALO
10 Casos para la FILOSOFÍA

#PIÉNSALO
es editado por
EDICIONES LEA S.A.
Av. Dorrego 330 C1414CJQ
Ciudad de Buenos Aires, Argentina.
E-mail: info@edicioneslea.com
Web: www.edicioneslea.com

Diseño de tapa e interior: Donagh / Matulich

ISBN 978-987-718-608-6

Primera edición. Primera reimpresión. Impreso en Argentina.
Esta edición se terminó de imprimir en
diciembre de 2019 en Oportunidades S.A.

Balmaceda, Tomás
  #piénsalo : 10 casos para la filosofía / Tomás Balmaceda ; editado por
Carolina Di Bella. - 1a ed . 1a reimp. - Ciudad Autónoma de Buenos
Aires : Ediciones Lea, 2019.
  304 p. ; 23 x 15 cm. - (Espiritualidad & pensamiento)

  ISBN 978-987-718-608-6

  1. Filosofía. 2. Análisis Filosófico. I. Balmaceda, Tomás, ed. II. Título.
  CDD 190

"Las cosas sólo son imposibles hasta que no lo son más."

Capitán Jean Luc Picard
Star Trek: The Next Generation

Agradecimientos

Este libro es el resultado de muchísimas lecturas, clases y discusiones que se han dado durante todos estos años. La lista de las personas que sin querer colaboraron con algo de lo que aparece en estas páginas es inmensa. Todas ellas son responsables de aquello que está bien y yo soy el único a quien culpar de lo que está mal.

No puedo dejar de agradecer a *Diana Pérez*, mi maestra en la Filosofía y mi gran amiga. No puedo aspirar a alcanzar alguna vez su generosidad, inteligencia y bondad, porque son únicas, pero siempre será mi guía.

Desde hace más de una década trabajo, leo y discuto filosofía con mis colegas de investigación, quienes son hoy mis amigos. Gracias a *Karina*, *Diego*, *Andrea*, *Lucas*, *Federico*, *Alejandro*, *Maximiliano* y *Lucía*.

Estoy orgulloso y agradecido de haber hecho mi licenciatura y mi doctorado en la *Universidad de Buenos Aires*, además de haber recibido el apoyo del *CONICET* para finalizar mis estudios de posgrado y mi investigación posdoctoral. Soy un hijo de la educación pública y gratuita de calidad y estoy convencido de que seremos un mejor país si se apoyan y financian los desarrollos y la investigación en todas las áreas. Además, me honra ser socio de la *Sociedad Argentina de Análisis Filosófico* (SADAF), una institución que refleja mis valores y preocupaciones.

Una de las tareas que más disfruto es dar clases y tengo la fortuna de hacerlo con colegas increíbles. Gracias a mis compañeros de "Fundamentos de Filosofía" en la facultad de *Filosofía y Letras de la UBA*, los cursos "Introducción al Pensamiento Científico" del programa *UBA XXI* y las materias que doy en la *Universidad Di Tella y UCES*.

Mi interés por divulgar la Filosofía nació con "Filosos", un podcast que hago en la red Posta y que no sería posible sin la generosidad de *Luciano Banchero* y *Diego Dell' Agostino*, quienes confiaron en que un ciclo de estas características podría ser algo atractivo, apostaron por mi idea y me ayudaron a mejorarla. También quiero mencionar la serie de videos sobre preguntas filosóficas que realicé para el diario *La Nación* y que contó con el apoyo y la ayuda de *Ernesto Martelli, Gabriel Kameniecki, Carolina Amoroso, Eugenia López* y *Matías Aimar*.

La idea de este libro fue de mi editora, *Carolina Di Bella*. Ella ha sido el motor para hacerlo posible, confió en mí y me tuvo paciencia. Le estoy muy agradecido como también a todo el equipo de *Ediciones Lea*. Editar un libro siempre es un acto revolucionario y de esperanza.

Por último, nunca creí en los proyectos individuales ni en los logros personales. Cada cosa que hacemos es posible gracias a una red de amor, afecto y apoyo de las personas que nos rodean. Gracias a *Franco, Teresa*, a mi increíble y única *familia* y a mis *amigos* por bancarme y dejarme ser como soy: entusiasta, atolondrado y siempre repleto de cosas por hacer.

Nota del Editor: A partir de las páginas que siguen, se ha optado por escribir siempre "filosofía" con minúscula, excepto en aquellos casos en que se preste a una confusión de significados.

Introducción

No resulta novedoso comenzar un libro disertando sobre la definición del tema que se tratará o intentando delimitar cuál es el terreno que se recorrerá a lo largo de sus páginas. Sin embargo, quizás ahora te encuentres con una sorpresa: tienes en tus manos un libro sobre casos filosóficos pero que no te responderá exactamente acerca de qué es la filosofía. Esto no es un olvido o un error. Tampoco es una estrategia para crear suspenso hasta la última página ni porque no pueda como autor estar capacitado para responderlo. **Es que nadie puede decirte qué es exactamente la filosofía o, al menos, nadie puede decírtelo sin incluir otras posibles definiciones que discutan con ella, que la contradigan, que la pongan en aprietos o con las que no se ponga de acuerdo.** Esta es la característica que siempre me fascinó de esta disciplina en la que me vengo formando desde hace casi dos décadas: mientras los ingenieros saben qué es la Ingeniería y los abogados están de acuerdo en cuál es el ámbito del Derecho, **los filósofos nos podemos dar el lujo de hacer preguntas acerca de todo y poner en duda cualquier tema... incluso la filosofía misma.** Y esto se traslada al uso cotidiano que hacemos del término, usándolo para describir un enfoque o un punto de vista con respecto a un tema específico, como cuando se habla de *"la filosofía del fútbol de Marcelo Bielsa"*, o como cuando alguien detalla su *"filosofía de vida"*. Se trata de un territorio de conocimientos muy especial, que tiene sus propias reglas e instrucciones, pero que también ha sido muchas veces malinterpretado. Con el avance de los siglos, la filosofía ha sido tanto reverenciada como menospreciada, en una variedad de posiciones que van desde **Platón**, cuyo proyecto de gobierno ideal tenía como condición necesaria la presencia de un rey filósofo, hasta los que imaginan a los estudiantes de filosofía como barbudos con lentes de marco grueso y poca afición por la higiene (incluso, en ocasiones, algunos creen que las filósofas son así). A la filosofía se la ha llamado *"la madre de todas las ciencias"* y para muchos su sola mención inspira una reverencia o una actitud de respeto. También se la ha despreciado por considerársela una actividad ociosa, propia de vagos. Más allá de lo que puntualmente creas, seguramente alguna vez se te cruzó por la cabeza la pregunta *"¿para qué demonios sirve la filosofía?"*. No es nada nuevo. Casi desde el momento mismo de su nacimiento se ha cuestionado su finalidad: ¿cuál es su propósito?, ¿por qué debemos practicarla?, ¿realmente es importante? Algunos dirán, posiblemente con razón, que está mal planteada la pregunta porque: **tal vez no haya que pensar que la filosofía deba servir para algo.** El alemán **Theodor Adorno,** por ejemplo, reivindicaba la inutilidad de la filosofía dando una cachetada a la obsesión que tenemos por realizar actividades que necesiten justificar su existencia sobre la base del valor de su aplicación o el producto que generen. Sin embargo, si creemos que la filosofía no debe ser inútil, deberíamos tener una respuesta para esta pregunta. Esto nos obliga a pensar en su definición, que es problema en sí mismo.

Tomemos otro camino: pensemos qué casos son los que consideramos filosóficos y tratemos de encontrar un denominador común, a ver si allí se esconde la esencia de la filosofía. Para hacerlo escribí este libro. Te adelanto ahora qué vas a encontrar: haremos un recorrido sobre diferentes temas que vienen tratándose desde hace siglos y que aún no han logrado respuestas que satisfagan a todos. Recorreremos diez cuestiones en crisis a partir del análisis de algún caso, que será la excusa y el puntapié inicial para comenzar a pensar. Empezaremos por cuestionarnos la existencia de la **realidad,** algo que damos por sentado, pero que ha sido puesto en duda por muchos pensadores a lo largo de la historia y que abre ante nosotros el abismo de la posibilidad de que lo que estamos viviendo no sea más que una ilusión o un sueño. Luego, será el turno de ponernos a reflexionar nada menos que acerca de la manera en la que nos conectamos con esa realidad: nuestra **mente**. Nos preguntaremos si la mente es lo mismo que nuestro cerebro o si es algo más, si podría existir sin un cuerpo y si es que allí reside nuestra identidad. El vínculo entre la realidad y nuestros pensamientos está mediado, entre otras cosas, por el **lenguaje**, que será el tema del caso de nuestra tercera sesión. Si existe una cantidad limitada de palabras, y al parecer no existen límites a la hora de imaginar o crear, ¿podríamos pensar en cosas que no puedo transmitir de forma verbal o escrita? ¿Será cierto que el lenguaje construye el mundo y que no es lo mismo pensar en un idioma que en otro? Todo este recorrido exhaustivo nos dejará con ganas de encontrarle sentido a nuestra vida y por eso el cuarto caso se lo dedicaremos al **amor**. No será ni una oda al erotismo romántico de las telenovelas ni un análisis de los fundamentos neuroquímicos del romance, sino una sincera indagación acerca de qué podría significar enamorarse, si es cierto que hay alguien especial para nosotros en este mundo y si necesitamos de otra persona para completarnos. Esto nos llevará a pensar en la **felicidad**, en qué es una buena vida y en por qué solemos repetir que el fin de nuestra vida es ser felices, aunque jamás logremos esa meta, porque con cada logro alcanzado, surgen nuevas búsquedas y renovados obstáculos. Los filósofos han dado muchísimas y muy variadas respuestas a esto, así que será interesante no sólo analizar las opciones en danza sino también examinar si vale la pena el esfuerzo de ser felices... Tal vez todo sea un gran engaño. El sexto caso nos enfrentará con una experiencia muy cercana al amor: el goce que sentimos al escuchar la música que nos gusta en un recital, y que nuestros padres detestan, o al ver en el cine esas películas que sentimos que nos cambiaron la vida pero que los críticos especializados desprecian. La **belleza** y el **arte** nos rodean, pero no siempre logramos ponernos de acuerdo en sus definiciones.

Otro debate que no está saldado y en donde encontramos distintos puntos de vista es el de la **libertad**, ¿realmente hacemos lo que queremos en cada instante o estamos cumpliendo un destino escrito de antemano? Para terminar, me detengo en tres casos que con suerte reflejarán algunas dudas que alguna vez tuviste y que seguramente te despertarán nuevas: la **muerte**, la existencia de **dios** y la definición de qué es **ser persona**.

Ahora que conocemos los temas de este libro de filosofía, ¿podemos esclarecer, entonces, a qué se dedica? Parece una tarea difícil. **Quizá más que en buscar una definición de filosofía podemos pensar en buscar una definición del filosofar.** Podríamos decir que es una manera de reflexionar, de preguntar, de poner en duda... básicamente **una manera de pensar**. Y es claro que es muy diferente a otras formas de pensar, como el pensamiento de un matemático, de un político o de un bailarín. Contamos con evidencia que nos indica que este tipo de actividad ya la realizaban hombres y mujeres cinco siglos antes de Cristo en la antigua Grecia, pero tal vez haya empezado antes. Por esa misma época, además, en algunas regiones de Asia, crecía el **budismo** y el **jainismo**, que tenían muchos puntos en común con el hacer de los griegos. En todos los casos, el inicio parece haber sido la distinción entre las concepciones religiosas y dogmáticas de los productos de la razón, que debían ser fundamentadas y discutidas. **El pensamiento filosófico es un pensamiento razonado y justificado, un tipo de discurso particular y único.** Si esto es correcto, entonces se puede filosofar sobre casi cualquier temática siempre que se creen buenos argumentos y discusiones fructíferas. Una gran parte de la filosofía intenta dar cuenta del ser de las cosas para fundamentar su sentido. Pero también están los filósofos que, por ejemplo, acompañan a las ciencias en su desarrollo y advierten sobre sus peligros; los que intentan intervenir sobre la sociedad con sus reflexiones acerca de economía, política o tecnología y los que quieren provocar, sacar a las personas de los límites cómodos de pensar tal como hacen todos los demás.

¿Cómo puede ser que personajes tan diversos como **Heráclito, Sócrates, Epicuro, Agustín, Descartes, Locke, Kant, Hegel, Marx, Nietzsche, Arendt, de Beauvoir** y **Bauman** sean todos filósofos? *¿Qué es lo que tienen en común?*

Tal vez esta disciplina que se cuestiona todo y nunca está satisfecha ni se da por vencida esté motivada por la propia naturaleza humana. Entonces, ¿por qué no creer que todos nacemos filósofos? Tal vez esté en nuestra misma naturaleza que nos fascinen cuestiones profundas pero de improbable resolución. Dejar de hacernos estas preguntas sería dejar de lado una de las características que nos vuelven quienes somos. **La pregunta por el fin de la filosofía es, entonces, en sí misma filosófica en este sentido: no hay una única respuesta.** Quizá ni siquiera haya una respuesta y toda la aventura sea, simplemente, recorrer el camino que nos propone esta pregunta y todo lo que surge a medida que intentamos responderla. Ojalá que las próximas páginas sean el inicio de un camino de preguntas, curiosidad y aprendizaje. No habrá respuestas sino interrogantes que abren terreno, con diferentes visiones de algunos de los hombres y mujeres más interesantes e inteligentes que alguna vez pisaron este planeta. Al final de cada caso incluyo un breve recorrido por las obras que leí para escribirlo, aunque esta enumeración está muy lejos de ser exhaustiva, por eso en el Epílogo te ofrezco otros recursos interesantes para seguir pensando. También vas a encontrar muchas referencias a películas, canciones, cómics y novelas. Procuré no revelar muchos *spoilers*, pero te pido disculpas de antemano si en alguna ocasión escribí de más.

¿Estás lista y listo para empezar?

Mi nombre es **Tomás**, estudié filosofía, doy clases de filosofía y me encanta leer y escribir acerca de la filosofía.

¡Bienvenidos y bienvenidas a #PIÉNSALO!

Realidad

¿De qué está compuesta la realidad?

¿Cómo podemos saber que esto que vivimos

es la realidad y no un sueño?

¿Todos vivimos en la misma realidad o nuestra

percepción personal podría hacer que cada

uno viva en la propia?

¿Puedo estar realmente seguro

de que existo?

¿Y si fuera un cerebro conectado a una máquina

que me hace creer que mi vida es cierta?

¿Cómo sé que esto que estoy

leyendo no me está siendo dictado

por alguien más?

Cierra este libro durante unos segundos (o apaga la pantalla desde donde lo estás leyendo) y mira a tu alrededor. Vas a ver muchas cosas: el sitio donde estás sentado, quizás otros libros como éste u otras personas como tú, un café, un té o un mate, tal vez un lápiz con el que piensas escribir anotaciones o subrayar, tu teléfono celular (seamos sinceros, nunca está muy lejos de uno…). Se trata del mundo que te rodea en este momento. Es un mundo que conoces porque estás en él desde que naciste. Tiene ciertas leyes y reglas, regularidades y también sorpresas, pero incluso las cosas que no esperas suceden en el marco de lo que es más o menos posible. Esta es **tu realidad**, una que, en principio, compartes conmigo y con muchas otras personas, como tu familia, tus amigos y tus compañeros de trabajo o colegio.

¿Y si todo esto no fuese más que una ilusión? ¿Y si no existiera nada de lo que crees que es real?

Imagina un momento que todo lo que te rodea no es más que un complejo videojuego de realidad virtual. Tu mera existencia no es más que una combinación de bits, un extenso código que te hace creer que eres libre y que eliges entre opciones, pero todo lo que consideramos real no es más que una simulación. Tú, yo, las personas que queremos y todos los que nos rodean no somos otra cosa que personajes dentro de una compleja trama que es disfrutada como un entretenimiento o analizada como un experimento por una entidad tecnológica superior a nosotros.

Antes de que decidas abandonar este libro porque comienza con un escenario insólito y tan absurdo que sólo se le podría ocurrir a un filósofo, déjame decirte que quien planteó esto no pasó por la facultad de filosofía ni se considera a sí mismo un gran pensador. Esta pregunta fue formulada por **Elon Musk**, el empresario fundador de compañías como PayPal, Tesla Motors, Space X y The Boring Company, entre otras. En una entrevista pública, este magnate, obsesionado con cambiar el mundo y conquistar el espacio, confesó que **no descarta que todo lo que estemos viviendo no sea más que un gigantesco** *videogame.* Su razonamiento guarda cierto criterio. Parte de la idea de que el primer videojuego, llamado *Pong*, nació hace cuarenta años. Era muy sencillo, con una pantalla con dos rectángulos y un pequeño cuadrado que hacía de pelota y en el que los dos jugadores siempre debían tratar de pegarle, en una suerte de rudimentario tenis que seguramente has visto en alguna película o serie. En pocas décadas, la industria creció y se complejizó. Hoy tenemos títulos como *Detroit: Become Human*, *God of War*, la saga *Uncharted*, o la última aventura de Spider-Man que incluye gráficos hiperrealistas que cualquiera bien podría confundir con una película. Contamos, además, con juegos para varios jugadores como el *Fortnite* y cascos de realidad virtual que nos permiten tener experiencias inmersivas lo suficientemente verosímiles como para divertirnos hasta hacernos marear. *¿Cuánto tardaremos en tener videogames que sean indistinguibles de la realidad? ¿Dos décadas más? ¿Cuatro? ¿Cien años?* Sea como sea, Musk cree que no debemos descartar la posibilidad de que estemos viviendo en un videojuego evolucionado de otra especie, en donde cada ser humano es un personaje reproducido en cualquier decodificador o computadora muy avanzada. *"He tenido muchas discusiones con mi hermano sobre simulación que son una locura. Llegas a un punto en el que casi todas las conversaciones acabaron en simulación de inteligencia artificial..."*, confesó. La idea de este exitoso empresario nos recuerda a la película *Matrix*, en donde también la realidad termina siendo un engaño construido gracias a tecnología de avanzada.

• • •

Pero mucho antes de *Matrix* y de *Fortnite*, un filósofo pensó un escenario similar. Y nadie podrá decir que se haya inspirado en la película de Hollywood… *¡porque lo escribió hace más de dos mil años!* Se trata de **Platón**, uno de los pensadores más importantes de la Historia, quien vivió en el siglo V antes de Cristo y fue discípulo de **Sócrates** y maestro de **Aristóteles**, en el que posiblemente compita por ser el trío más significativo de Occidente junto con Superman, Batman y la Mujer Maravilla. Platón describió en un libro llamado *República* una situación que aún hoy despierta interés y misterio. Quizás hayas oído hablar de ella, la conocemos como la **alegoría de la caverna**. Se trata de un grupo de hombres que están encadenados en la profundidad de una oscura cueva. Están allí desde el momento en el que nacieron y estarán allí hasta que mueran. Nunca salen ni logran zafar de sus cadenas, que los mantienen sentados en el suelo y con el cuello firme, mirando hacia una de sus paredes. A sus espaldas, a cierta distancia y sin que ellos lo sepan, hay otros hombres que tienen diferentes objetos y, un poco más lejos, una pequeña fogata. La luz que genera esa hoguera detrás de los objetos proyecta una sombra en la pared a la que miran los esclavos. Así, nuestros pobres hombres encadenados (*Platón no habla de mujeres, pero bien podría haber chicas, por supuesto*) no pueden hacer otra cosa que ver esas sombras borrosas. Como no conocen otras cosas, terminan aceptando que todo lo que existe son esas siluetas, que van identificando con objetos como árboles, animales, montañas, personas, etc. Un día, algo inesperado ocurre: uno de los esclavos encuentra la manera de zafar de su encierro, se libera de las cadenas y trata de huir. Al hacerlo atraviesa la cueva, descubre la fogata y los objetos que generan las sombras, sigue avanzando y encuentra una manera de salir de la caverna. Afuera es de día y la luz del sol lo ciega: nunca había estado fuera de su encierro. Pero, con el correr de los minutos, sus ojos se acostumbran y termina pudiendo ver lo que hay en la superficie, los verdaderos árboles, animales, montañas, personas, etc. Y vuelve a entrar a la fosa para liberar a sus compañeros, pero cuando regresa y les cuenta lo que vio, cuando les explica que ellos están viendo sólo sombras de objetos y no los objetos reales, cuando les cuenta que existe un mundo afuera que es muy diferente al que conocen… todos lo consideran un loco y no le creen. Es más, le señalan los ojos dañados por haber visto el sol y le dicen que está enfermo. Cuando insiste y vuelve a explicarles todo una vez más, a decirles que lo que ellos consideran conocimiento no es más que interferencias a partir de sombras, los irrita y asusta tanto que lo terminan matando para que no convenza a otros.

¿Por qué deberíamos ponernos a pensar en este caso que tiene miles de años y que claramente no está basado en un hecho real?

Porque, como toda alegoría, busca expresar una idea valiéndose de imágenes cotidianas a las que les otorga valor simbólico. Con este relato, Platón nos muestra su concepción de la realidad. Para este filósofo, **nuestro error es creer que lo físico es lo más verdadero que puede existir**, ya que las cosas que captamos con los sentidos no son más que la sombra de otra realidad, superior y mucho más difícil de alcanzar. Nosotros también tenemos nuestras propias experiencias *"en la caverna"* aunque no seamos esclavos encerrados en una fosa. Por ejemplo, quizá creíste durante varios años que quien ponía regalos debajo del árbol de Navidad al final de cada diciembre era un hombre panzón de barba blanca y vestido de rojo que recorría cada uno de los hogares de la faz de la Tierra. Viviste seguro que fabricaba objetos sospechosamente similares a los que se venden en las jugueterías o a los que tus papás escondían detrás de la ropa en el placard. Y si fuiste el primer niño de tu grupo de amigos en revelar lo que esconde este secreto, quizá te hayas sentido como el esclavo que regresa a la caverna tras haber estado en la superficie y es recibido con descreimiento por parte de sus pares. Lo mismo sucedió cuando nos dimos cuenta de que "la mejor amiga" de nuestra tía abuela era mucho más que su mejor amiga, pero quizás en ese momento no podían contar más porque era peligroso o no se sentían cómodas. En muchas ocasiones hemos sido como esos prisioneros de la caverna, absolutamente seguros de que estamos estudiando, conociendo y en contacto con cosas reales que no son más que sombras de objetos que se parecen a los objetos reales, las que se mantienen muy lejos de nosotros en la superficie.

La realidad no es lo que parece.

Para Platón la manera de liberarnos de las cadenas de nuestras creencias es muy difícil, porque implica reconocer que mucho de lo que siempre hemos creído en realidad puede ser falso, lo que claramente conduce a una gran crisis, porque nos fuerza a repensar todo. Y, al igual que en el relato, si descubrimos que las cosas que siempre dimos por ciertas son falsas es posible que los otros no nos crean, que nos miren mal, que sientan que estamos locos o que somos peligrosos hasta el punto de odiarnos o dejarnos de lado por mentirosos, arrogantes o problemáticos. *¿Cómo salir de la caverna y llegar a la superficie?* Con el verdadero conocimiento, **buscando la sabiduría**. Y la búsqueda de ese saber lo provee la filosofía, que nos lleva de la oscuridad de las apariencias y de las mentiras a la luz de las cosas tal como son. No tiene nada raro que nos duelan los ojos la primera vez que vemos la luz o que nos cueste adaptarnos a esa claridad, pero ese complejo sendero es el único que podemos tomar.

Ahora bien, *¿no será una locura dudar de todo? ¿No sería mejor y más razonable dudar de algunas cosas, como de Papá Noel, la existencia de unicornios o de las personas que aseguran* *que con un único sueldo llegan tranquilos a fin de mes?* Todos hemos experimentado alguna vez la sensación de descubrir que algo en lo que creíamos no era como pensábamos, pero muy pocas veces nos pusimos a pensar si todo lo que nos rodea no es la realidad, sino una simple apariencia. Es más, quizá la primera vez que te pasó sea leyendo estas páginas. Esta es una de las diferencias entre una duda que podemos tener todos los días y la que se plantea desde la filosofía a la hora de repensar la realidad. Nuestras dudas cotidianas son acerca de algo puntual de una realidad que pensamos correcta, como cuando empezamos a sospechar que el novio de nuestra amiga quizá no sea el gran empresario gastronómico lleno de amigos famosos que dice ser en sus redes sociales sino un simple barman *cholulo* que se toma compulsivamente fotos con sus clientes, sin dudar jamás de que él sea efectivamente humano, que el bar no sea una ilusión mental y que nuestra amiga sea real y no una fabricación de un videojuego de una civilización avanzada. Creemos que nuestra imagen general del mundo es lo suficientemente correcta como para potencialmente eliminar sólo la duda de si este muchacho es amigo de *celebrities* o no. La incredulidad ordinaria se deposita sobre algún aspecto aislado del mundo y no sobre si tenemos algún conocimiento acerca de él. Frente a esto, **el escepticismo filosófico** busca volver todo dudoso, incluso nuestra misma forma de conocimiento por lo que la duda filosófica en principio no puede ser eliminada. Si lo pensamos en términos cinematográficos, ya que mencionamos *Matrix*, podemos decir que las dudas que tenemos frecuentemente no se parecen a la cinta con Keanu Reeves sino más a *The Truman Show: historia de una vida*, en donde el personaje de Jim Carrey es protagonista de un *reality show* sin saberlo. Desde que Truman nació vive en una ciudad llena de cámaras y rodeado de actores que juegan los roles de familiares, amigos, vecinos y compañeros de trabajo para que el verdadero mundo exterior sea espectador de su vida tal como se ve en una telenovela o una serie en Netflix. A medida que pasan los años, Truman comienza a sospechar que algo no anda bien, recopilando sospechas de que estaba siendo engañado. La película muestra (*¡perdón si es spoiler!*) cómo va recopilando evidencias que le muestran que lo que conoce es en realidad un escenario y que las personas que lo rodean son actores. Si bien, en un sentido, *"todo su mundo"* se pone en duda, es muy diferente de lo que sucede en *Matrix*, en donde la realidad que percibe Thomas A. Anderson, quien descubre que todo es una ilusión programada por máquinas, mientras los demás no pueden distinguir esta ilusión de las cosas verdaderas, es "Neo", el elegido para terminar con lo que sucede. Este tipo de duda radical es la que alientan los filósofos, que invitan a descreer de todo, incluso de lo más evidente. **Podemos llamar escepticismo a la invitación filosófica de desconfiar de la realidad incluso cuando no haya evidencia disponible que pueda ayudarnos a discriminar entre el mundo real y el mundo falso que se nos presenta como real.** Hay muchas formas de ser escépticos y en este caso mencionaremos algunas, pero lo importante es la actitud que propicia esta desconfianza de lo dado: nos hace preguntarnos por cosas en las que tal vez jamás hubiésemos pensado.

• • •

El **escepticismo filosófico** como escuela filosófica tiene muchísimos años: se establece como una de las cuatro corrientes principales en el período helenístico —que va desde la muerte de Alejandro Magno en el año 323 a.C., hasta la invasión de Macedonia por los romanos, en el 148 a.C.—, una época marcada por la aparición de pensadores que ya no se preocupaban por el rol del hombre en tanto parte de la sociedad, sino que se interesaban por el individuo y lo que estaba a su alcance. Si bien por ese entonces las escuelas con las enseñanzas que habían dejado Platón y Aristóteles aún estaban activas, surgieron otras posiciones, como el **estoicismo**, el **epicureísmo**, el **cinismo** y el **escepticismo**. Cada una propuso ideas muy distintas acerca de cómo se debía vivir, cuáles eran los derechos y obligaciones de cada persona y hasta cómo estaba constituido el mundo. En este libro conocerás algunas de estas nociones en cada uno de los casos siguientes, pero uno de los puntos en donde más diferían era en la forma en que se podía alcanzar la **ataraxia**, una palabra griega que hace referencia a **un estado de ánimo en el que nuestra mente está tranquila, sin deseos ni temores que la perturben**. Los escépticos fueron los que ofrecieron el camino más difícil para llevarla a cabo, pero también el más original y provocador.

Para ellos el conocimiento, tal como generalmente lo imaginamos, es simplemente imposible porque no contamos con herramientas para distinguir las cosas reales de los engaños y las apariencias.

Pensemos en una cucharada de miel: si la comemos sentiremos inmediatamente su increíble dulzura, que a nosotros nos podría llegar a empalagar rápidamente y que a otros sólo les provocará deseos de comer más. ¿Es acaso que la miel es dulce o no? Nos parece claro que sí, pero cuando nuestro amigo nos niegue que está empalagado y que está dispuesto a terminar con el frasco por lo exquisito que encuentra este alimento, entenderemos que quizá no lo siente tan dulce como nosotros a quienes nos bastó esa única cucharada para no tener más ganas de seguir comiéndola. Quizá te acuerdes cuando, hace algún tiempo, las redes sociales se revolucionaron con la foto de un vestido que para algunos era azul y negro y para otros era blanco y dorado. Seguramente, al ver la imagen, de inmediato percibiste alguna de esas dos combinaciones y no podías acreditar que otros vieran tonalidades totalmente diferentes... ¿cuál es el verdadero color del vestido? Aquí no importan las explicaciones científicas que recurren a diferencias ópticas o sobre la luz, sino que uno tiende a pensar que las cosas tienen un único color que debería ser percibido como el mismo por todas las personas que tienen capacidades visuales similares a las nuestras (esto implica, por supuesto, dejar de lado a las personas que viven con daltonismo o síndromes como la acromatopsia, pero también a otras especies de animales que, a diferencia de los humanos, perciben un rango mayor del campo visual). Los cambios en esa impresión no sólo se dan entre distintas personas sino incluso en nosotros mismos: la misma comida que hace una semana te dio dolor de cabeza a la mañana siguiente, la comiste anoche y hoy no te hizo sentir mal. Por un lado, nos parece indudable que la miel es dulce, pero ¿y si no fuese así?

"No niego que aparecen cosas ante nosotros, lo que niego es que eso que aparece sea en realidad como se nos aparece. Sobre la verdad de las cosas conviene suspender el juicio. No puedo admitir que la miel sea dulce, aunque admito, sin reticencias, que lo parece. Suspendo el juicio con respecto a las cuestiones dogmáticas, no con respecto a las cuestiones de la vida cotidiana", dijo hace más de dos mil años **Pirrón de Elis**, considerado el primer filósofo escéptico y el mayor escéptico de todos. Las andanzas que conocemos de él combinan historia con leyenda, pero no por esto no son interesantes. Se decía que, como realmente pensaba que no podía creer en nada, era increíblemente pacífico y nada lo perturbaba. Por ejemplo, era famoso en su ciudad, Elis, porque caminaba despreocupado y sin inmutarse si pasaba por un sitio peligroso o se cruzaba en el camino de un carro. Sus alumnos cuidaban de él para que no se lastime, pero él permanecía imperturbable. En una ocasión, un amigo suyo cayó en un pozo muy profundo. Severamente lastimado, pedía

ayuda con terribles gritos de dolor. Pirrón escuchó los lamentos, caminó lentamente hasta el lugar, miró a su amigo moribundo desde la superficie y siguió caminando como si nada pasara. Lo mejor de todo es que su amigo no se enojó, sino que hasta se fascinó con la calma que había alcanzado Pirrón mediante la filosofía. Otros cuentan que en el año 300 a.C. se sometió a una cirugía en la que, a pesar del doloroso procedimiento (*sin los beneficios de nuestra actual anestesia, obviamente*), ni siquiera se mosqueó, sino que se mantuvo tranquilo y sereno. Así como Daredevil, el superhéroe de Marvel, es *"el hombre sin miedo"*, nuestro superhéroe filosófico es *"el hombre sin creencias"*. Cuentan que durante una travesía en barco, mientras todos los tripulantes estaban aterrados buscando protección a causa de una terrible tempestad, este filósofo se mostraba imperturbable. Desesperado, uno de sus discípulos le terminó gritando: *"¿Cómo permaneces en la cubierta? ¿Acaso eres un suicida?"*. Y él, muy tranquilo, señaló a un grupo de cerdos atados a la cubierta que también estaban tranquilos y comiendo a pesar de la tormenta. *"Deberíamos estar tan serenos como ellos, si todo lo que somos son átomos y vacío, ¿qué tan grave puede ser una tempestad?"*, respondió.

Pirrón había sido pintor pero, aburrido de la vida del artista, en el año 344 a.C., se enroló como expedicionario en el ejército de **Alejandro Magno**, con el que conoció las regiones que hoy forman la India. Los especialistas sospechan que allí entró en contacto con los magos y los gimnosofistas, famosos por su paz y silencio. No conocemos de primera mano las ideas de Pirrón porque se cree que decidió no escribir, posiblemente temiendo que si sus palabras quedaban fijas en un texto éste podía volverse un dogma, un mensaje escrito para transmitir y una doctrina para ser estudiada y repetida. Él rechazaba esta concepción y **prefería la práctica frente a la teoría**, ya que creía que su actitud ante la vida podía enseñar más que cualquier escrito que hubiese dejado. Por esto sus ideas llegaron hasta nosotros gracias a la labor de su discípulo **Timón el Silógrafo**, quien recogió su pensamiento, que luego fue reproducido por **Diógenes Laercio**. Timón contó que Pirrón consideraba a todas las cosas igualmente indeterminadas, sin estabilidad e indiscernibles, **por lo que nuestros sentidos y nuestras opiniones no sirven para decretar si algo es cierto o falso**. Así, debemos eliminar la realidad, en el sentido de que, si coincidimos en que, luego de comprobar que no podemos tener información certera del mundo y no estamos seguros de que exista algo real, **no debemos confiar en nada, sino esforzarnos por vivir sin creencias**. Si logramos cumplir con esto y adoptar una actitud escéptica, primero nos sentiremos impactados, pero luego nos liberaremos de cualquier distracción o perturbación y alcanzaremos la ataraxia.

Es la duda la que nos vacuna contra el fanatismo y los dogmas, es ella el camino hacia la imperturbabilidad del alma.

El camino que propone este escepticismo —que, como queda claro, no puede proponer ninguna tesis ni ninguna afirmación dogmática porque uno no puede estar seguro de la verdad de las cosas— es negar todo conocimiento previo, poner en duda todas las convenciones con las que vivimos y rechazar los dogmas preestablecidos. Supongamos, por ejemplo, que nos enfrentamos a un problema y debemos tomar una decisión. Pirrón nos invita, en un primer momento, a contraponer distintas ideas y percepciones frente a ese asunto, para encontrar contradicciones entre lo que pensamos y lo que percibimos de las cosas. Seguramente habrá razones diferentes y contrarias alrededor de la cuestión a tratar, distintas opiniones y versiones. Una vez que las consideramos a todas, nos enfrentaremos a una situación de **indecidibilidad** (es decir, de imposibilidad de demostrar la verdad) porque contamos con más de un criterio de verdad posible: *¿qué decisión debo tomar si una persona me dice una cosa mientras que otros me aseguran otra y yo estoy considerando incluso más opciones?* En principio ninguna concepción es superior a otra, lo que impide que pueda actuar instintivamente o sin reflexionar, ya que no puedo asumir ningún dogma o conocimiento como cierto. **El escepticismo me pide que suspenda cualquier juicio, es decir, que no decida ninguna respuesta, sino que ponga "entre paréntesis" la cuestión.** Para Pirrón, esto es un estado de prudencia, en donde no se afirma ni se niega nada sobre la realidad en sí, sino que a lo sumo el escéptico puede decir cómo le parecen las cosas o cómo se le aparecen. Recién allí se llega a la instancia final, **la imperturbabilidad propia de la ataraxia.** Y aunque uno podría suponer que la suspensión del juicio en el ámbito de las opiniones y creencias podría dejarnos ansiosos y con nervios, frente a la supuesta tranquilidad de un dogma, esta postura afirma que **logramos ataraxia al suspender la búsqueda del conocimiento y hacer las paces con eso.** Aunque no debemos estar tan confiados en las cosas del mundo, que tantas veces demostraron ser falsas, la propuesta tampoco es la inacción, es decir, suspender nuestros juicios para quedarnos quietos. Por el contrario, el plan es continuar activamente investigando, preguntando, siendo curiosos, pero sin cerrarnos nunca a que algo sea de una determinada manera. La propuesta profunda de esta posición no es un ejercicio vacío de rebeldía, sino una dialéctica infinita y abierta en la que el conocimiento es un faro al que continuamente queremos alcanzar pero que jamás lo hacemos porque no existe paz ni sosiego en la falsa calma del dogma. La forma de purgar nuestra vida y alcanzar la paz es quitarnos de encima cualquier creencia, cualquier compromiso cognitivo, cualquier certeza. ¿La única manera de ser escéptico es imitar a Pirrón? *¡Claro que no!* No sólo porque su "vida sin creencias" es única y por eso varios siglos después nos seguimos maravillando con sus anécdotas, sino que su actitud cotidiana dista mucho de las expectativas propias de la vida convencional de otros escépticos y de la manera en que se puede entender hoy el escepticismo, que tiene muchas formas, ninguna de ellas tan radical. De hecho, están quienes creen que el **pirronismo** no es tanto una doctrina filosófica como una actividad, una invitación a pasar a la acción pero que es difícil de presentar como un saber ya que… *¿qué demonios se puede decir si no se cree en nada?* El filósofo **Sexto Empírico**, por ejemplo, distingue al escepticismo de las otras escuelas que se basan en dogmas establecidos y lo presenta como una actitud, como un "modo de pensar", o un determinado actuar propio de un grupo de filósofos. Y en la actualidad hay muchos escépticos que están muy lejos de ser hombres sin creencias como Pirrón, pero que sí buscan formas de alcanzar el conocimiento poniendo en duda dogmas o sólo aceptando, por ejemplo, lo que dicta el método científico.

• • •

Creo que ahora queda claro que es inevitable que la alegoría de Platón y las dudas de Pirrón nos recuerden la trama de la película *Matrix*, pero también hay otro título que se nos viene a la cabeza cuando conocemos las concepciones de estos pensadores. Se trata de la cinta de 2010 *Inception (El origen)*, dirigida por **Christopher Nolan**, en la que **Leonardo DiCaprio** encabeza una banda de ladrones con la capacidad de ingresar en los sueños de las personas y "sembrar" en ellos nuevas ideas y robar otras. El *modus operandi* de estos delincuentes parece perfecto hasta que, por entrar y salir de los sueños con frecuencia, comienzan a dudar de que si lo que están viviendo en ese momento es cierto o un sueño. Bueno, no quiero decir que todas las superproducciones de Hollywood estén inspiradas en grandes obras de la filosofía… *¡pero algunas sí!* Y aquí también un gran pensador tuvo la misma idea que **Nolan** para *Inception* pero varios siglos antes… Nos referimos al gran **René Descartes** (*si estás sentado, ponte de pie en señal de reverencia*). Si existiera un ranking de los filósofos más leídos y comentados como el que hay para los artistas de Spotify, no dudo de que cada semana Descartes sería de los que entran en el Top 10 aunque llevara años sin editar un nuevo álbum. El impacto de sus ideas y su forma de entender el mundo son tan profundos que mucho de lo que pensamos en la actualidad está influido por su pensamiento. De hecho (igual que con **Madonna, Prince** y **Beyoncé**), es parte del selecto olimpo de pensadores de los que alguna vez oíste hablar, aunque nunca hayas leído de filosofía, y lo reconoces por su apellido como con **Kant, Hegel, Marx** o **Nietzsche.** Y aunque quizá no sepas ninguna frase de Hegel de memoria, y de Kant solo te suene que pensó algo "categórico" aunque no sepas bien qué, de Descartes seguramente conocerás la frase *"Pienso luego existo"*. Es una sentencia filosófica formidable y llena de complejidad en su simpleza, de la que se viene hablando desde hace cuatro siglos y de la que se seguirá hablando dentro de cuatro siglos más. Es el hit de Descartes al estilo de *Like a Virgin*, *Purple Rain* o *Single Ladies*, es decir, un clásico que siempre está y estará sonando en alguna parte del mundo. Pero Descartes es mucho más que alguno de estos célebres músicos: fue un matemático, físico y hasta anatomista, revolucionó la geometría y se preocupó por llevar los conocimientos a todos. Así, mientras la norma era escribir en latín para que solo los sabios puedan leerlo, él editó muchos de sus textos en francés. Se preocupó por explicitar un método para hacer filosofía que fuese simple y que no dependiera más que de la razón, aunque nunca abandonó su creencia en dios. Y si bien su obra es amplia y bien variada —en una época en la que ser filósofo era más que leer, escribir y dar clases—, **podemos pensar que el gran motor de Descartes también fue la duda.** Una duda que es distinta de la que planteó Platón en su alegoría y de la que pensó Pirrón y las diferentes formas del escepticismo antiguo.

Es como si un día Descartes se hubiese levantado y se hubiese preguntado: ¿cómo sé que las cosas que me enseñaron son ciertas?

No se trata de un cuestionamiento tonto: si nos detenemos a pensar, la mayor parte de nuestros conocimientos no provienen de nuestra experiencia directa, sino de lo que nos han enseñado y hemos leído por ahí. Sabemos que el monte Everest es la montaña más alta del planeta Tierra porque nos han dicho eso en el colegio, porque lo buscamos por Internet o porque hemos visto algún documental, pero ¿cómo sabemos que el monte Everest es la montaña más alta del planeta Tierra si nunca hemos ido ahí ni tenemos experiencias de otros picos altos? Imaginemos una niña que nace del matrimonio de dos personas temerosas, inseguras y desconfiadas, que viven en una pequeña ciudad, alejados del resto de las personas. Ella crece escuchando historias terribles de sus vecinos, de las cosas que pueden hacerle, de cómo no hay que confiar en nadie ya que las personas son intrínsecamente malvadas. Pero una vez que crece y, por una emergencia, tiene que ir al centro de la ciudad y necesita ayuda, se sorprende al ver que varios le tienden una mano. A partir de esta experiencia, y otras que va teniendo fuera de su casa, descubre que el mundo quizá no sea el sitio hostil que le pintaron sus padres. Tal vez conozcas a alguien así, que está lleno de prejuicios porque sólo le enseñaron cosas malas acerca de un grupo de personas a partir de su identidad o lugar de origen, o quizá tú mismo viviste algo así cuando desde pequeño te explicaron algo errado sobre el mundo y al crecer descubriste que todo era un gran prejuicio y que no estaba basado en la realidad. Descartes sospecha algo de eso y se pone a escribir *Meditaciones metafísicas*, uno de los libros más lindos del mundo y tal vez el que personalmente más me gusta de la filosofía universal. Es más, *si no fuera porque mi editora me mataría*, te recomendaría que ya mismo dejes este libro y empieces a leerlo si aún no lo hiciste. Se trata de un pequeño texto de no más de 90 páginas que nace de la necesidad de encontrar un conocimiento fundamentado. Al igual que nosotros, él cree saber muchas cosas, pero lo cierto es que son muy pocas de las que él puede dar fe. La mayoría son datos que le dieron sus padres, el colegio, sus amigos, las lecturas... pero siente que de casi todo puede dudar.

Su gran misión es ponerse a investigar si puede existir algún conocimiento del que no haya la menor posibilidad de que sea falso.

Y para hacerlo usará un método tan sencillo como poderoso: **la duda**. La duda en Descartes es una duda muy especial, diferente de la duda que tienes ahora cuando no estás seguro de haber pagado la factura de gas de este mes o de la duda que te invade al pensar si alguna vez Alfred se puso el traje de Batman en el cómic (*te ayudo: no, no pagaste el gas, y sí, Alfred usa la identidad de su patrón por primera vez en septiembre de 1946 y luego lo hace varias veces*). La duda cartesiana tampoco es como la pirrónica porque no duda de la posibilidad de conocer, sino que **es una duda metódica, es decir, usada como un método filosófico**. Descartes va a dudar de todo lo que puede ser dudado para comprobar si puede existir alguna certeza fiable, es decir, si hay algún conocimiento del cual no se pueda dudar. Es una **duda universal**, porque abarcará a la realidad toda, y es una **duda hiperbólica**, porque será exagerada, ya que con que exista la más leve posibilidad de duda, algo no podrá ser considerado un conocimiento cierto. El objetivo de Descartes es la búsqueda de la certeza y sólo aceptará como verdadero conocimiento aquello de lo que no pueda ser dudado. Uno podría pensar *"¡Pero es re fácil lo que busca este hombre! ¡Hay cosas de las que jamás se podría dudar, como que yo soy el hijo de mi madre o que 2 + 2 es igual a 4!".* Sin embargo, el gran ingenio de este filósofo quedará demostrado cuando destruya todo lo que conocemos y todo lo que podemos pensar de tres plumazos para no dejar nada en pie.

La estructura de *Meditaciones metafísicas* es casi la de una serie de Netflix: seis episodios, cada uno contado en primera persona durante la noche, con Descartes junto a una chimenea sentado en un sillón reflexionando. Desde ese contexto, intentará encontrar un conocimiento del que no se pueda dudar. Como es imposible dudar de cada cosa que sabe, una tarea francamente irrealizable, decide apuntar a las bases de ese conocimiento, examinando si las razones por las que creemos que esos datos son ciertos pueden ser sometidas a la duda. Si los principios en los cuales se fundan son vulnerables, entonces todo lo que se construyó a partir de ellas caerá, al igual que un edificio se derrumba si fallan sus cimientos. Lo primero que plantea es que muchas de las cosas que sabe —cómo es su cuerpo, cómo es la casa donde habita, cómo son las personas que lo rodean y todo lo que tiene alrededor— es información que le llega por los sentidos. **La vista, el tacto, el olfato, el oído y el gusto son las ventanas por las cuales conocemos al mundo, la manera en la que conocemos las cosas.** *¿Puedo dudar acaso de que lo que tengo enfrente, en este momento, es una computadora en la que estoy escribiendo estas palabras?* Descartes recuerda que en el pasado los sentidos nos han engañado. Alguna vez creí escuchar que decían mi nombre en el pasillo de mi edificio cuando estaba en el ascensor, pero al llegar descubrí que no había nadie; del mismo modo, durante un verano caluroso, mientras iba manejando en la ruta pensé ver manchas de agua en el asfalto que no eran más que una ilusión óptica, como cuando veo a lo lejos y entre la multitud a un amigo en un festival de música, pero al acercarme descubro que no es él, sino alguien con una remera y un corte de pelo similar. Resulta claro, entonces, que los sentidos me fallaron alguna vez, que me dieron un conocimiento que yo creí que era fiable pero que resultó ser falso. Así que, ya que el método es eliminar cualquier cosa de la que puedo tener dudas, deberé eliminar por completo cualquier conocimiento que provenga de los sentidos. Pero **existen muchas cosas que no dependen necesariamente de los sentidos,** como que yo estoy aquí en este momento, que estoy escribiendo estas palabras y que ayer fue miércoles y mañana será viernes. Sin embargo, también en el pasado viví sueños y pesadillas que, mientras estaba dormido, eran reales. Hoy puedo saber que no eran mi realidad, pero en ese momento sí parecían serlo, me dieron placer, intriga o intenso miedo. Lo cierto es que es difícil distinguir con claridad entre la vigilia (cuando estamos despiertos) y el sueño (cuando estamos dormidos). Puede parecer una locura que todo esto que estoy viviendo sea un sueño, pero la verdad es que en ocasiones al dormir tampoco podríamos asegurar si estamos despiertos o no. Es por eso que, de acuerdo al método que se impuso Descartes, también debo eliminar cualquier tipo de conocimiento que pueda ser simplemente un sueño, como mis pensamientos sobre el mundo exterior que no requieran de los sentidos. Quizás esto ya te empiece a preocupar: ya no hay ni conocimientos sensibles ni aquellos que podrían estar siendo soñados. *¡Algo tiene que haber que sea indubitable!* La última opción que nos queda son los conocimientos lógicos matemáticos. Sea que esté en una pesadilla o despierto, 2+2 será igual a 4 y un triángulo tendrá tres lados. Esto es así porque son verdades evidentes, no parece existir una manera en la que pueda dudar de esto, ¿no? Pues te tengo malas noticias: Descartes encontró el inconveniente. Para él es totalmente posible —no en el sentido de que sea probable, sino en el sentido de que no hay una imposibilidad lógica que lo impida— de que exista un genio maligno menos poderoso que dios, pero mucho más poderoso que nosotros, que esté interviniendo siempre en mis operaciones matemáticas de tal forma que haga que tome constantemente lo falso por verdadero. Es un ser empeñado en hacerme equivocar todo el tiempo sin que yo me dé cuenta. Quizás esto parezca un cuento digno de Hollywood (*¿no te vengo diciendo que las buenas películas se inspiran en la filosofía?*), pero lo cierto es que, si nos mantenemos bajo las reglas de Descartes, tenemos que tenerlo en cuenta, porque él se propuso hacer hiperbólica su duda, volverla exagerada y que actúe allí donde sea. Por lo tanto, como existe la pequeña (*¡pequeñísima!*) posibilidad de que el genio maligno esté afectando mis conocimientos, incluso los matemáticos, también deberé aceptar que todo ese saber cayó por no poder ser indudable.

De este modo, **Descartes y su duda acabaron por destruir casi todo**, abarcando desde lo sensible hasta lo inteligible, eliminando la totalidad de los conocimientos que demostraron ser vulnerables a la duda: el conocimiento sensible por el argumento de la falibilidad de los sentidos; el conocimiento del mundo exterior por la imposibilidad de distinguir entre vigilia y sueño y, finalmente, cualquier conocimiento matemático debido al genio maligno. *¿Significa esto que no hay nada de lo que no se pueda dudar?* No debemos vencernos frente al temor. Por suerte, el filósofo francés encuentra una luz al final del camino. Durante todo este tiempo estuvo dudando. Y el dudar es una forma de pensar, como lo es imaginar, planear, hacer cálculos y otras acciones mentales similares. Mientras eso sucedía, él debía necesariamente existir. Ya sea que hubiese sido engañado por los sentidos, haber estado en un sueño cuando se creía despierto o siendo presa del genio maligno, mientras pensó, tenía la certeza de que existía. *"De modo que después de haberlo pensado y de haber examinado cuidadosamente todas las cosas hay que concluir, y tener por seguro, que esta proposición: 'pienso, luego existo' es necesariamente verdadera, cada vez que la pronuncio o la concibo en mi espíritu"*, escribió. Es una verdad que supera todos los motivos de duda: incluso si el genio me está jugando una mala pasada cuando me hace creer que la suma de 2 más 2 es 4, para poder equivocarme necesito existir. Esta es la fuerza de su famoso *"pienso, luego existo"* (en este caso, el "luego" no es el clásico adverbio de tiempo que indica que es algo más tarde en el tiempo, sino es un "luego" como conjunción, introduciendo una conclusión). La frase es muy profunda y no está exenta de críticas y problemas, pero hay que reconocer que después de haber desarmado toda la realidad, Descartes encuentra una piedra firme. A partir de ella, el resto de *Meditaciones metafísicas* es el esfuerzo por reconstruir todo lo que había sido devastado por la duda. No todos quedan satisfechos con los resultados y ese *"pienso"* tiene varios interrogantes, pero el ejercicio que llevó adelante sigue dejándonos con la boca abierta.

• • •

Se puede, entonces, desconfiar de la realidad sin tener que adoptar la vida extrema de Pirrón y simplemente sentarse al lado del fuego una noche de invierno a destruir el mundo como lo hizo Descartes. Otros filósofos, como **Bertrand Russell**, optaron por construir el mundo para dudar de él. Pero él hizo un mundo bien joven.

Este pensador creó este argumento: no tenemos ninguna certeza de que el mundo no haya empezado a existir hace cinco minutos.

Imaginemos la situación en la que todo el universo se creó hace unos instantes y en donde nosotros, por ejemplo, fuimos creados con los recuerdos de nuestra memoria tal como si hubiésemos vivido varios años y que existan restos fósiles para hacernos creer que hubo vida millones de años atrás o animales en descomposición para convencernos de que hace una semana que fallecieron. Una vez más, la filosofía nos ofrece un escenario insólito y muy difícil de creer... ¿a quién se le ocurriría ponerse a pensar seriamente en que la Tierra fue creada hace cinco minutos? Bueno, en el siglo XIX hubo un intenso debate entre geólogos, biólogos y otros científicos porque los fósiles de criaturas antiguas que se iban hallando y otras evidencias científicas mostraban que el planeta tenía muchísimos más años que los que indicaba el libro del *Génesis*, la parte de la *Biblia* en la que se habla de la creación del universo. El historiador natural británico **Philip Henry Gosse** intentó conciliar lo que decían las sagradas escrituras con lo que iba revelando la ciencia. Así, propuso que dios creó al mundo con restos falsos de otros tiempos, en un intento por ponernos a prueba. De esta forma se crearon árboles con muchos anillos sin que por eso hayan vivido tantos años y (*en lo que, personalmente, encuentro un detalle delicioso*) creó a Adán con ombligo a pesar de que no tuvo ni cordón umbilical ni madre. Las ideas de Gosse fueron rápidamente desechadas, pero en la actualidad algunas variantes de esta concepción son sostenidas por aquellos que rechazan la evolución de las especies porque adoptan una lectura bastante literal de la *Biblia*; estos son conocidos como **creacionistas**.

Después de haber leído estas páginas, **#PIÉNSALO:**

¿qué es la realidad?

Para seguir preguntándote y pensando

Elon Musk reveló sus ideas acerca de que nuestra realidad puede ser obra de un sofisticado videojuego en una entrevista de 2016 al sitio *Recode*.

Puedes leer la *alegoría de la caverna* de **Platón** en el comienzo del libro VII de *República*.

El contrapunto entre el escepticismo filosófico y la incredulidad ordinaria mediante la contraposición de *Matrix* con *The Truman Show* lo leí en la *Stanford Encyclopedia of Philosophy*, una prestigiosa enciclopedia online de filosofía que se mantiene actualizada y está escrita por grandes filósofos de todo el mundo. Es el lugar ideal para comenzar a pensar acerca de cualquier tema.

Excepto unos fragmentos de un discurso para **Alejandro Magno** no contamos con nada escrito por **Pirrón**, pero **Diógenes Laercio** y **Cicerón** escribieron sobre él, inspirándose en lo que contó **Timón de Fliunte** (o **Timón el Silógrafo**), su discípulo directo. Otro escéptico griego, **Sexto Empírico**, también ayudó a entender esta doctrina.

Ya lo dije y lo repito: *Meditaciones metafísicas* es uno de mis libros favoritos, incluso aunque no esté de acuerdo con muchas de las ideas de **René Descartes**. Su lectura es deliciosa.

El argumento de la Tierra creada hace cinco minutos está en el libro de **Bertrand Russell** *The Analysis of Mind*.

Mente

¿Qué son los pensamientos?

¿Por qué si pienso en mis propios pensamientos

tengo información que no puedo obtener

de los pensamientos de los demás?

¿Alguna vez podré acceder a la mente

de otro y entender cómo vive su mundo?

¿Conozco todo lo que hay en mi mente

o hay cosas desconocidas incluso para mí?

¿Cómo podría saberlo?

¿Cómo se conecta mi mente con mi cuerpo?

¿Mi mente tiene algo especial

que los restantes objetos del mundo

no tienen?

¿Existe en mi mente algo que no sea material?

¿Sólo pienso con mi cerebro o cuento

con ayudas externas?

Durante toda su vida **Stéfano** había sido un hombre tranquilo y sereno. Sin embargo, a los 69 años sufrió un accidente conduciendo que lo dejó inconsciente durante largos minutos y que le produjo una contusión en la cabeza que lo obligó a quedar internado varios días en observación. Cuando finalmente los médicos decidieron que no había ningún peligro o lesión permanente, abandonó su habitación sonriente y bromeó con cada uno de los médicos y enfermeras que lo habían atendido. Cinco meses más tarde quien recurrió a los profesionales fue la mujer de Stéfano. Ella confesó que no lo soportaba más: su esposo no había dejado de contar chistes desde su salida del hospital. No se trataba simplemente de un cambio de estado de ánimo, aunque este hombre jamás había sido especialmente gracioso, sino una suerte de obsesión: despertaba a su mujer en mitad de la noche para contarle los chistes que se le iban ocurriendo que, para colmo de males, ni siquiera resultaban divertidos. Cuando la situación empeoró, ella le sugirió que anotara sus ocurrencias en un cuaderno y que se las contara por la mañana, pero en pocos días Stéfano completó un cuaderno de 50 páginas repletas de "chistes". Luego de un exhaustivo análisis, dos neurólogos de Los Ángeles determinaron que se trataba de "Witzelsucht" o "enfermedad del chiste", una rara patología de adicción a los chistes, de la que hay poco registro y que afecta a ciertas personas. Estos pacientes muestran un impulso irrefrenable de contar chistes y sólo ellos se ríen de sus gracias, ya que quienes los rodean no los ven graciosos. No sólo eso, con el tiempo, desarrollan una desinhibición sexual que los lleva a comportarse de forma inadecuada en cualquier circunstancia. La mujer de Stéfano, además, descubrió horrorizada que, en su garaje, en donde no dejaba entrar a nadie, había escondido tres docenas de molinillos de café y casi dos docenas de camisas hawaianas. Sin duda, su esposo se había convertido en un hombre muy diferente al que ella había conocido. Estudios posteriores determinaron que el Witzelsucht había sido causado por el accidente, por el cual sufrió una lesión en el córtex frontal derecho, lo que propició la enfermedad. Algo similar sucedió con **la paciente 3534**, expresión con que se conoce a una mujer de 70 años a la que le extirparon un tumor cerebral que le causó daños en la parte delantera de ambos lóbulos de su cerebro. Según relató su esposo, quien la conocía desde hacía 58 años, la personalidad de la mujer cambió radicalmente a partir de la intervención. Antes era seria, irritable y gruñona, mientras que después de la cirugía cerebral se la veía extrovertida, comunicativa, con ganas de salir todo el tiempo y más feliz. Como estos, existen otros casos documentados de daños cerebrales que modifican la personalidad. Quizás el más famoso sea el de **Phineas Gage,** un joven obrero ferroviario de 25 años quien sufrió un terrible accidente mientras trabajaba en las vías de un tren a fines del siglo XIX. Era capataz en una compañía ferroviaria y durante las obras de construcción de una vía necesitó usar explosivos para destruir una roca que obstruía el camino. Pero cuando accionó la pólvora, la explosión fue tan grande que destruyó todo a su alrededor, incluyendo una barra de hierro que le atravesó el cráneo a través de su mejilla izquierda. Hoy, gracias al análisis de sus restos óseos, podemos inferir que esto le dañó la parte frontal de su cerebro. La barra entró por el frente, por el orificio del ojo, y salió por la parte superior de su cabeza a alta velocidad y con una temperatura que cauterizó la herida. Increíblemente, Phineas sobrevivió y a las pocas semanas regresó a una vida más o menos parecida a la que tenía. Sin embargo, los relatos de sus familiares y amigos revelan que ya no se parecía al joven original: el Phineas sin el agujero en su cabeza era muy trabajador y educado, gentil con todos y de buen talante, mientras que el Phineas con el cerebro lesionado era agresivo, fanfarrón, soberbio y maleducado. Algunos años antes, en 1860, el fotógrafo inglés **Eadweard Muybridge** recibió un duro golpe en la parte delantera de la cabeza en un accidente en un carruaje. Luego de pasar dos días inconsciente, se despertó sin recordar el accidente y sin mostrar mayores complicaciones. Sin embargo, pronto sus familiares y compañeros de trabajo descubrieron que estaba mucho más agresivo, muy irritable e increíblemente posesivo: creía que las personas querían robarle sus cosas, incluso a su mujer. En 1874, al descubrir que su esposa se estaba viendo con otro hombre, fue a buscar al supuesto amante y lo asesinó de varios balazos. En el juicio por el homicidio, su abogado aseguró que Muybridge "se había vuelto loco" como resultado del accidente y llamó a varios testigos para que dieran testimonio acerca de estos cambios drásticos. Este fotógrafo, Stéfano, "la paciente 3534" y Phineas dejan claro que muchas características de la personalidad de alguien —el buen humor, la afición por los chistes, la irritabilidad, los celos— parecen estar íntimamente conectados con nuestro cerebro.

Quizá nuestra manera de ser, las cosas que nos gustan y las que no disgustan no sean más que el resultado de cambios químicos muy precisos en nuestras neuronas...

¿Pero entonces no somos más que nuestro cerebro o hay algo más?

• • •

Estoy seguro que alguna vez, en medio de una discusión o una pelea, dijiste *"¡No sé qué tienes en la cabeza!"*. O, intentando explicar alguna conducta del pasado que hoy te avergüenza, te excusaste diciendo *"No sé qué se me cruzó por la mente para hacerlo"*. Dudo mucho de que para explicarlo hayas hablado del cerebro o de cambios en las conexiones de tus neuronas. Y no se trata de algo inusual: **con frecuencia, hombres y mujeres solemos referirnos a nuestra mente a la hora de dar cuenta de nuestros actos.** En ocasiones, incluso, lo oponemos a lo que dicta nuestro cuerpo, como cuando aseguramos que *"No estábamos pensando con la cabeza"* o apelamos a *"las pasiones"* para excusarnos de alguna conducta no del todo honrosa. Es como si la mente fuese algo inmaterial y que a la vez existe dentro de los límites de nuestro cráneo, muy importante para nuestra identidad, ya que ella define quiénes somos como individuos (después de todo, es aquí donde residen nuestros recuerdos, pensamientos y voluntad) y también la que nos hace humanos, ya que es la sede de la racionalidad... *¿o no es nuestra razón la que nos diferencia de los animales?* No sólo esto: le damos mucha más importancia a nuestra razón que a nuestro cuerpo, como si los dictados de la mente estuviesen por encima de todo. Pero cuando hablamos de la mente, *¿nos referimos a algo físico o algo inmaterial?* Si es físico, ¿dónde está situada? Si no es algo corporal, ¿sería como un alma o un espíritu? *¿Qué sería de ella sin el cuerpo?* La filosofía tiene mucho para decir al respecto y lo viene discutiendo desde hace siglos, aunque con la aparición, en la segunda mitad del siglo XX, de **las ciencias cognitivas** (un grupo variopinto de disciplinas como la psicología, la lingüística, la neurociencia y la inteligencia artificial que intentan explicar lo que sucede en la mente a partir de un abordaje científico) adquirió un nuevo impulso y nuevas herramientas. Hace cientos de años que hombres y mujeres hablan y reflexionan acerca de sus mentes y de las de los demás, aunque no siempre utilizaron la misma terminología que empleamos hoy. **Aunque es motivo de discusión, podemos argumentar que algunos debates acerca del alma o del espíritu son sobre lo que hoy llamamos mente.** En la actualidad, se cruzan los caminos de estas reflexiones con los de los avances de la ciencia. En estos encuentros surgen nuevas ideas, choques de opiniones o felices coincidencias. La ciencia y la filosofía han tenido una relación complicada durante los siglos y no tenemos que esperar que trabajen de la misma manera ni que estén siempre de acuerdo, aunque podemos soñar con tomar lo mejor de cada mundo.

• • •

Pensemos en lo que estás viviendo en este momento. Mientras lees este libro estás usando las manos para pasar de página (ya sea en papel o en versión ebook) y el resto del cuerpo para mantenerte sentado en la silla o estar cómodamente echado en un sillón o en la cama. Y a medida que vas leyendo estas manchitas de tinta, que conocemos como letras, en tu cabeza se van formando palabras, oraciones y párrafos, con conceptos e ideas. **Así, a todos nos parece claro que tenemos un cuerpo físico y también una serie de pensamientos y sensaciones que no nos parecen ser del mismo tipo que el cuerpo.** Estos dos ámbitos mantienen distintas relaciones. Por ejemplo, el cuerpo se vincula con el cuerpo cuando, por estar mucho tiempo quietos leyendo, sentimos una molestia o que "se nos duermen" las piernas. Pero también el cuerpo actúa sobre nuestro mundo mental cuando sentimos ese cosquilleo interno o cuando esa mala postura nos genera dolor. A la vez, la mente también puede actuar sobre el cuerpo, como cuando le "ordenamos" a las piernas que se muevan para sacarnos de esa fea sensación. Y la mente también produce pensamientos, como los que se van encadenando a medida que leemos y se nos ocurren nuevas ideas o una palabra o frase nos dispara reflexiones totalmente inesperadas, como que no debemos olvidar comprar mermelada, o que en dos semanas ya es el cumple de nuestra madre y aún no le compramos un regalo. La cuestión, entonces, es cómo compatibilizar nuestra naturaleza física, de la que podemos atestiguar con nuestra experiencia, y nuestra mentalidad, de la que también podemos dar cuenta y que se nos aparece en nuestra introspección como de una naturaleza completamente distinta de la de nuestro cuerpo. **Cuerpo y mente parecen ser entidades absolutamente distintas, pero se nos presentan a la vez íntimamente ligadas entre sí.** Esto es lo que los filósofos conocen como **el problema mente-cuerpo,** una vieja disputa que tiene su origen en observaciones de la vida cotidiana y sobre la cual se ha escrito mucho. Es una discusión sobre cómo se relacionan las entidades mentales y las entidades físicas y qué status ontológico tienen.

Con el paso de los siglos, las respuestas han variado, con el péndulo de la filosofía oscilando en ocasiones a favor de la mente y, en otros momentos, a favor del cuerpo. **Platón,** por ejemplo, creía que **el cuerpo es un obstáculo para el acceso al verdadero conocimiento, al que sólo accede el alma intangible.** En su diálogo *Fedro,* juega con la palabra griega *sôma* ("cuerpo"), que se parece a *sêma* ("tumba" y "signo") y argumenta que el cuerpo es *"un estorbo con el cual el alma batalla",* aunque ésta desea vivir de forma corporizada porque lo considera mejor. Así, pese a ser un obstáculo para el conocimiento genuino, **el cuerpo también es un vehículo necesario para satisfacer ciertos deseos,** aunque a veces la unión entre alma y cuerpo ocasiona ideas y arrebatos irracionales.

• • •

A pesar de que la tradición de abordajes y perspectivas alrededor del vínculo entre cuerpo y mente se extiende hasta los inicios del pensamiento crítico, la Historia le ha reservado el lugar de "padre" del debate al francés **René Descartes,** quien defendió en algunos de sus escritos **un modelo dicotómico excluyente entre el cuerpo y el alma o espíritu.**

A la hora de responder a la pregunta sobre la naturaleza de los estados y procesos mentales y la relación de la mente con el mundo físico, Descartes tomó el camino de lo que se conoce como dualismo de sustancias.

Según esta postura, los estados y procesos mentales no son parte de un sistema físico, sino que constituyen un tipo específico de fenómeno de naturaleza esencialmente no física. Así, se establece que en la realidad existen dos tipos de sustancias (*es decir, de tipo de cosa que podemos encontrar en la realidad*). Una, cuya nota principal consiste en ser **una cosa extensa** (*es decir, que tiene longitud, ancho, altura y ocupa una determinada posición en el espacio*) y otra, cuya característica principal es **el pensamiento**. Ésta última sustancia no es espacial, pero sí puede interactuar con lo físico. Casi todo lo que vemos a nuestro alrededor (este libro, la taza de café enfrente tuyo, las paredes, el techo, pero también el suelo y lo que hay en el cielo) es físico, porque ocupa un lugar en el espacio, mientras que nuestra mente es algo no físico, que puede albergar y producir pensamientos. Tú, yo y todos los seres humanos que conoces somos un tipo de cosa muy especial, porque unimos lo físico con lo mental. **Descartes** llegó a esta postura mediante una **reflexión introspectiva**, es decir, a partir de un pensamiento ordenado y sistemático. En su libro *Meditaciones metafísicas* cuenta que las ideas se le fueron ocurriendo sentado en su casa, mientras veía el fuego de su hogar durante seis noches. Hoy se llama **filosofía de sillón** a esta forma de producción filosófica, que prescinde, por ejemplo, de lo que asegura la ciencia. Esto no significa que Descartes no haya sido él mismo un científico a su manera: fue erudito en muchas disciplinas, buscaba una verdad sin dogmas por encima de todo e hizo grandes contribuciones como anatomista. Pero fue gracias a la **introspección** que pudo distinguir con claridad y distinción entre su cuerpo y su mente. Además, **descubrió que su identidad no estaba en el cuerpo sino en su mente** ya que, por ejemplo, nadie dudaría de que sigue siendo el mismo si pierde un brazo o una pierna en un accidente, pero que no sería el mismo si sus recuerdos fuesen cambiados por las memorias de otras personas. *"No soy esta reunión de miembros llamada cuerpo humano; no soy un aire sutil y penetrante, difundido por todos esos miembros"*, escribió en un texto llamado *Discurso del método*. De esta manera, **las personas son uniones de la sustancia pensante con el cuerpo material, que interactúan constantemente entre sí de modo causal y sistemático, pero en donde no se encuentra su identidad.** El cuerpo es una suerte de máquina de huesos y carne, plausible de ser divisible. El espíritu, en cambio, es una sustancia indivisible y única. **El espíritu, entonces, es fundamentalmente distinto del cuerpo, pero está unido a él.**

El dualismo de sustancias cartesiano se basa en la distinción que sentimos todos entre cómo percibimos nuestro cuerpo y cómo percibimos nuestra mente y que el cuerpo es, por naturaleza, siempre divisible mientras que el espíritu jamás lo es. Esto lo lleva a afirmar que cuerpo y espíritu son cosas diferentes, así como también el conocimiento que tenemos de él lo es: tenemos un acceso directo al espíritu, que es transparente a mí, mientras que no conozco del mismo modo mi cuerpo. La existencia de dos sustancias, entonces, se fundamenta en la comprobación de que existen propiedades presentes y esenciales en una, pero totalmente ausentes en la otra. Lo mismo que Platón, Descartes toma como un hecho que no puede ser discutido que el espíritu y el cuerpo se hallan unidos en hombres y mujeres. Pero, a diferencia de lo que propone el autor de *República*, aquí no hay un entramado íntimo de dos sustancias que se entrecruzan, sino que para el filósofo francés están unidos, con una acción conjunta paralela en la que no hay fusión, pero sí íntima conexión. La fusión platónica, que resolvería varios inconvenientes, no podría darse porque se trata aquí de dos sustancias radicalmente heterogéneas. Si el espíritu no es extenso y la causalidad mecánica es función de la extensión, éste no podría entrar en relaciones de causalidad mecánica. Y aquí aparece el gran problema al que se enfrenta Descartes: *¿cómo se relacionan estas sustancias que, con tanto ahínco y cuidado, separó?* Al ser tan diferentes no puedo simplemente plantear que entre ellas hay un vínculo de causa y efecto. Fue lo que le dijeron muchos de los primeros lectores de sus escritos —como **Elizabeth, Arnold** y **Mesland**— y es lo que lo obsesionó hasta el día de su muerte. *"No basta que el alma esté alojada en el cuerpo humano, como un piloto en su navío, a no ser acaso para mover sus miembros, sino que es necesario que esté junta y unida al cuerpo más estrechamente, para tener sentimientos y apetitos semejantes a los nuestros y componer así un hombre verdadero"*, reconoció en uno de sus escritos. La falta de una solución satisfactoria a la relación entre sustancias selló la suerte del dualismo de sustancias, que finalmente fue abandonado. Sin embargo, está tan profundamente arraigado en la concepción pre-teórica con la que nos manejamos a diario, que el filósofo británico **Gilbert Ryle** la denominó la doctrina "del fantasma en la máquina". Es posible que sientas que, sin los detalles, las ideas de Platón y Descartes te suenen conocidas, aunque nunca las hayas escuchado así. Es porque son un marco teórico de sentido común que se repite más allá de los ropajes filosóficos que le pusieron estos autores.

· · ·

El dualismo de sustancias dejó su marca en nuestra manera cotidiana de entender el mundo y por eso hubo varios intentos por tratar de rescatarlo a pesar de sus problemas. En el siglo XX, hubo diferentes estrategias que intentaron disolver su obstáculo principal, la existencia de dos sustancias fundamentalmente distintas. Estos autores partieron del supuesto de que la mente tiene que pertenecer al ámbito de lo físico, la única dimensión de la que efectivamente tenemos certeza de existencia, pero postularon la existencia de entes físicos con propiedades que no son físicas, es decir, propiedades que no podían ser reducidas a términos físicos. A quienes defienden estas ideas se los llama **dualistas de propiedades.**

Estos suelen proponer que poseer mentalidad es equivalente a acceder a propiedades como sensaciones, percepción o memoria, por ejemplo, que no son físicas ni pueden explicarse de manera física.

Existen tres grandes variantes de dualismo de propiedades que ilustran bien el objetivo buscado por estos pensadores: el **epifenomenalismo**, el **dualismo interaccionista de las propiedades** y el **dualismo de las propiedades elementales.** Sin embargo, y a pesar de que cada una de estas posiciones se planteó como una alternativa distinta y superadora del problema que aquejaba a Descartes, terminaron en el mismo callejón sin salida. Podemos resumir el inconveniente en dos principios ampliamente aceptados a la hora de pensar la causalidad, es decir, la manera en la que se vinculan causas y efectos:

- El primero es **el principio de clausura causal del mundo físico,** que postula que cualquier suceso físico que tiene una causa en un momento determinado también debe tener una causa física en ese momento;

- el segundo es **el principio de exclusión causal explicati-va**, que asegura que no puede haber dos causas/explicaciones completas e independientes para un mismo suceso.

Estos dos principios nos obligan a sostener que el ámbito mental sólo podrá tener eficacia causal si es físico, tanto si hablamos de sustancias como de propiedades. Sin causación mental posible, el epifenomenalismo, el dualismo interaccionista de las propiedades y el dualismo de las propiedades elementales también fueron dejados de lado.

• • •

Ahora bien, ¿por qué Descartes y sus continuadores le han puesto tanto empeño y esfuerzo a sostener que nuestra mente es algo fundamentalmente diferente de nuestro cuerpo si resulta claramente una tarea dificilísima? Seguramente para hacer justicia con nuestra experiencia introspectiva, que parece hacernos descubrir que los estados mentales son muy diferentes a los estados físicos. No sólo los experimentamos de manera diferente, sino que parece existir una asimetría epistémica entre la existencia física y la existencia mental, es decir, **un modo de acceso distinto a estos estados y una manera diferente de conocerlos.** Muchos afirmarían que la mente es transparente para uno mismo —o, en una versión menos categórica, que la mente es tal que existe un único sujeto que tiene acceso privilegiado a sus contenidos—, mientras que no es tan fácil afirmar lo mismo del cuerpo, porque un médico o un anatomista saben más de mi cuerpo que yo. Por lo tanto, mente y cuerpo deben ser distintos en algún aspecto relevante, **ya que es muy diferente el conocimiento del mundo y el autoconocimiento.** Existen, sin embargo, quienes advierten que no es legítimo inferir diferencias ontológicas a partir de propiedades epistémicas.

Para muchos, de hecho, los problemas del dualismo nacen del uso de la introspección como método para conocer la mente. **La experiencia privada de los estados mentales muestra una asimetría entre lo que podemos conocer de nuestra propia mente y el conocimiento de la mente de los demás.** Esta diferencia es la responsable de que el conocimiento que tenemos de nuestros estados mentales actuales sea directo e infalible en condiciones normales (*¿cómo podría dudar yo de que en este momento me duele la cabeza?*), mientras que jamás se pueda alcanzar esa certeza en el caso de los dolores de cabeza ajenos. De hecho, muchas veces sospechamos de ese amigo que nos suspende una salida al cine y nos deja plantados por una súbita jaqueca. Del rechazo a la introspección como método válido para el conocimiento de lo mental nace **el conductismo**, que a su vez adhirió a dos banderas del **positivismo lógico**: un desdén por muchos problemas clásicos de la filosofía que no son vistos como verdaderos problemas sino como pseudo-problemas (es decir, confusiones lingüísticas o conceptuales y que pueden disolverse con un análisis del lenguaje en el que se expresan), y la noción de que el significado de toda oración se basa en circunstancias observables que la verificarían. Hay muchas formas de ser conductista y muchas disciplinas en donde se usa esta etiqueta, como en Psicología, pero en este caso particular se trata de una doctrina sobre la naturaleza del lenguaje con el que hablamos acerca de la mente, y **se suele llamar al conductismo filosófico conductismo "lógico" o "analítico"**.

El conductismo rechaza que los estados mentales sean entidades privadas e independientes del ámbito físico: si esto fuese cierto, los términos mentales no tendrían un significado públicamente compartido y las proposiciones sobre estados mentales serían inverificables. Es así que cuando hablamos acerca de emociones y sensaciones, no hablamos de hechos internos no observables, sino de conductas reales y potenciales.

Esto es más fácil de comprender si pensamos en las disposiciones naturales: afirmar que este terrón de azúcar que me sirvieron en el bar es soluble en mi café, por ejemplo, no es asegurar que posee un estado interno fantasmal, sino decir que si se lo pusiera dentro del café se disolvería.

Afirmar que José tiene miedo a las alturas, del mismo modo, indica que tendrá una determinada conducta en presencia de un precipicio, una calle empinada o una terraza muy alta (evitará acercarse al borde, se mostrará serio e incómodo, le sudarán las manos, su pulso se acelerará, etc.). La idea es que toda oración acerca de un estado mental se puede parafrasear sin pérdida del significado por una oración larga y compleja sobre cuál sería la conducta observable esperable que se produciría si una determinada persona se encontrara en esta u otra circunstancia observable. De esta manera, todo enunciado psicológico significativo (es decir, todo enunciado que supuestamente describe fenómenos mentales) puede ser traducido, sin pérdida de contenido, en un enunciado que sea exclusivamente acerca de fenómenos físicos o conductuales y, además, que toda expresión psicológica significativa tiene que poder ser definida en términos de expresiones físicas y conductuales. Tomemos el caso del dolor de muela de Pedro: los conductistas aceptarían una traducción totalmente conductual en la que se incluirían enunciados como *"Pedro tiene semblante apesadumbrado, llora y se toca la mandíbula"*; *"Ante la pregunta '¿Qué te pasa?', Pedro respondería 'Me duele una muela'"* y *"Una observación detenida muestra una muela cariada"*. La lista es incompleta y está necesariamente abierta a nuevos enunciados, ya que no es posible dar un conjunto exhaustivo de conductas vinculadas con un estado mental.

Incluso aquellos que leyeron desconfiados las reflexiones de Descartes sentado en su sillón viendo el fuego de su hogar entenderán rápidamente que **el conductismo tiene límites y problemas**. Aquí lo fundamental es entender qué es una "conducta públicamente observable", ya que no puede ser tan amplia como para incluir el movimiento de mis omóplatos al caminar, pero tampoco tan estrecha como para dejar de lado el movimiento de mis ojos y cejas, ya que con eso puedo indicar muchas emociones. Así, deberían incluirse reacciones fisiológicas como la transpiración, el incremento del pulso o la salivación y también los movimientos corporales como taparse el rostro, tomar un objeto, caminar hacia una dirección. Esto deja afuera muchas operaciones mentales que usualmente consideramos acciones intencionales, como razonar, calcular o juzgar, pero que no están acompañadas por un movimiento de nuestro cuerpo. A la vez, tampoco parece fácil dar traducciones conductuales de estados mentales como *"Creo que no existe el Rey de la Argentina"*. No sólo esto: muchos se enfurecerán al ver que se niega cualquier aspecto interno de los estados mentales, ya que todos contamos con experiencias muy vívidas de lo que es, por ejemplo, un dolor de muelas y afirmar que es simplemente tomarse la mandíbula o ir al dentista deja gusto a poco. Existe una cualidad intrínseca del dolor, cómo experimentamos el dolor de muela como diferente de un dolor de cabeza, por ejemplo, y si queda afuera de la caracterización de este estado mental pensaríamos que falta algo. **Las traducciones conductuales de los estados mentales también son problemáticas.** Por un lado, la imposibilidad de dar una lista exhaustiva de las disposiciones conductuales de cada estado mental parece ir en contra de la pretensión cientificista del conductismo. Por otro, la lista de tipos de estados mentales que quedan fuera del campo conductista es demasiado grande. Además, ¿cómo evitar caer en un círculo vicioso al buscar una traducción de los términos psicológicos? En muchos casos, parece que necesitara apelar sí o sí a otros términos psicológicos.

• • •

A pesar de que, en un primer momento, atrajo a muchos filósofos que querían abandonar para siempre a la introspección para fundar un conocimiento científico de la mente, el conductismo demostró tener demasiados problemas. A su sombra creció una alternativa radicalmente diferente, pero con similares objetivos, que se concentró en nuestra mente, pero con el acento puesto en su aspecto físico, ubicándola en nuestro cerebro. La llamada **teoría de la identidad** sostiene que los estados mentales son estados físicos del cerebro. Cada tipo de estado o proceso mental es idéntico, en tanto es una y la misma cosa, que algún tipo de estado o proceso físico dentro del cerebro o del sistema nervioso central. Es una teoría también conocida como **materialismo reduccionista**, porque **asegura que nuestra vida mental puede ser explicada haciendo referencia sólo a procesos físicos de nuestro cerebro, sin necesitar nada más. Para cada tipo de evento mental que ocurre en un organismo existe un correlato neuronal.** Se trata de algo similar a lo que ocurre con la descarga eléctrica que generan ciertas tormentas y el fenómeno que conocemos de manera cotidiana como "rayo", que precede a los truenos. Los rayos no son fenómenos extra físicos que supervienen a la descarga eléctrica, sino que se trata del mismo fenómeno, aunque en el primer caso es la manera no teórica de referirnos a él y en el segundo es el modo en que se lo entiende en la física. Nuestros antepasados no contaban con la información para entender lo que veían en el cielo y por eso no podían hablar de esta poderosa descarga natural de electricidad, pero hoy sabemos que se trata de lo mismo. Del mismo modo, en el futuro sabremos que mi estado mental de dolor y la activación de un sector de mi cerebro —supongamos, la fibra C— es idéntico. Son reducciones inter-teóricas, en donde una teoría nueva y eficaz logra abarcar un conjunto de proposiciones que reflejan perfectamente las proposiciones y principios de una teoría o marco conceptual anterior. **Una nueva teoría puede aprehender la misma realidad –que antes se mostraba de forma incompleta— con un marco de referencia conceptual mejor.** Lo que primero atrae de la teoría de la identidad es que rescata la intuición que tenemos de que nuestra vida mental reside en el cerebro y que comprobamos con casos como los que fuimos mencionando. No siempre fue así (*algunos pensadores griegos, por ejemplo, ubicaban en el corazón el origen de los pensamientos y también estaban los que creían que la mente estaba repartida en órganos como el hígado*), pero hoy tenemos buenas razones para pensar que tenemos que mirar al cerebro. Además, se trata de un modelo que se basa en la simplicidad, ya que con esta teoría no hay necesidad de multiplicar entidades: el estado mental y el estado neuronal no son dos cosas, sino una y la misma. Esta simplificación ontológica es muy valiosa: existen los episodios de dolor más allá de la estimulación de la fibra C. Esto implica, además, una simplificación conceptual o lingüística, porque en principio nuestro lenguaje mentalista podría ser reemplazado en el futuro por el lenguaje de las neurociencias. Pero no todos quedaron conformes con esta idea. El filósofo **Hilary Putnam** desarrolló un argumento en contra de la teoría de la identidad con el que, para muchos, lo hirió de muerte. Si el **fisicalismo** está en lo correcto, el dolor es la excitación de un sector del cerebro, supongamos, la fibra C. Esto implica que un organismo que no tenga fibra C no podrá sentir dolor. Pero existen animales que sienten dolor y que poseen sistemas nerviosos muy diferentes del humano, como reptiles y moluscos. Una descripción del estado físico común que se corresponda con el estado mental de dolor de todas estas diferentes especies de organismos necesitaría ser demasiado general y abstracta y parece muy improbable. Además, este tipo de fisicalismo —llamado **fisicalismo de tipo** y postulado por el australiano **John Jamieson Carswell Smart,** en donde cada tipo de estado mental es uno y el mismo con un tipo de estado cerebral— excluye del ámbito de los poseedores de mentalidad a cualquier agente no orgánico, como las computadoras o los robots. Por lo demás, la búsqueda de los correlatos neuronales de los diferentes tipos de estados mentales es un programa empírico de investigación que presenta algunas dificultades: los sustratos neurales podrían cambiar de persona en persona y en la misma persona a través del tiempo a causa de la maduración, ya que no parece plausible sostener que el estado neurofisiológico que subyace al estado mental de dolor de un niño de 5 años sea el mismo que el de su cerebro a los 80. También habría que pensar qué sucede con los estados mentales más específicos que el dolor, como la creencia de que el café ayuda a combatir el sueño, que la mejor formación de Bandana fue con las cinco cantantes o que el número 3 es primo… ¿cuál es la activación que le corresponde? En la base de la objeción de Putnam está la idea de que cualquier estado mental puede ser realizable de manera múltiple, es decir, debe ser susceptible de realizarse en diferentes estructuras físicas y biológicas, lo que implica que no es posible identificar estados mentales con estados físicos, porque no hay una correlación uno-a-uno, sino uno-a-muchos.

Existen muchísimos estados físicos que pueden realizar o instanciar estados mentales en todo tipo de organismos capaces de sentir dolor.

Así, el dolor no puede ser identificado con un tipo de estado neuronal o con un tipo de estado físico. A esta objeción se la conoce como el **argumento de la realizabilidad múltiple** y no sólo derriba la teoría de identidad de tipos, sino que establece las bases de otra posible manera de entender la relación entre la mente y el cuerpo, el **funcionalismo**.

• • •

El argumento de la realizabilidad múltiple fue presentado por Putnam y tuvo un impacto fortísimo en la década del sesenta y comienzos de los setenta, sepultando para siempre la teoría de la identidad de tipos y dificultando todos los intentos de defender un fisicalismo reductivo. Lo interesante fue que trajo, además del fin de una época, el comienzo de otra, ya que insinuaba una manera de comprender a la mente y su relación con el cuerpo de otra forma. Se trata del **funcionalismo**, que postula que los estados mentales son estados funcionales, es decir, que **el rasgo esencial o definitorio de todo tipo de estado mental es el conjunto de relaciones causales que mantiene con los efectos ambientales sobre el cuerpo, con otros tipos de estados mentales y con la conducta del individuo.** Así, todo estado que cumpla la función del dolor será un estado dolor, más allá de cuál sea el estado físico en el que se realiza. ¿Cuál sería la caracterización funcional del dolor? Podemos pensar al dolor como un detector de tejidos dañados, un mecanismo que se activa por el daño en los tejidos y cuya activación causa respuestas conductuales precisas como escapar, llorar, estar alerta y otros estados mentales, como creer que tenemos un dolor, desear aliviar el dolor con una aspirina, etc. El funcionalismo supera, de este modo, el desafío de la realizabilidad múltiple, porque los estados mentales al ser estados funcionales, abstractos, pueden estar instanciados en distintas configuraciones físicas. **Cada concepto mental debe entenderse como una función,** como cuando en Biología se habla del hígado de los mamíferos sin hacer referencia a los detalles de su constitución, sino sólo afirmando que es "un órgano que interviene en la digestión, segregando la bilis, almacenando sustancias nutrientes y eliminando sustancias tóxicas". El funcionalismo es un tipo de fisicalismo que requiere que quien tenga estados mentales sea un ente físico, ya que estar en un estado mental involucra tener en ese momento una determinada propiedad física. Si bien podemos concebir un ángel que tenga pensamientos (*porque no existe una imposibilidad lógica, como en el caso de los solteros casados*) no contamos con evidencia de que efectivamente haya agentes no físicos con estados mentales. Cada propiedad mental parece estar físicamente basada, cada ocurrencia de una propiedad mental se debe a una realización física determinada de esa propiedad mental. En su formulación original, Putnam pensó al funcionalismo inspirado en la idea de "máquina de Turing", un dispositivo que manipula símbolos de acuerdo a un conjunto de reglas y que es capaz de resolver problemas matemáticos. Para el **funcionalismo de máquina** o **psicofuncionalismo, la mente humana puede ser concebida como el software de una máquina especial**: el cerebro humano, aunque podría el mismo programa ser instanciado en una máquina artificial. Esta idea permitió desarrollar importantes proyectos tecnológicos y científicos en la segunda mitad del siglo XX, tales como los primeros desarrollos de la **inteligencia artificial**, robots y en general las ciencias cognitivas. Algunos podrían ver demasiadas similitudes entre el funcionalismo y el conductismo, ya que en ambos casos se trata de doctrinas que ponen en el centro de la escena la relación entre inputs sensoriales y outputs conductuales a la hora de entender la mente. Sin embargo, existe una diferencia significativa, porque el funcionalismo cree que los estados mentales son estados internos reales de un organismo y postula que estos tienen poderes causales. Un conductista rechazaría cualquier entidad no observable, mientras que el funcionalista es realista en cuanto a estos estados internos, aunque sólo podamos llegar a ellos por inferencia. Queda, sin embargo, para muchos autores, un resto de mentalidad no funcionalizable: nuestra experiencia consciente, a la que no accedemos inferencialmente sino en forma directa, y que parece no cumplir rol causal alguno: **nuestra vida material en el mundo sería la misma seamos seres humanos con conciencia o robots o zombis sin ella.**

• • •

Para enfrentarse a cualquier escenario fisicalista, el filósofo contemporáneo australiano **Frank Jackson** nos propone que pensemos en esta historia:

María es una brillante científica que se especializa en la neurofisiología de la visión y que, luego de estudiar toda su vida y tener acceso a materiales e investigaciones de avanzada, adquiere toda la información física que hay que obtener sobre lo que sucede cuando vemos.

Es tan inteligente y capaz que sabe todo lo que hay que saber sobre nuestro cuerpo, nuestro cerebro y nuestros ojos cuando percibimos colores. Así, conoce qué nos sucede físicamente cuando vemos tomates maduros, el cielo en una mañana despejada o una mandarina y usamos términos como "rojo", "celeste" o "naranja". Sus estudios le permiten conocer qué combinaciones de longitudes de onda del cielo estimulan la retina de cierta manera para que veamos cada color. María es una genia, no hay duda, pero no vive la mejor vida. Por algún motivo que desconocemos, desde que nació vive encerrada en una habitación en donde todo es blanco, negro o algún tono de gris. Lee y estudia de materiales monocromáticos y su información del mundo le llega por medio de televisores y

computadoras con pantallas en blanco y negro. Como usa una
vestimenta especial y unos lentes especiales, jamás ha visto el
color en su vida.

· ·

La historia te puede sonar insólita e inverosímil pero no importa, es un experimento mental diseñado para comprobar nuestras intuiciones o nuestras opiniones acerca de ciertos temas. No importa si esto sucedió alguna vez, o si podría suceder, lo que importa es que no haya contradicciones o imposibilidades lógicas (*como un triángulo de cuatro lados*). Si aceptamos todas estas condiciones de la pobre María, la pregunta de Jackson es muy sencilla. Imaginemos que un día la dejan salir de su encierro y, por primera vez, ve un tomate. Cuando ella percibe el rojo de ese tomate, del cual conoce todos sus detalles físicos de sus días de estudio e investigación en la habitación en blanco y negro, pero jamás vio con sus propios ojos, ¿diríamos que aprende algo? ¿Hay algo particular en la experiencia de efectivamente ver el rojo del tomate que no se lo permitía? Si creemos que María aprendió algo que no sabía cuando vio el rojo del tomate, tenemos que reconocer que estamos en contra del fisicalismo, porque esto quiere decir que sospechamos que **la experiencia cualitativa de ver un color no es lo mismo que conocer todos los hechos sobre el rojo**. Si mi experiencia de ver rojo se pudiese explicar sólo por la física, entonces ver el tomate no le hubiese sumado nada, ¡todo lo que necesitaba saber estaba en su habitación monocromática! El punto de Jackson es que nuestras experiencias sensoriales —color, sabor o dolor, por ejemplo— tienen algo más que solamente lo que puede explicar la física, y parecen estar acompañadas por lo que se siente estar en ese estado. Y eso no parece ser algo físico.

• • •

Si "el problema mente-cuerpo" nos mantenía preocupados por cosas que no nos habíamos detenido a pensar, o que creíamos como ciertas sin haber puesto en duda, otro aspecto de la mente es tan cercano como perturbador. Se trata de una de las cuestiones más misteriosas y desafiantes del universo y tiene que ver... *con una heladera*. Bueno, no con ese electrodoméstico en particular, pero sí con la experiencia que todos alguna vez vivimos de estar en nuestras casas absorbidos por la lectura de un libro apasionante o en una charla con amigos y que, de repente, sintamos que el motor de nuestra heladera deja de hacer ruido. Sucede lo mismo con el aire acondicionado, un auto que sonaba a lo lejos o la voz de un vecino: es común que recién nos demos cuenta de que estábamos todo el tiempo escuchando algo cuando esto se detiene. ¿Diríamos en ese caso que éramos conscientes de ese ruido? Bueno, al parecer no es un fenómeno tan sencillo.

La conciencia es un fenómeno mental que tradicionalmente fue pasado por alto y que durante años no estuvo en el centro de escena de la filosofía.

Uno de los encargados de alzar la voz sobre este olvido fue el australiano **David Chalmers**, quien la describe como *"la cosa más familiar a nosotros y la más directamente conocida, pero también la más misteriosa"*. Otros, como **Daniel Dennett**, aseguran que es *"el mayor obstáculo pendiente en nuestra búsqueda de una comprensión científica del universo (...) un fenómeno para el cual todavía no hallamos una forma de pensar"*. **La conciencia parece tener peculiares características que la diferencian de otros fenómenos mentales, generando perplejidad y asombro entre los estudiosos. Si aceptamos una teoría fisicalista de** la identidad, como la que señalé más arriba, e identificamos el dolor con la activación de la fibra C, el fenómeno consciente parece haber quedado de lado. ¿En qué sentido la sensación punzante y fría que padezco en mi mandíbula cuando me duele una muela en este momento no es más que un estado neuronal? ¿Podría la ciencia —específicamente la **neurobiología**— explicar esta sensación particular que me aqueja por una infección en mi muela? Nuestras respuestas intuitivas e inmediatas parecen ser negativas. El filósofo estadounidense **Joseph Levine** llamó **hiato explicativo** a esta sensación de insatisfacción epistémica que surge al sostener la identidad entre la mente y el cerebro. Todos sentimos una inclinación muy poderosa a creer que una simple activación neuronal no es suficiente para explicar todo acerca de ciertos estados mentales como el dolor de muela, cuya característica principal es cómo se siente estar en ellos. El problema parece basarse en la diferencia entre la identidad que se establece entre el dolor y la activación de la fibra C y, por ejemplo, la identidad que se da entre el agua y H2O. Las identidades físicas, como en el último ejemplo, permiten generar explicaciones reductivas de los fenómenos, es decir, a partir de la identificación del agua con el H2O podemos, basándonos en las características de las sustancias con tal composición molecular, inferir las propiedades del agua, y así entender por qué una sustancia compuesta de una parte de hidrógeno y dos de oxígeno será líquida, insípida e inodora, etc. En cambio, de la activación de la fibra C no parecen poder derivarse las características del dolor de muelas. **En efecto, no hace falta conocer los roles causales u otras características de los dolores para pensar sobre ellos; tan sólo por tener una experiencia consciente, ya se puede pensar sobre ella directamente.** Según el razonamiento de Jackson, y su científica en blanco y negro María, aunque pudiésemos estar en posesión del conocimiento de todos los hechos físicos acerca del dolor, no por ello sabríamos qué es tener dolor.

Una persona que lo supiera todo acerca de los hechos físicos del dolor, pero que nunca experimentó uno, aprenderá algo nuevo cuando le duela por primera vez en su vida una muela.

En estas experiencias existe un conocimiento de un tipo diferente al del conocimiento de los hechos físicos, el conocimiento del "cómo es". Esta noción se ha consolidado dentro de la tradición analítica: el concepto de **experiencia consciente** hace referencia a ciertos aspectos o propiedades que estarían presentes en los estados perceptivos —como las experiencias visuales de rojo, por ejemplo— y en las sensaciones corporales como el dolor, aspectos a los que se los llama **qualia, conciencia fenoménica** o **propiedades fenoménicas de la experiencia**. Es lo que el pensador yugoslavo **Thomas Nagel** llamó el "cómo-se-siente" tener una experiencia. Una de las maneras más conocidas para defender una postura no fisicalista sobre la conciencia —es decir, una posición en la cual un modelo monista como la teoría de la identidad u otros que asuman la superveniencia entre lo físico y lo mental— es **el argumento de los zombies**. Se trata de un experimento mental, como el de la neurocientífica María, en el que hay que pensar en un mundo de zombies, es decir, un mundo de personas idénticas a nosotros pero que no cuentan con experiencias conscientes. Estos zombies (*¡que no tienen nada que ver con los de las películas de George Romero o los de The Walking Dead!*) son iguales a nosotros en cada aspecto excepto el consciente, es decir, realizan todas las conductas verbales y no verbales asociadas al dolor que realizamos nosotros, y están en el estado neurofisiológico en el que se encuentran los individuos de nuestro mundo cuando sienten dolor, pero no sienten dolor en lo absoluto. Si un escenario tal es concebible sin incurrir en ningún tipo de incoherencia, nos encontramos con una situación en la que todos los hechos acerca del mundo supervienen lógicamente a los hechos físicos. Nuestro mundo, en cambio, es diferente: los hechos acerca de nuestra experiencia consciente no están implicados lógicamente por los hechos físicos, tal como quedó claro con la consideración de la diferencia entre el caso agua/H_2O y dolor/fibra C, explicada arriba. **Por lo tanto, el fisicalismo es falso.** Dicho en otras palabras: sabemos que la experiencia consciente existe, ya que la experimentamos y contamos en este mundo con descripciones verdaderas que involucran términos del lenguaje ordinario tales como "sensación de dolor" o "parecerme rojo". Sin embargo, podemos concebir un escenario físicamente indistinguible de nuestro mundo donde conciencia fenoménica no exista, es decir, podemos imaginar una situación donde un individuo se comporta en todos los respectos exactamente igual que un individuo dado en el mundo actual, pero donde ese individuo no posee ningún aspecto cualitativo, como si exhibiese todas las conductas asociadas al dolor en nuestro mundo, pero sin sentir dolor en lo absoluto. Por lo tanto, nuestro mundo posee más cosas que las que la física dice que hay, en particular en nuestro mundo los hechos acerca de la conciencia fenoménica no pueden ser explicados por ni reducidos a hechos físicos. **Esta experiencia consciente, que no puede explicar el fisicalismo, debe ser un fenómeno no físico,** lo que vuelve a Chalmers y a todos los que adhieren a esta concepción de la conciencia en dualistas de propiedades, tal como mencioné al hablar de las primeras respuestas al problema mente-cuerpo. Los qualia no son reducibles a lo físico y son privados, no pueden compartirse, dos rasgos que no todos están dispuestos a aceptar, ya que

implican consecuencias difíciles. Una de ellas es que el conocimiento de los estados conscientes de las demás personas y
las atribuciones mentalistas resultan poco fiables.

• • •

¿Cómo puede ser que sea tan complicado hablar sobre nuestra mente o que hasta ahora nadie haya arribado a una respuesta satisfactoria?

Quizá sea momento de volver a empezar todo de cero y
abandonar algunos preconceptos, como que nuestra mente
está encerrada en nuestra cabeza. Pensémoslo así: no sé si te
pasa como a mí, pero nunca me gustaron las matemáticas y
nunca me resultaron fáciles. Aunque sé sumar, restar, dividir y
multiplicar, me es complicado hacerlo con cifras grandes sin un
lápiz y un papel a mano (o sin la calculadora del celular). Ahora
bien, *¿diríamos que no sé dividir si no puedo hacerlo sin ayuda
de un anotador y un bolígrafo?* Son muchos los que, por ejemplo, necesitan hacer gráficos o diagramas para resolver algunos
problemas, *¿diríamos que ellos están pensando cuando lo hacen?* Por otro lado, cuando vemos que **Leonel Messi** hace una
jugada maravillosa e inesperada, *¿creemos que actúa por instinto? ¿Sospechamos que pensó sus movimientos antes o que los fue
desarrollando a medida que iba jugando? ¿Podemos separar sus
ideas de los movimientos de sus piernas?* En algún sentido, se
parece a los cantantes o músicos que acompañan las notas de
lo que están interpretando con su cuerpo, elevando las manos
en los tonos altos o encogiendo los hombros cuando hay notas bajas. *¿Estaríamos errados si pensamos que el director de
orquesta no piensa mientras conduce a sus músicos con la agi-
tación de sus brazos que representan un lenguaje compartido*

pero que también acompaña a lo que oímos? Esta serie de preguntas surgen como consecuencia de la adopción del funcionalismo como abordaje privilegiado del problema de lo mental. Y es que existe una acusación inquietante y aterradora: **debajo de la superficie fisicalista y antidualista de las teorías actuales sobre la mente, se mantiene el pecado original cometido por Descartes, quien separó la mente del cuerpo.** Después de todo, los funcionalistas bien podrían prescindir del cuerpo a la hora de explicar la cognición. Puesto en términos de la metáfora de una computadora, mientras el tipo correcto de programa y la información necesaria corra en el hardware indicado, se podrán generar las mismas experiencias mentales en un cerebro ya sea que éste esté en un cuerpo o en la cubeta de un laboratorio. Ya dijimos que se necesita un objeto físico para instanciar la función de un estado mental —y no importa si es un cerebro o una computadora, ése es el punto del argumento de la realizabilidad múltiple— pero nada del orden de lo físico parece tener un rol central en la cognición propiamente dicha.

Una vez que se cuenta con la información correcta y la sintaxis cerebral necesaria, la experiencia cognitiva puede darse en una persona, una computadora o un robot.

Así, la separación entre mente y cuerpo y la predilección de la primera por sobre el segundo sigue tan vivo como cuando Descartes las formuló hace más de tres siglos.

• • •

Esto llevó a muchos pensadores a sospechar que las ciencias cognitivas actuales son la continuación actual de la visión cartesiana de la mente, ya que consideran que los estados y procesos mentales están situados exclusivamente dentro de la cabeza del sujeto. La mente es un sistema formado por representaciones y operaciones sobre esas representaciones. Los procesos cognitivos consisten en la manipulación y transformación de las estructuras que llevan la información sobre el mundo; estas estructuras son las **representaciones mentales** y se encuentran, en el caso de los organismos cognoscentes, localizadas en el cerebro. A la visión de que la cognición es más que la manipulación de representaciones simbólicas es lo que podemos llamar **cognitivismo clásico** y que comenzó a ser discutida. Frente a esta concepción de la mente "desencarnada" y de la cognición como un acto puramente intelectualista, numerosos autores propusieron abandonar las premisas cartesianas por considerar que condujeron a un callejón sin salida a la hora de entender al hombre. Las propuestas fueron múltiples y aún se mantienen en una posición minoritaria, tanto en el terreno de la discusión filosófica como en el de las ciencias cognitivas, en donde la visión tradicional sigue siendo dominante. Sin embargo, sus aportes son atendibles y originales, sumando paulatinamente más adherentes y fortaleciendo sus sistemas. No sería correcto caracterizar a estos distintos intentos como partes de un único programa de investigación, ya que existen diferencias entre las propuestas, pero sí se puede afirmar que comparten la motivación común de disolver el cuadro de la mente y el cuerpo como pares independientes y antagónicos que deben ser conectados. En este sentido, ya no se puede hablar estrictamente de una caracterización de la mente y el cuerpo, sino que es más apropiado presentar las distintas propuestas a partir de cómo conciben la cognición. Son cuatro las corrientes principales que se destacan en la actualidad y suelen ser llamadas **las cuatro E de la cognición** por sus nombres en inglés: *Embodied*, *Extended*, *Embedded* y *Enactive*. Vamos a llamarlas en español **cognición corporizada, cognición extendida, cognición situada** (algunos también la llaman "enraizada", para mantener la "e" inicial de la palabra en inglés, aunque yo en lo personal no lo encuentro muy práctico) y **cognición enactiva**, aunque hay otras traducciones posibles. Se trata de dimensiones diferentes que implican cuatro tesis distintas y, en principio, independientes. Sin embargo, están íntimamente ligadas y es común que quien adhiere a una de ellas también lo haga con otras, tácita o explícitamente. **Los defensores de la cognición corporizada sostienen que la mente debe ser comprendida como un ente encarnado. El cuerpo es el que le da forma a la mente y la misma estructura de nuestra forma de razonar está condicionada por nuestra corporalidad.** Las mentes reflejan de un modo muy profundo los cuerpos en los que se encuentran, ya que los procesos psicológicos están incompletos sin las contribuciones corporales. Se trata de un desafío muy claro al corazón mismo del cartesianismo de acuerdo con el cual, recordemos, la mente puede existir sin cambios y casi idéntica sin un cuerpo, en el que se rescatan las observaciones y aportes de la tradición fenomenológica, en especial las ideas del checo **Edmund Husserl** y el francés **Maurice Merleau-Ponty**. Ajenos por completo a los debates sobre el problema mente-cuerpo, estos pensadores ofrecen **una perspectiva novedosa y fresca sobre el rol de la corporalidad en la percepción y la cognición**. Trasladar ideas entre corrientes filosóficas tan dispares, como la fenomenológica y la tradición analítica, demostró ser una tarea compleja que no admite la simple y llana importación de conceptos, pero sus contribuciones resultaron ser fructíferas. Los dos fenomenólogos coinciden en concebir al cuerpo como un principio constitutivo o trascendental de la experiencia, que no puede ser separado de la mente porque es su condición de posibilidad. De este modo, reconfiguran por completo las bases del debate, disolviendo cualquier intento por encontrar un puente entre dos sustancias cartesianas y reemplazando tanto a la mente como al cuerpo por una mente corporizada.

No hay división posible, ya que ni el cuerpo ni la mente pueden ser concebidos como objetos. No se trata de encontrar la forma en que la mente y el cuerpo interactúan, sino entender que nuestra experiencia del mundo está informada por nuestra corporalidad.

• • •

La **cognición extendida** fue un concepto introducido por primera vez por **Andy Clark** y **David Chalmers** —de quienes te hablé recién cuando pensamos sobre conciencia— en un artículo de 1998 en el que defendían la idea de que algunos procesos mentales se extienden en el medio en el que se encuentra el organismo cognoscente. Para ellos, en clara oposición a los supuestos básicos mantenidos en las ciencias cognitivas tradicionales, **los vehículos materiales de la cognición humana no son exclusivamente intracraneales, sino que incluyen componentes externos, como partes del cuerpo y objetos del entorno**. En algunos casos, la cognición ya no es algo que ocurre exclusivamente en la cabeza, sino que puede extenderse a otras estructuras del mundo y obtener allí información disponible. Cuando usamos un lápiz y un papel para realizar una operación aritmética compleja, por ejemplo, la cognición se desarrolla a través de elementos neuronales (lo que sucede intracranealmente), elementos corporales (la mano con la que sostenemos el papel y sus movimientos) y objetos externos (el lápiz y el papel). Se trata de una tesis sobre la composición o constitución de algunos de los procesos mentales: la cognición es alcanzada por la manipulación, explotación o transformación de estructuras en el medio que rodea al organismo.

La **cognición situada** afirma que el éxito en el funcionamiento de algunos procesos cognitivos depende de estructuras y procesos corporales más amplios en los que se encuentra el individuo. Se trata de la constatación de que los procesos cognitivos se encuentran insertos dentro de un ambiente y que esto juega un papel en su funcionamiento. Aunque a primera vista puede resultar similar al enfoque recién expuesto, la cognición situada es una tesis más débil y menos interesante que la extendida. Mientras esta última versa sobre la composición de la cognición, defender que la mente está situada —o, como también se suele decir, embebida— es hablar de una dependencia. Es por eso que para algunos esta postura no constituye una embestida real contra el cartesianismo, porque aún se puede sostener que los procesos cognitivos están insertos en el ambiente, pero la cognición real sigue estando en el cerebro. Finalmente, **la tesis enactiva sobre la cognición** fue introducida por el biólogo chileno **Francisco Varela** y postula que no hay una representación de un mundo dado de antemano por una mente, sino el trabajo conjunto de un mundo y una mente sobre la base de una historia de la variedad de acciones que un ser en el mundo realiza.

El mundo se alcanza según las estructuras con las que contamos y no es simplemente un dato dado.

De este modo, este enfoque rechaza la centralidad de la representación en el esquema de cognición tradicional, en la que se sostienen tres supuestos de forma acrítica: **habitamos un mundo con propiedades particulares**, como el color, el movimiento y el sonido; **captamos esas propiedades repre-sentándolas internamente** y **existe un sujeto independiente que hace estas cosas.** El enfoque enactivo reacciona contra esta forma de entender la cognición. **Ya desde un punto de vista puramente biológico se comprueba que no es posible separar la cognición y la percepción.** La postura corporal, por ejemplo, condiciona y transforma nuestra manera de ver y comprender el mundo: no sólo está determinada por nuestra anatomía y estructura ósea, sino que el poder estar erguidos –una posición que alcanzamos tarde en nuestro desarrollo y para la que necesitamos mucha práctica siendo bebés— nos permite relacionarnos con los demás, tomar distancia y ser independientes del resto. Además, al estar de pie se reestructuran nuestros sentidos, dándole menor importancia al olfato que a la vista, por ejemplo, que se vuelve una fuente primaria de información. Tanto filo como ontogenéticamente, los cambios en el cuerpo significaron la introducción de complejidades en la estructura cerebral, imprescindibles para el pensamiento racional y también para redefinir el marco espacial en el que se da la percepción. La cognición enactiva permite entender de otro modo nuestra naturaleza y nuestra vinculación con el medio. Cuando una persona no vidente sostiene una botella, por ejemplo, los estímulos que puede recibir son limitados, ya que no hay mucha información al tacto y la diferencia de temperatura pronto desaparecerá. Sin embargo, tiene la sensación de sostener una botella. Para los defensores de la mente enactiva, la información presente es suficiente para lograr esta sensación. El cerebro está sintonizado para poder captar ciertas potencialidades del medio, como la forma de la superficie del objeto y su material, ya sea plástico o vidrio. La sensación de sostener la botella está formada por las anticipaciones de cómo la propia experiencia cambia de acuerdo a las acciones que uno realiza.

• • •

Queda claro entonces que la introducción de las dimensiones corporeizada, extendida, embebida y enactiva de la cognición no sólo desafió la concepción de la mente y el cuerpo, **sino que también obligó a repensar las bases con las que se analiza la vinculación de los individuos entre sí.**

Después de haber leído estas páginas,
#PIÉNSALO:

¿qué es la mente?

Para seguir preguntándote y pensando

Las historias con las que comienza este caso son reales o están inspiradas en casos reales. El de **Stéfano** está narrado en *The Journal of Neuropsychiatry and Clinical Neurosciences*. Hay mucho escrito sobre **la paciente 3534** y sobre **Eadweard Muybridge**. Pero la estrella es **Phineas Gage**, quien es toda una celebridad de las lesiones en el cerebro. Basta una búsqueda sencilla en Internet para encontrar muchísima información, fotos y relatos.

Con respecto a las ideas de **René Descartes**, siempre creí que *Meditaciones metafísicas* es uno de los mejores libros de filosofía de la Historia, aunque seguramente más de un colega se sentiría horrorizado con esta afirmación. Pero lo defiendo y sugiero que lo consigas y lo leas. Es breve, está muy bien escrito y se parece a una serie de Netflix con seis episodios de esas que te dejan con ganas de un nuevo episodio después de cada final.

El argumento de la realizabilidad múltiple está en el artículo de **Hilary Putnam**, *La naturaleza de los estados mentales*, mientras que el experimento mental de **María** y el enfrentamiento con el fisicalismo reduccionista de **Frank Jackson** puedes leerlo en *Lo que María no sabía*.

A la hora de pensar la conciencia, hay que leer a **David Chalmers** en su libro *La mente consciente: en busca de una teoría fundamental* y a **Daniel Dennett** en *La conciencia explicada: una teoría interdisciplinar* (spoiler: el título es engañoso porque no termina de explicarla, pero el es uno de los mejores filósofos vivos).

Y con respecto a las posiciones post-cognitivistas hay mucha producción actualmente en curso. En Argentina, destaco los libros y trabajos de **Diana Pérez**.

Lenguaje

Si existe una cantidad limitada de palabras,

pero no tengo límites a la hora de imaginar o

crear, ¿podría pasar que piense en cosas que no

puedo transmitir de forma verbal o por escrito?

La manera en la que hablo, ¿condiciona cómo pienso?

¿Son ciertas las noticias de las personas

que se golpean la cabeza y se despiertan

hablando en otro idioma?

¿Sólo los humanos tienen lenguajes o diríamos que los animales también lo tienen? ¿Y las plantas?

¿Podemos pensar en algo tan distinto que no

pueda ser expresado en una oración o frase o

el lenguaje nos ofrece las posibilidades, pero

también los límites de nuestro pensamiento?

Nos guste o no, las palabras pueden definir quiénes somos.

"**H**ijo", "madre", "prisionero", "maricón", "ex", "viuda", etc. La forma en que nos llaman y etiquetan ejerce un impacto sobre nuestras vidas. En mi familia somos muchos hermanos y muchos primos, por eso en las Navidades y otras fiestas solían haber "mesas de grandes", en donde se sentaban los adultos, y "mesas de chicos", para los niños. Más allá del calendario y las velitas que uno soplara en cada cumpleaños, lo que definía parte de tu identidad era en qué mesa te sentabas: ser llamado "grande" o "chico" era de vital importancia. **Las palabras son poderosas cuando las usamos y también cuando no las usamos**: nos sentimos extrañamente incómodos cuando no hay palabras que definan por lo que estamos pasando, como cuando nos damos cuenta de que no hay una palabra para describir la sensación de un padre que pierde a una hija, o alguna forma de llamar a la persona que te gusta y con la que la pasas bien pero que no es tu novia, ni tu pareja, ni tu amante, y en ninguno de estos casos estas palabras equivalen al amor que sientes por ella. Las palabras son mucho más que manchas de tinta en un papel o sonidos que salen de nuestras bocas y recorren el aire hasta nuestros oídos. **Muchos creen que las palabras construyen el mundo y que sólo podemos pensar en los términos en los que nuestro lenguaje nos permite.** Imaginemos esta situación: *al nacer, cada persona recibe una caja que contiene un escarabajo. Es un objeto personal y muy valioso, que nadie más que su dueño puede ver. Todos tenemos una caja, pero está absolutamente prohibido ver en el interior de la de los otros, únicamente podemos ver lo que contiene nuestra propia caja, en donde está el escarabajo. Esto quiere decir que no contamos con una manera de confirmar que todas las cajas contengan lo mismo,* *pero podría suceder que a ti te haya tocado una hormiga, a tu hermano una araña, o que en China se entreguen escorpiones. Sin embargo, todos recibimos la instrucción de que lo que tenemos en la caja se llama "escarabajo", así que cada vez que la abra veré a mi escarabajo, y cuando piense en escarabajos pensaré en él, y cuando los demás me hablen de escarabajos asumiré que tienen algo similar en sus cajas. Pero lo cierto es que, de ser así, la definición de lo que es un escarabajo cambiaría continuamente, dependiendo de cada persona. Por lo tanto, no tengo forma de estar seguro de que cuando los demás digan "escarabajo" se estarán refiriendo a lo mismo que yo.*

¿No te parece algo sospechoso? Quizás haya que pensar que "escarabajo" debe ser "eso que está adentro de la caja de cada uno", pero tampoco tenemos certeza.

El caso del escarabajo puede ser una curiosidad, pero pensemos ahora que, en lugar de un escarabajo, la caja contiene un dolor de cabeza. Si lo pensamos bien, podemos afirmar que sólo hemos sentido nuestro propio dolor de cabeza y nada más porque no hay manera de que podamos sentir el dolor de cabeza ajeno. Es más, llamamos "dolor de cabeza" a esa sensación porque así nos lo han enseñado mientras crecíamos, y porque es lo que vemos que se usa cuando otros se agarran la cabeza, sienten que la luz les molesta, se masajean la sien con cara de preocupados, o buscan tomarse una pastilla de ibuprofeno. Pero **dolor de cabeza** es una etiqueta que le pusimos a un cierto estado mental del que jamás sabremos si el otro lo siente igual que nosotros. Así como no podemos saber exactamente lo que otras personas están experimentando o sintiendo, al parecer tampoco estamos tan de acuerdo con otras palabras que creeríamos mucho más comunes y sencillas.

No todo el mundo usa del mismo modo las mismas palabras y esto puede traernos más de un problema.

Muchas personas, por ejemplo, usan el "te quiero" casi sin control: se lo dicen a familiares, amigos, compañeros de trabajo, al empleado de la panadería cuando le regala una factura extra en la docena o al del guardarropa del boliche que le cuelga la campera con cuidado. Otros, en cambio, sólo dicen "te quiero" a cuentagotas, únicamente a sus parejas después de haber salido largo tiempo o eventualmente a algún familiar en ocasiones muy especiales. ¿Qué pasaría si integras el segundo grupo y la chica que te gusta forma parte del primero? Bueno, podría traerte más de una confusión... *o un dolor de cabeza.*

Las palabras son muy poderosas y es importante entender qué designan. Ponerse la etiqueta de novios causa muchas responsabilidades y obligaciones, que no siempre están lo suficientemente charladas. Alguien de 18 años puede asumir que usar la etiqueta "novio" significa exclusividad afectiva y saludarse todas las mañanas por whatsapp; mientras que quizás a los 40 otra persona crea que incluye compromisos más ligados con lo material, la familia política y tal vez una flexibilización consensuada de la monogamia, a la vez que estarán los adultos mayores de 80 años que considerarán que ser novio es un trato amoroso que no incluye mucho de lo que implica para el de 18. No hay una única manera de ser "novio", sino que cada persona entiende algo distinto por eso, pero todos actuamos como si entendiésemos qué es "estar de novios".

Al parecer hay muchas cajas con muchos escarabajos.

• • •

El lenguaje es una de las principales maneras por medio de las cuales nos comunicamos. Esto mismo que estás leyendo no son simplemente restos de tinta en una página, o píxeles iluminados en una pantalla, son signos que encierran significados y (*si tuve suerte con lo que me estoy proponiendo*) también encierran ideas. Y cuando hablo no estoy emitiendo sonidos que quedan flotando en el aire, sino que allí también hay mucho encerrado. De hecho, cuando escuchamos a alguien hablar, recibimos sonidos que incluyen cambios de tono, soplidos y pausas que crean ondas en el aire que llegan hasta nuestros tímpanos. Esas vibraciones son decodificadas por el cerebro y, eventualmente, generan pensamientos.

El lenguaje nos permite crear comunidades, revelar lo que nos pasa, compartir opiniones, escuchar problemas y encontrar respuestas.

Es la forma en la que lo que pensamos puede durar, incluso, más que nuestra propia vida. En 1929 el arqueólogo alemán **Julius Jordan** desenterró una serie de tabletas de arcilla que habían sido escritas cinco mil años atrás; se cree que es el texto más antiguo conocido. En lugar de letras con tinta mostraban unas figuras abstractas que los especialistas llaman **cuneiforme**, una forma de simbolización sobre tablillas de arcilla húmeda mediante un tallo vegetal biselado llamado cálamo. Es posible que quien haya escrito esas tabletas jamás haya imaginado que lo que hacía duraría cinco milenios, pero gracias al lenguaje lo que hizo sobrevivió al paso del tiempo. Lamentablemente, no hay profundos mensajes allí, sólo una enumeración que dice "frascos, panes y animales", dato que nos recuerda que todo lo que hacemos puede potencialmente volverse muy relevante, hasta una lista de supermercado. Rara vez las palabras vienen solas: en las páginas de un texto están determinadas por un contexto, incluso cuando es una notita con un "te quiero" pegado en un chocolate, o un emoji en whatsapp; cuando hablamos podemos cambiar el tono de voz, nuestra postura física y ayudarnos con nuestras manos y el resto del cuerpo para acentuar ciertas palabras, reforzar que estamos siendo irónicos o hacer una broma. El lenguaje permite intercambiar información de manera rápida y eficaz en muchos contextos, desde un primer acercamiento con fines amorosos en un bar hasta rendir un examen final oral frente a tres integrantes de la cátedra de una materia dificilísima en la facultad. **Es muy difícil imaginar nuestro mundo y nuestra vida cotidiana sin lenguaje** y aquellos que por alguna circunstancia no pueden lograr la comunicación tradicional a la que estamos acostumbrados, rápidamente adoptan otras, como el lenguaje de señas, el sistema braille o los dispositivos que leen textos en voz alta. El lenguaje es tan poderoso que puede transmitir conocimientos —como cuando era chico y me dijeron que la *fatality* de *Sub Zero* en el videojuego *Mortal Kombat* era con "adelante", "abajo", "adelante" y "golpe alto"— y hasta sembrar la semilla de una idea en otra cabeza, como si te dijera que no pienses ni imagines a una raza de elefantes rosas enanos y regordetes que pueden ser tus mascotas. Tal criatura no existe, pero ¿no te dieron unas ganas locas de tener un elefantito desde hace instantes?

Las palabras nos permiten entrar en la mente de los demás.

• • •

En este momento se calcula que existen 7000 idiomas humanos distintos, cada uno con sus propios sonidos, vocabularios e incluso estructuras a la hora de armar oraciones y de describir la realidad, aunque se pueden estudiar pensando en fonemas, palabras, oraciones y textos. Los **fonemas** son la unidad básica de sonido y es lo más chiquito que se puede estudiar del lenguaje ya que están vinculados al sonido que se realiza al pronunciar una palabra. Se calcula que en el español hay al menos 22 fonemas. Con ellos se forman todas las palabras (en el caso de nuestro idioma, por ejemplo, la Real Academia Española reconoce 88000, pero parece seguro afirmar que son incluso muchas más). Las palabras, a la vez, forman **enunciados** y **oraciones** que unidas de un modo en particular crean **textos**. Aunque pocas veces nos detenemos a pensarlo, las palabras del lenguaje son tan geniales que nos permiten formar desde oraciones sencillas como "Ve a bañarte!", hasta estructuras que nos movilizan como ese "Te amo" que tanto esperamos, o una combinación tan genial como un cuento de **Jorge Luis Borges.** *Después de todo, ¡aquella novela que te cambió la vida no es más que una combinación de las mismas letras que conoces y con las palabras que seguramente ya sabías! ¡El diálogo de la película que viste mil veces en Netflix y que te hace llorar junto con el discurso que te puso la piel de gallina en una manifestación en una plaza está compuesto por esos 22 fonemas que bien conoces!* El aprendizaje del lenguaje también es gradual, de más pequeño a más grande. Si bien se han dado extensísimas discusiones al respecto, en general, todos los especialistas coinciden que a los cuatro meses los niños pueden reconocer diferentes sonidos en las palabras y comienzan a comprender que los movimientos de las bocas que ven y las palabras que escuchan están vinculados (*¿no te parece hoy súper obvio? ¡Bueno, cuando naciste no lo sabías!*). Meses más tarde, además de escuchar lo que hablan sus padres, cuidadores y hermanos, los bebés comienzan a hacer sus propios ruidos. Aún no son palabras, claro, y esos balbuceos incluyen muchos sonidos que luego no están representados por los fonemas de nuestro idioma, pero desde los diez meses sólo aparecen los sonidos de lo que ellos estuvieron escuchando. Este es uno de los problemas de aprender idiomas cuando somos adultos: tenemos que aprender a escuchar sonidos y tonos que no conocemos o a los que no les prestamos atención. Un bebé de una familia bilingüe suficientemente estimulado podrá aprender ambos idiomas sin ningún problema. Cuando tenga un año, el niño podrá entender que ciertos sonidos indican cosas en el mundo, como "mamá" o "agua", para arrancar una especie de curso mega acelerado de idiomas que hace que a los dos años ya puedan responder preguntas asintiendo con la cabeza o señalando objetos, que conozcan más términos y formen frases de dos o tres palabras, como "quiero jugo" o "nene malo". El detalle de cómo se convierte en un hablante más o menos calificado entre los 4 y 5 años es simplemente fascinante y motivo de un intenso debate y varias teorías. Parece que no importa la cultura ni el idioma en los que hayan nacido, es una constante que para esa época podrán entender lo que les dicen y responder con un vocabulario rudimentario, pero muy útil. Incluso, los niños y las niñas que viven con padres que se comunican con lenguaje de señas también pueden entenderlos e imitar, con las limitaciones propias de su motricidad, lo que ven.

• • •

El alemán **Gottlob Frege** se interesó seriamente por el lenguaje a comienzos del siglo XX. Él estaba convencido de que existían fundamentos lógicos y filosóficos en las matemáticas y en el lenguaje natural, es decir, el que usamos todos los días. Creía que ambos, matemáticas y lenguaje, podían ser eventualmente reducidos a **la lógica**. Cuando quiso demostrarlo terminó revolucionando la lógica para siempre y, si bien en vida no fue lo suficientemente reconocido, sus aportes impactaron en muchísimos pensadores que le siguieron y aún hoy sus escritos son leídos y discutidos en todo el globo. A él no le interesaba la relación entre el lenguaje y las cosas, algo que veremos obsesionará a la mayoría de los estudiosos en el área, sino encontrar distinciones conceptuales que se pudieran aplicar a cualquier sistema semiótico, es decir, basado en signos. Mientras que en esa época se analizaba el lenguaje en relación con el pensamiento, él vació nuestros contenidos mentales de todo valor psicológico: **su obsesión era la estructura lógica detrás de cualquier lenguaje**, despreciando la manera en la que nos comunicamos cotidianamente, ya que para él el lenguaje natural no era un instrumento válido para pensar. Se animó incluso a crear un lenguaje superador y universal, que serviría para razonar correctamente. Lo llamó **conceptografía** y jamás nadie lo aceptó seriamente, pero demuestra el increíble esfuerzo y pasión de este hombre, que nació en la última mitad del siglo XIX y que sus alumnos describían como alguien increíblemente tímido, que daba todas sus clases mirando al pizarrón, escribiendo fórmulas y hablando en voz baja.

Uno de los mayores aportes de Frege fue **la distinción entre "sentido" y "referencia"**:

- la **referencia** de una palabra es el objeto o concepto que está destinado a designar;
- el **sentido** es la manera en que las palabras "nos presentan" al objeto o concepto.

Esto sirve para solucionar un problema muy común en el lenguaje que usamos todos los días. Existen expresiones que tienen la misma referencia, como cuando digo "el líder de Soda Stereo" y "el cantautor del disco *Bocanada*". En ambos casos, la referencia es **Gustavo Cerati**, pero lo que queremos decir con esas dos expresiones son cosas muy distintas. Es que, además de la referencia, para este filósofo el significado de estas expresiones incluye un sentido. Supongamos que un día recibimos en nuestra casa a un huésped que llega de Dinamarca para conocer nuestra ciudad porque le alquilamos una habitación que tenemos desocupada por Airbnb. Una mañana, durante nuestra ausencia, recorre nuestra colección de discos de vinilo y comienza a escucharlos. De inmediato, queda enamorado de dos de los álbumes que encuentra, *Canción animal* de Soda Stereo y *Bocanada* de Gustavo Cerati. Mientras escucha las canciones, nuestro amigo danés tiene distintos pensamientos y apreciaciones como *"La potencia de la voz del líder de Soda Stereo es magnífica"* y *"El autor de los temas de Bocanada posee una sensibilidad exquisita"*. La referencia de ambos pensamientos es la misma, pero el sentido es muy distinto porque cada uno tiene un contenido diferente y, sin ayuda de Wikipedia, por ejemplo, bien podría creer que está en presencia de dos personas distintas. Quizá nunca nos pregunte al respecto, viaje a su país, siga escuchando en Spotify ambos álbumes sin jamás sospechar que se trata de la misma persona (*si bien la voz de Cerati es clara y nos parece inconfundible, muchas veces escuchando en otro idioma nos cuesta encontrar similitudes o diferencias; no me avergüenza reconocer que tendría problemas en identificar a muchos de los cantantes de K-Pop sólo por sus tonos de voz*). El punto de Frege es que, si el significado fuera lo mismo que el referente, entonces todas las oraciones sobre "el líder de Soda Stereo" y "el cantautor del disco *Bocanada*" significarían lo mismo cuando claramente lo que pasó con el turista danés, amante de nuestros vinilos, nos muestra que no es así. Las ideas de Frege son originales y muy profundas, propias de una persona brillante.

Si bien nunca logró reducir la matemática a la lógica, el proyecto de toda su vida, el camino que recorrió en esa ambición, abrió las puertas a la lógica contemporánea e inspiró a muchísimos filósofos de tal forma que no se pueden entender las ideas del siglo XX sin su aporte.

Gracias a aquellos que leyeron sus obras y las llevaron a centros de discusión y debate, mucho se ha dicho sobre la distinción entre sentido y referencia. Hay algunas zonas problemáticas y muchos usos de nuestro lenguaje en donde estos conceptos no nos resultan útiles. Pero sí parece ser cierto que, si aceptamos sus ideas, en nuestra comunicación cotidiana es más importante el sentido que la referencia.

• • •

El que pensó al lenguaje desde una perspectiva totalmente diferente fue **Ludwig Wittgenstein**, un pensador austríaco cuyas ideas tuvieron un importante impacto en todo el siglo XX hasta nuestros días. Su vida y su recorrido intelectual son únicos y han inspirado a muchísimos otros filósofos y filósofas, quienes en ocasiones no se ponen de acuerdo en cómo interpretarlo. Wittgenstein empezó a estudiar aeronáutica en 1908 por orden de su padre, pero terminó llevándole notas y apuntes con las ideas que tenía a **Bertrand Russell**, uno de los que se sintió atraído por las ideas de Frege y que llevó sus textos a Inglaterra, en donde era parte de una verdadera élite de pensadores en la Universidad de Cambridge. El mismo Russell reveló en su autobiografía que desde su primer encuentro con el joven Wittgenstein se creó un respeto mutuo, ya que de inmediato entendió que estaba frente a alguien brillante. Así que lo animó a que dejara sus estudios vinculados con la ingeniería y los aviones en favor de la filosofía. Por esto, se retiró a Noruega para pensar y escribir siguiendo el consejo de su maestro. Cuando estalló la primera guerra mundial, terminó en las trincheras de Italia, en donde llevaba siempre una libreta en la que anotaba ideas y conceptos. Al ser aprehendido y quedar preso en Monte Casino, pasó en limpio esas anotaciones, volvió a corregirlas y a editarlas para que sean bien breves y le envió por carta a Russell el *Tractatus*

Logico-Philosophicus, un libro con menos de 80 páginas que revolucionó la manera de pensar el lenguaje.

Wittgenstein nunca quiso escribir voluminosos libros ni miles de pequeños artículos, sino que creía en el poder de las oraciones cortas. Russell quedó impactado con lo que leyó y lo divulgó entre sus influyentes amigos del Círculo de Viena, quienes comenzaron a leerlo y a discutirlo con pasión y admiración, ya que muy pronto entendieron que no era un texto fácil sino muy rico a pesar de su brevedad. En el *Tractatus...* se continúa la senda de Frege y de Russell en el análisis de la lógica, a la que considera la estructura que está detrás del lenguaje con el que describimos al mundo y el mundo mismo. Una de las ideas principales del libro es que **hay una relación muy íntima entre el lenguaje y la realidad**, tanto que asegura que *"los límites de mi lenguaje son los límites de mi mundo"*, una de sus frases más famosas. Lo que hacemos al pensar con nuestra mente es entender esa adecuación del lenguaje con la realidad.

Aunque quizá no era del todo consciente de lo que había despertado en sus colegas en Cambridge, Wittgenstein estaba muy satisfecho con su obra y sinceramente creía que no podía escribir algo superador así que, al terminar la guerra, abandonó la filosofía, donó su gran fortuna familiar y se convirtió en maestro de primaria en un pequeño pueblo de Austria. Pero sus métodos en el aula eran tan duros que los niños se quejaban y, frente a una rebelión de padres, dejó todo y tomó un trabajo como jardinero en un monasterio. Allí tampoco consiguió la paz que buscaba y, lleno de dudas con respecto a su propio destino, decidió entonces ir a visitar a Russell a Cambridge, en donde descubrió que su *Tractatus...* era estudiado con devoción. Cuando muchos se alegraron de poder tener enfrente al misterioso autor de ese libro, que los había dejado impactados y perplejos, Wittgenstein volvió a sorprender: ya no creía en esas ideas, y las discutió hasta el final porque según él estaban profundamente equivocadas. La oposición entre estas posturas es tan radical, que hoy conocemos como "primer Wittgens-tein" al autor del *Tractatus* y "segundo Wittgenstein" al que vino después, como si fuesen dos personas totalmente distintas y en discusión. No hay libros de esta última etapa pues él mismo decidió no publicar nada debido a la naturaleza misma de sus nuevas ideas. Sin embargo, contamos con apuntes de clase de sus alumnos y anotaciones encontradas luego de su muerte y que fueron publicadas de forma póstuma. El segundo Wittgenstein abandona por completo el punto de vista lógico para estudiar el lenguaje y opta por analizar **cómo nos comportamos realmente los usuarios del lenguaje, cómo usamos las palabras, qué podemos hacer con ellas y cómo aprendemos a hablar.** Ya no importa el análisis frío de las proposiciones y su vínculo con la realidad para determinar un significado, sino que las palabras y las oraciones sólo se comprenden de acuerdo a cómo se las usa. Pero estos usos son muy distintos, por lo que **el criterio para determinar el uso correcto de una palabra o de una proposición dependerá del contexto al cual pertenece.** Wittgenstein señala que hay palabras muy sencillas de las que estamos muy seguros de saber qué significan, pero con las que podemos llevarnos una sorpresa. Pensemos en la palabra "juego", por ejemplo. *¿Qué es un juego?* Te invito a que te tomes un minuto para darme una definición de juego. *¡No hagas trampa! Deja de leer y piensa qué sería para ti un juego.* Es más, te invito a que lo escribas en las líneas de abajo (o en un papel o en el teléfono celular si este libro te lo han prestado).

¿Qué es un juego?

. . . .
. . . .
. . . .
. . . .
. . . .

Me gusta tu definición de "juego", pero seguramente no se aplica a todos los juegos. Si has escrito que es una actividad entre dos o más personas, por ejemplo, has dejado afuera al "solitario", el que juegas con las cartas o en la computadora cuando estás aburrido. Si has escrito que es una actividad en donde se pierde o se gana, has dejado afuera cosas como patear una pelota contra una pared, un juego en el que invertimos horas y horas de nuestra infancia. Lo mismo sucede si tu definición incluye pelotas, reglamentos o cosas por el estilo: es demasiado exclusiva. Y si escribiste que en un juego hay que divertirse podrían aceptarse cosas que no son un juego, como ver una película, y dejar afuera cosas que otros consideran un juego, pero no son nada divertidas, como la ruleta rusa o correr picadas con un auto.

Palabras como "juego" nos demuestran que no hay definiciones sencillas ni que sirvan para todas las cosas, ni siquiera las que figuran en un diccionario.

Para el nuevo Wittgenstein, las palabras no pueden comprenderse de manera aislada, sino en el uso que le damos con un grupo de personas. En nuestras comunidades creamos pequeños universos de significados compartidos y no hay una esencia común entre todos los usos de la palabra "juego", sino que mantienen entre sí "un parecido de familia". Esto quiere decir que si bien no vamos a encontrar algún elemento que aparezca en todos los usos que hacemos de la palabra "juego", sí hay algunos que comparten algo, otros que comparten otras cosas y entre esos grupos diferentes hay elementos que también tienen otras cosas en común… Así como ocurre en tu familia: no es posible encontrar el mismo rasgo entre tus papás, tus abuelos, tus hermanos y tus primos, pero hay características que algunos tienen y otros no: color de ojos, forma de la nariz, el modo que tienen al caminar, cierto tono en la voz. No es posible que todos tengan un único rasgo idéntico, pero es posible que tengas los ojos de tu mamá, compartas la nariz de tu abuela con tu hermana y un primo, mientras que tú y tu abuelo poseen el mismo sentido del humor. **En el caso del significado de las palabras, entonces, no hay un elemento único que todos sus usos tengan, pero comparten algo con algún otro miembro del grupo.** Y habrá algunos juegos que son claramente juegos, como el truco o el fútbol, y otros que quizás algunas personas no consideren un verdadero juego y tú sí, como hacer garabatos en un papel mientras hablas por teléfono, o tratar de pasar el mayor tiempo sin pestañar. Para este segundo Wittgenstein, **el lenguaje está vivo** y, por eso mismo, tendrá cambios y variaciones.

¿Quién decide lo que significan las palabras, o si un significado es correcto no?

Las personas que lo usan, las comunidades que se van formando alrededor de algunas palabras. Quizá tú y tus amigos usen un término de una manera, pero nadie en tu familia lo haga así y te irás acomodando a cada contexto. Mis amigos y yo, por ejemplo, usamos *"mostra"* —una especie de deformación del término *"monstruo"* y en género femenino— como un adjetivo que me sería difícil describir exhaustivamente, aunque cuando veo a alguien puedo decir si es o no *"una mostra"* sin equivocarme. No hay que ser hombre o mujer para ser *"mostra"*, cualquiera puede serlo, sólo tiene que demostrar cierta actitud que no puedo describir con palabras, pero que compartimos con todos mis amigos. Es más, en Buenos Aires se celebra la *"Mostra Fest"*, una fiesta muy popular inspirada en *"las mostras"*. En las redes sociales puede verse muchas veces el meme: *"¡Pero qué mostra!"*. Ahora, si nunca escuchaste hablar de una *"mostra"*, o creías que ser *"mostra"* es ser monstruoso, todo esto que estoy explicando te resultará insólito y hasta incomprensible. Si, en cambio, usas *"mostra"* como un término cotidiano, te vas a sonreír y tal vez la uses como yo. *Mi mamá, que lee mis libros, cuando lea esto seguramente me mandará un mensaje de whatsapp pidiéndome explicaciones.* Lo que sucede en este caso es que, desde un análisis wittgensteniano de la filosofía del lenguaje, el significado de la palabra no está en la definición del diccionario sino en su uso dentro de una comunidad de hablantes. Esa comunidad no tiene que ser gigante o tener muchos miembros: puedes tener una palabra clave con un amigo, tu pareja o un hermano, como cuando usas algún código en común que surgió de forma espontánea y genera complicidad. Lo que no puede haber, de acuerdo a esta visión, es un *"lenguaje privado"*, es decir, un lenguaje que sólo conocemos nosotros y nadie más. En *Investigaciones filosóficas*, un texto póstumo editado a partir de manuscritos que se negó a publicar en vida, Wittgenstein plantea el caso del escarabajo dentro de la caja (*con el que empezamos este caso*) para demostrar que no tiene sentido pensar en un lenguaje en el que las palabras tuviesen referencia únicamente a cosas personales o subjetivas. Incluso, el lenguaje que utilizamos para comunicar sensaciones subjetivas de nuestro mundo privado, como el dolor de cabeza, ocurre en el ámbito social. **Jamás conoceremos el escarabajo en la caja ajena o cómo siente el otro un dolor de cabeza. Ambas cosas cobran sentido en tanto su uso es compartido en una comunidad.**

• • •

Tal parece, entonces, que el lenguaje y las palabras son mucho más que lo que nos dice un diccionario.

De hecho, si nos detenemos a pensar, descubriremos que rara vez hablamos con total literalidad. No sé si a ustedes les pasa, pero muchas veces escucho usar no literalmente la palabra "literalmente", es decir, usarla no para hacer mención al significado específico y aceptado de una palabra sino todo lo contrario. Como cuando le decimos a nuestros amigos, después de acompañarlos a un recital o a recorrer veinte cuadras buscando un vestido o una remera para una cita, que *"literalmente me estoy muriendo de hambre, vayamos a algún lugar a comer algo"*. Bueno, a menos que tu caso sea que estés falleciendo de inanición, realmente no estás muriendo de hambre y por eso tu frase *"literalmente me estoy muriendo de hambre"* no es *literalmente* cierta. O cuando vas a la peluquería antes de juntarte a comer con tu familia un domingo a la mañana, pero al llegar al local avisas al chat en el que están tus papás y tus hermanos que *"literalmente hay miles de personas antes que yo para atenderse, seguramente hoy llegue tarde al almuerzo, no se coman todo"*. En este caso o bien tu peluquero es increíblemente bueno y barato o bien *no estás usando literalmente* la palabra *"literalmente"*. Pero no hay ningún problema con esto porque tanto tus amigos como tu familia van a entender sin problemas, ya que usamos el lenguaje de muchas maneras y para muchas cosas, como lo muestran las metáforas o tantas figuras literarias a las que apelamos a diario, aunque no seamos poetas ni grandes escritores.

• • •

¿Cómo puede ser que nos comuniquemos tan bien si el lenguaje es tan cambiante y movedizo? El filósofo inglés **Paul Grice** se preocupó por dar una respuesta a esta pregunta, ya que se dio cuenta de **que puede ser muy distinto lo que uno dice de lo que uno realmente quiere decir.**

Son numerosos y frecuentes los casos en donde lo que decimos y lo que comunicamos no son lo mismo.

Por ejemplo, cuando salimos en una cita al cine y en plena función susurramos *"Hace frío, ¿no?"*. Lo que decimos son esas palabras que salen y que tienen el contenido proposicional de un enunciado, que podríamos analizar desde el punto de vista lógico como tantas veces los filósofos han sugerido. Pero lo que comunicamos, en cambio, es otra cosa, es toda la información contenida en el enunciado, que es diferente en su contenido proposicional y que es lo que realmente estamos diciendo. En el caso del cine, lo que estamos comunicando es que queremos que nos abracen durante la función a ver si el tan esperado beso llega pronto. Esto último es lo que Grice llama **contenido implícito** o **implicatura**, que trasciende lo literal y que se enlaza con el contexto en el que estamos e involucra nuestras relaciones sociales, ciertas convenciones, expresiones de nuestra cara, tono de voz, etc. **Si uno tiene en cuenta esto, para que una conversación sea exitosa será necesario entonces tener en cuenta no sólo lo que se dice sino también todo lo que está implícito.** Un buen intercambio de hablantes necesita personas que quieran tener esa conversación y que no deseen engañar ni mentir. Éste es un principio cooperativo, cuando haya ambigüedad en lo que un hablante me está diciendo, tengo que asumir el significado más probable de lo que me dijo, dado el contexto y asumiendo que esta persona quiere comunicarse conmigo. Si un amigo que se está mudando me cuenta, muy entusiasmado, que después de caminar mucho y recorrer muchos negocios encontró la araña perfecta, no puedo pensar que se refiere al insecto de ocho patas sino a una lámpara colgante, que lleva el mismo nombre. Cuando en un recital el cantante pide que el público grite si la está pasando bien y después de la respuesta asegura *"no los escucho"*, no es que tenga problemas auditivos que le impidan oír miles de gargantas en el estadio, sino que está pidiendo que griten más. **La carga del entendimiento no recae únicamente en mí, sino en todas las partes involucradas.**

Grice explicitó **cuatro máximas o reglas comunicativas** que ayudan al hablante a mantener el principio cooperativo, que están vinculadas **con la cantidad, la calidad, la relación y el modo en que nos comunicamos.** Las dos reglas vinculadas con la cantidad afirman que **uno debe ser adecuadamente informativo, pero sin dar información de más.** Así, cuando nuestro novio o novia nos pregunta *"¿Cómo estás?"*, si le respondemos únicamente *"Bien"*, creerá que estamos enojados o con algún problema, mientras que si al entrar a la oficina nuestra jefa nos pregunta *"¿Cómo estás?"* será muy incómodo que le hagamos una descripción detallada de nuestro día hasta ese momento, qué cosas ocupan nuestra mente, nuestra opinión sobre la araña que se compró un amigo para su casa nueva y qué pensamos de las noticias que oímos a la mañana. **Debemos dar la cantidad justa de información.** Con respecto a la calidad de nuestra comunicación, **no debemos decir cosas que no creemos ni afirmar cosas de las que no tenemos evidencia suficiente,** como mentirle a nuestro amigo para explicarle por qué anoche no fuimos a su casa y no avisamos (*¡hay que confesar que la siesta de 25 minutos que te ibas a echar duró hasta las 4 de la mañana!*), ni tampoco afirmar que su ex no lo llama porque está con otro, sólo basados en un par de *likes* en Instagram. En cuanto a la dimensión de relación dentro de la forma en que nos comunicamos, **sólo debemos decir cosas relevantes o pertinentes:** no será fácil hablar con alguien que en cada diálogo quiera volver a contarnos cómo el *crossfit* le cambió la vida, o por qué las películas de Marvel son mejores que las del universo de DC, aunque esto es inverso con los programas de TV. Finalmente, hay **cuatro reglas sobre el modo en el que hablamos.** Primero, **hay que evitar palabras complicadas o**

poco frecuentes, sino que hay que buscar frases que puedan ser fáciles de entender por nuestro público. Segundo, en la medida de lo posible **se debe evitar la ambigüedad** y hay que tratar de elegir términos que sean lo más claros posibles para evitar confusiones. En tercer término —*y aquí, debo confesarlo, es donde más me duele*— es importante **tratar de ser breve**. Si alguien me pide indicaciones para ir caminando desde aquel punto a un bar determinado, yo puedo llegar a terminar hablando de apps, las bondades de caminar y cuántas calorías tiene un rollo de canela con un completo desconocido. Ahora que lo pienso, quizá por eso rara vez alguien quiere hablar conmigo, me cuesta mucho ser breve. Finalmente, afirma este filósofo, **hay que ser ordenado y claro, no omitir información ni cambiar la línea del tiempo**.

Las reglas de Grice, que han sido ampliamente discutidas, son eso nada más: **reglas**. No son obligaciones y, de hecho, las rompemos todo el tiempo. Muchas veces mentimos, hablamos de más o exageramos (*yo soy especialmente culpable de esto cuando cuento anécdotas: me es imposible contar algo sin agrandar algunos detalles*). Si no cumplimos las reglas, la comunicación corre serio riesgo de no ser exitosa. Quizá te parezcan demasiadas instrucciones y te haya provocado dolor de cabeza el simple hecho de pensar en cumplir cada una de ellas, pero no hay de qué preocuparse, porque todo el tiempo estamos siguiéndolas más o menos al pie de la letra sin darnos cuenta. Incluso, podemos romper una de esas máximas deliberadamente cuando exageramos algo para ser sarcásticos o no decimos la verdad para ser irónicos.

· · ·

Son muchos los que creen que nuestro lenguaje moldea nuestra forma de pensar.

Si sabes hablar inglés o aprendiste francés o portugués en el colegio, quizás alguna vez te pasó que tuviste un pensamiento en una lengua que no era español y que calzaba mejor para lo que tenías en mente. No te sientas muy original: ya en el siglo VIII, el emperador **Carlomagno** (quien hablaba su idioma materno, un dialecto germano, pero también podía comunicarse con fluidez en latín y hasta entender griego) aseguró que *"tener una segunda lengua es tener una segunda alma"*. Otros, en cambio, creen que el mundo y nuestro conocimiento es independiente de cómo lo llamemos, como cuando **William Shakespeare** le hizo decir a Julieta que *"la rosa no dejaría de ser rosa ni de esparcir su aroma, aunque se llamase de otro modo"*.

Podemos decir con seguridad, entonces, que el lenguaje es mucho más complejo que simplemente un puñado de palabras. En la década del cincuenta, el filósofo inglés **John Langshaw Austin** (todos lo conocemos como J. L. Austin y así lo vas a encontrar en bibliotecas y buscadores de Internet) publicó un libro llamado *Cómo hacer cosas con palabras* en el que recopiló conferencias en las que analiza el lenguaje desde una perspectiva fenomenológica. En ellas descubre que, en ocasiones, lo que hacemos con el lenguaje es realizar **enunciados performativos**, que son los que no describen nada, sino que realizan un acto. Cuando un juez del registro civil anuncia *"los declaro marido y mujer"*, *"esposo y esposo"* o *"esposa y esposa"*, lo que está haciendo no es simplemente hablar, sino cambiando un aspecto del mundo: entran a una sala dos personas solteras y salen dos personas casadas. Es como un acto de magia. Lo mismo cuando una madre le pone nombre a su bebé recién nacido, cuando juramos que mañana sí o sí vamos a encargarnos de arreglar esa canilla que gotea, o cuando el presidente de un país declara la guerra contra otro. Estos actos tienen ciertas condiciones (los casamientos deben ser entre personas mayores de edad o que no estén actualmente casadas, el nombre de un niño queda establecido para la sociedad recién cuando queda asentado en el documento nacional de identidad, muchas veces juramos sin pensarlo bien y en algunos países para una acción como declarar la guerra se necesita de la aprobación del Congreso de la Nación), pero queda claro que **las palabras pueden crear lazos, disolverlos y modificar de ese modo el mundo en el que vivimos.** Las palabras también pueden construir comunidades e identidades, como cuando llamamos a una persona por el nombre que ella elige más allá de lo que dice un documento de identidad o lo que la sociedad le quiere imponer.

• • •

Si el lenguaje realmente construye la realidad y nos permite pensar de determinadas maneras que de otro modo serían imposibles, no sería alocado pensar entonces que cada lengua configura el mundo a su manera. *¡Y si en este momento hay 7000 lenguas, son 7000 mil formas de organizar la realidad!*. El problema es que se calcula que perdemos un idioma cada semana, porque se van muriendo personas que lo hablaban y que fueron asimiladas por culturas más grandes… ¿cuántos de los que están leyendo este libro saben inglés o portugués además del español? ¿Y cuántos hablan una lengua de un pueblo originario del territorio que hoy conocemos como Argentina? **Perder esta diversidad lingüística es también perder maneras de entender el mundo.**

Después de haber leído estas páginas,
#PIÉNSALO:

¿qué son para ti las palabras?

Para seguir preguntándote y pensando

Muchas de las obras de **Gottlob Frege** son complejas y densas. Me da un poco de vergüenza reconocer que lo poco que leí cuando era estudiante me dio *dolor de cabeza* (y les juro que no es un guiño al escarabajo en la caja). Es mejor leer a comentaristas y filósofos del lenguaje, como **Alberto Moretti,** pero el texto *Sobre el sentido y la referencia* es donde mejor explora esta cuestión particular y confieso que es muy interesante.

Me declaro fan de **Ludwig Wittgenstein** así que no puedo ser objetivo: *Investigaciones filosóficas* me hizo pensar muchísimo. Allí está el ejemplo del escarabajo en la caja con el que comencé este caso para la filosofía. Hay quienes prefieren el famoso *Tractatus logico-philosophicus*. Sea cual fuere, se trata de textos para leer muchas veces, leer a sus comentaristas y volver sobre ellos para releerlos.

De **Paul Grice** se puede leer *Studies in the Way of Words*, una compilación de sus trabajos principales y *The Conception of Value*, que reúne las conferencias que dictó en 1979.

Si te interesó lo que piensa **J. L. Austin,** lee su libro *Cómo hacer cosas con palabras*, al igual que a sus muchos comentadores y discutidores.

Amor

¿Por qué se habla tanto del amor? ¿Qué es?

¿Estamos naturalmente diseñados para

buscar a alguien que nos complemente o nos

acompañe? ¿Existe el amor entre animales?

¿Hay un amor perfecto?

¿El amor de pareja es el único tipo de amor

posible? ¿Puedes enamorarte de alguien

que no te ama?

¿Por qué duele el amor?

¿La amistad es amor? ¿Amor y deseo son

inseparables? ¿Hay amores imposibles?

¿Existe el amor platónico?

¿Qué hace el amor en el cuerpo? ¿El amor

cambia según la época? ¿Qué es enamorarse?

¿Por qué nos cuesta hablar de amor?

ás de una generación habrá sentido a su corazón detenerse cuando la **princesa Leia** finalmente le confesó a **Han Solo** sus verdaderos sentimientos en *Star Wars: El imperio contraataca*. Para ese momento, luego de haberlos visto recorrer media galaxia combatiendo a los malvados, ya todos sabíamos que la valiente joven de rodetes simétricos estaba atraída por ese carismático ladrón de buen corazón. *Sin embargo… ¡necesitábamos que lo diga en voz alta!* Y, por supuesto, *secretamente queríamos un beso*. Es memorable la escena: mientras el galán de la película está a punto de ser congelado vivo en carbonita y toda esperanza parece perdida, saltamos de emoción cuando ella le confiesa el tan esperado *"¡Te amo!"*, y aplaudimos sin importarnos si estamos rodeados de extraños en las butacas de un cine o a solas en el sillón de casa. Sin embargo, mientras los *stormtroopers* llevan del brazo a Solo a lo que parece una muerte segura, él le responde: *"Lo sé"*. Esta, que es su última línea de diálogo en la película, convierte en pocos segundos nuestra alegría en indignación: *¡¿qué clase de respuesta es esa?!*

¿Acaso está bien devolver un lacónico "lo sé" a un emocionado "te amo"?

Si coincidimos en que la filosofía es la disciplina que investiga los límites precisos de los conceptos… *¡el amor tiene mucho trabajo por delante!*

¿Qué significa exactamente "te amo"?

Hay personas que lo dicen muy seguido y que no dudan en decírselo a sus padres, a sus mejores amigos, a sus parejas y a sus mascotas. Otras no rechazarían la idea de amar a un jugador de fútbol, aunque jamás lo hayan conocido, o a una cantante de la que escuchan sin parar sus canciones en el celular y de la que conocen sus videos de memoria. Pero también hay personas que tardan años en decir *"te amo"* y solo lo reservan para personas específicas en momentos muy especiales, como si tuvieran una cantidad limitada de *"te amos"* para decir durante la vida y estuvieran atentos a dosificarlos para que no se les acabe.

No es una estadística científica, pero estoy seguro de que muchas parejas se rompieron porque una de sus partes dijo "te amo" y la otra respondió "yo también te quiero".

Y, déjenme confesarles: *soy de los que cree que "lo sé" es la peor respuesta posible a un "te amo", ya sea en esta galaxia o en una muy, muy lejana.*

Este ejemplo, como tantos otros, nos hace pensar que **amor** es una palabra que usamos para referirnos a muchas situaciones y tipos de sentimientos. Tal vez hasta ahora hemos creído que todas las personas que conocemos comparten con nosotros la misma idea sobre el amor; sin embargo, si realizáramos una encuesta a nuestros amigos, compañeros de colegio, trabajo o familia, comprobaremos que para algunos el único amor posible es el amor de pareja, porque incluye necesariamente sexo, mientras que otros creen que se puede amar a la Patria, por ejemplo. También habrá quienes piensen que la condición necesaria para amar es ser correspondido —*¿podemos decir que amamos a un chico que no nos da ni la hora o a una chica que tiene otro novio?*— o también los que crean que hay muchos tipos de amor y que nada tienen que ver uno con otro.

• • •

Si existiera una Policía Filosófica —*que, hasta donde sé, nunca existió y que si a alguien se le ocurriera crearla caería en muchas contradicciones*— una de sus funciones fundamentales sería establecer que todo aquel que reflexione acerca del amor sólo lo haga si antes leyó *El Banquete*. Esta obra, que **Platón** escribió entre los años 385 y 370 antes de Cristo, debe ser uno de los textos filosóficos más leídos de toda la Historia y más aún: cuando los siglos se acumulen y nadie nos recuerde a nosotros ni a tantos que hoy veneramos y enaltecemos como grandes poderosos, los hombres y mujeres del futuro seguirán maravillándose con este diálogo tan apasionante que actúa como un verdadero disparador de ideas. Leer *El Banquete* es como caminar por un campo minado de distintas visiones sobre el amor que van explotando a medida que lo transitamos. Ingresar en en esta obra es encontrarse con muchas ideas, algunas con las cuales quizá acordemos, y también es descubrir sus problemas y limitaciones.

Como sucede con el resto de las obras que conocemos de este autor griego, el libro adopta la forma de un **extenso diálogo** en el que se van discutiendo diferentes cuestiones. En este caso, nos encontramos frente a un concierto de hombres —*recuerden, estamos en la Grecia clásica, dominada por subjetividades masculinas*— que opinan sobre el amor. Esta conversación ocurre durante una gran cena que organiza el poeta **Agatón** para celebrar su victoria en las fiestas Leneas. *Aunque han pasado cientos de años, la escena no es muy distinta de un asado con amigos en una terracita o en un patio, durante una noche estrellada de verano.* Luego de beber y comer, uno de los invitados sugiere que se hable sobre **Eros**, el dios del amor, muy importante pero a veces olvidado. Esto da comienzo a cinco discursos en los que se desarrollan ideas muy distintas del amor, para cerrar con las palabras de **Sócrates**, quien rechaza todo lo que se dijo hasta ese momento y ofrece su versión. Si bien es posible que toda la escena no haya sucedido efectivamente, en sus escritos públicos Platón solía presentar sus ideas bajo este formato de diálogo que incluía como personajes a hombres griegos reales. Sabemos que **Sócrates** existió y que fue una figura cuyas ideas impactaron profundamente en su sociedad, ya que terminó siendo mencionado por muchos grandes pensadores. Sin embargo, por cómo él concebía el conocimiento y la filosofía, jamás escribió nada y no podemos conocer con certeza cuál era su pensamiento. Platón lo usa como personaje de varias de sus obras más conocidas, como sucede en *El Banquete*, aunque nada nos asegura que el **Sócrates real** haya pensado lo mismo que el **Sócrates platónico**.

Pero vayamos a la obra. En los primeros discursos encontramos algunas nociones que hoy se siguen escuchando y que quizá nosotros mismos también hayamos sostenido alguna vez. El primero en hablar es **Fedro**, un joven educado por **sofistas**; es un gran orador y en su exposición se dedica a alabar la dignidad del dios Eros, citando muchos ejemplos míticos y explicando que **el amor es el camino hacia la virtud y la felicidad**. Todos lo escuchan, pero agregan que falta algo: **el amor también es contacto físico, unión de cuerpos**. Es el momento del ingreso de **Pausanias**, el más joven y bello de los invitados, amante de Agatón. Quizá por su juventud, y sabiéndose muy deseado, **habla del amor que se deslumbra por lo físico y del amor de quienes buscan más allá de los cuerpos**. Es probable que, si eres joven, puedas pensar como Pausanias. Sin embargo, los que llevamos más años vividos, sabemos que el amor que nace de la pura atracción del cuerpo es tan electrizante como fugaz, ya que pronto nos deja con la sensación de vacío y con ganas de más o de otra cosa. *Aunque, claro, quién te quita lo bailado.*

A su término llega el turno del médico Erixímaco que **explica que puede existir un amor armonioso y moderado, y otro caótico y desordenado**. Preocupado por la salud y versado en la ciencia, para él **la clave en este asunto es conocer ambas formas amorosas y encontrar la armonía**. Al finalizar su discurso, le llega el turno a **Aristófanes** quien, a esta altura del banquete, había tomado tanto vino que tuvo que excusarse por el hipo de su borrachera. *Como alguna vez nos ha pasado en un brindis de fin de año o en una fiesta de casamiento muy divertida*, este griego vence los obstáculos, se recompone de esta situación y ofrece su discurso, que es por demás interesante. Según su relato, en un comienzo en la superficie de la Tierra vivían hombres, mujeres y unos seres de cuatro brazos, cuatro piernas, dos órganos sexuales y dos rostros. Estas criaturas era muy inteligentes y fuertes, tanto que decidieron enfrentar a los dioses. Se organizaron y construyeron una escalera para ascender hasta el Olimpo y repartir algunos golpes, *como si fueran los barrabravas de la Antigüedad*. Entre enojado y un poco asustado, Zeus decidió vengarse de esta osadía —*no hay detalles de cómo era la escalera, pero siempre se asume que el hogar de los dioses era muy lindo y prolijo, así que suponemos que al consorcio divino no le gustó nada la idea de que le construyan un acceso no solicitado al edificio*— y los castigó partiéndolos por la mitad. Esto los convirtió en seres de dos brazos, dos piernas, un órgano sexual y un rostro. Para completar su obra, Zeus les previno que, si volvían a intentar rebelarse, los cortaría nuevamente ¡y los dejaría cojos! Luego de partirlos en dos, Apolo les dio vuelta el rostro de modo que siempre tuvieran a la vista el corte. Así, cada mitad pasó a vivir su vida intentando encontrar la parte que le faltaba. Al encontrarse las mitades, se abrazaban con la idea de fundirse nuevamente en uno solo y nunca más se soltaban por miedo a la soledad, por lo que terminaban muriendo de hambre. Una vez que a Zeus se le pasó el enojo, se compadeció de ellos y les permitió permanecer unidos creando una nueva especie; por esto, cuando dos mitades se unían, creaban un nuevo ser. ¿Y a cuenta de qué toda esta explicación? Porque para Aristófanes el amor se define como **la necesidad humana de recobrar una antigua naturaleza.**

Hombres y mujeres son seres incompletos que buscan constantemente su otra mitad, esa que les da sentido. Por eso, desde entonces, solo nos sentimos satisfechos cuando corremos a abrazarnos a nuestra otra mitad, que anda dando vueltas por el mundo y que es todo lo que nos falta para ser inteligentes, felices y fuertes.

Si por un instante podemos olvidar la horrorosa imagen de esos seres monstruosos de ocho miembros, que ni la peor película clase B de Hollywood se animó a imaginar, vemos que las ideas de Aristófanes no son tan alocadas... *¿o acaso no seguimos diciendo hasta hoy que buscamos nuestra "media naranja"? ¿No hemos sentido todos alguna vez que éramos insuficientes por nosotros mismos y deseamos que llegue alguien y nos complete?* Desde esta perspectiva, **el amor significa reconocer que no podemos solos y que hay alguien más, en algún lado de este bendito planeta, ideal para nosotros, que nos espera y con el que tendremos la fuerza necesaria.** Esto me recuerda a las comedias románticas que terminan con la pareja protagónica fundiéndose en un beso final que justifica los 90 minutos sentados frente a la pantalla. *¿Quién nos hubiese dicho que los antiguos griegos predijeron a las heroínas y caballeros del cine romántico de todos los tiempos?* Nadie, aunque ahora viene el lado B. **El relato de Aristófanes tiene demasiados problemas.** Y Platón, decenas de siglos atrás, ya lo sabía. ¿De dónde salió la idea de que estoy incompleto si estoy solo? ¿Quién garantiza que hay una persona especialmente para mí? ¿Por qué no podrían ser muchas? ¿Por qué no podrían ser distintas personas en los diferentes momentos de la vida? ¿Y cuál sería el problema si no existiera nadie "para mí"? ¡Cuántas preguntas! Y un descubrimiento: **muchas veces pensamos al amor como una manera de completar lo que está inconcluso, como ese sentimiento con la capacidad de suplir una carencia...** *No parece ser el enfoque más sano de todos, ¿no?*

Luego de Aristófanes es momento de que exponga **Agatón**, el homenajeado de la cena, quien se dedica a criticar todos los discursos anteriores por haberse referido solamente a los beneficios del amor valiéndose de muchos ejemplos y mitos, pero sin definir exactamente qué es el amor. Según su visión, **el amor es el más bello de los dioses, es el más justo, es maestro de templaza y el más valiente y sabio.** Su discurso es un ejemplo de **retórica sofista** y está repleto de giros y frases muy persuasivas. Pero cuando termina, entre aplausos y elogios, toma la palabra **Sócrates** y derriba de un plumazo todo lo que dijeron aquellos que lo precedieron: ¿cómo puede el amor buscar las cosas bellas, justas y valientes si el mismo es bello, justo y valiente? **Nadie se empeña en encontrar algo que ya tiene, sino que solemos obsesionarnos con hallar aquellas cosas que no tenemos.** Pensemos, por ejemplo, en las apps de citas o de delivery de pizza: ¿por qué las tenemos? *¡Porque queremos citas y queremos pizza! Si tuviésemos un amor en nuestra casa que nos haga felices y pizza ilimitada en la heladera, no usaríamos ninguna de estas aplicaciones.* Así, para **Sócrates** (*y, sospechamos, también para Platón que habla a través de él*), **todo deseo es deseo de algo de lo que se carece pues no se puede desear lo que ya se posee.**

Entonces Sócrates decide contar qué sabe él del amor, pero aclara que no son ideas propias, sino que se las transmitió una filósofa llamada **Diotima**. No tenemos muchas razones para creer que Diotima haya existido en la vida real, pero es interesante ver que, a la hora de dar su teoría del amor, Platón decide citar a una mujer, *algo provocador para la época.* Diotima le explica a Sócrates que **Eros no es ni bello ni feo, ni bueno ni malo, sino un intermedio y que como tal es nexo entre dioses y humanos.** Y a diferencia de lo que se había defendido en los discursos anteriores, se define que ese algo en el medio se llama *"daimon"*. **El amor es, entonces, el mediador entre los hombres y la divinidad.** Su origen es peculiar: cuando nació la diosa

Afrodita se celebró un banquete en el Olimpo muy parecido al que organizó Agatón, al que asistieron todos los dioses para felicitar a los padres y conocer a la pequeña. En medio del festejó llegó **Penía**, la pobreza, que empezó a mendigar entre los invitados quienes la rechazaban con asco. Así que se alejó hacia los jardines, en donde encontró a **Poros**, el dios de la abundancia y la oportunidad, hijo de **Metis**, diosa de la prudencia, el saber y la astucia, quien había llegado ebrio al encuentro, pero siguió tomando en ese banquete y se tiró en el pasto a dormir hasta que se le pasara la borrachera. Sin duda, esta no es la clase de conducta que uno espera de un dios griego, aunque tampoco podemos tener la pretensión de que sean así de perfectos como las estatuas que nos quedaron de ellos. Además, ¿quién no sintió ganas de tirarse a dormir una siestita después de un asado y unas copas de vino? Penía encontró semidormido y borracho en el pasto a Poros y se aprovechó de la situación dejándola embarazada. Así nació Eros, hijo de la pobreza y la abundancia. Toda esta historia nos conduce a pensar al amor como una continua lucha de opuestos, una tensión entre la pobreza y la riqueza, entre la muerte y la pervivencia, en constante desequilibrio. Como digno hijo de la pobreza, está lleno de necesidades y vive buscando quién lo cobije y, a la vez, por haber sido engendrado por la riqueza, está al acecho de lo bello, impulsa a las personas hacia las cosas bellas, hacia el bien y hacia la sabiduría. **Eros es también el camino al verdadero conocimiento ya que, al ser intermediario entre dioses y hombres, es término medio entre la sabiduría y la ignorancia.** Los dioses no filosofan porque ya tienen el saber, pero tampoco filosofan los ignorantes, porque la ignorancia en la que están sumidos les impide añorar el saber. Y para Sócrates, este es el drama de los ignorantes: **no saben nada, pero están convencidos de que saben lo suficiente** y, como ya explicó Diotima, solo se busca aquello que se cree que falta. Visto así, la sabiduría es una de las cosas más bellas y Eros es amor a lo bello, porque lo que hay que reconocer que Eros es filósofo, es decir, un intermedio entre sabio e ignorante. *Siguiendo el relato, nos queda claro que es hijo de un padre sabio y rico en recursos y de una madre que no es sabia y carece de ellos.*

• • •

Sobre el amor también escribió **Arthur Schopenhauer**, quizás uno de los mayores pesimistas de todos los tiempos y uno de los mejores filósofos de la primera mitad del siglo XIX. *¿Por qué decimos que es uno de los mayores pesimistas?* Pensá en ese amigo que cuando le cuentas que te vas a Brasil de vacaciones lo primero que te responde es que en la época del año en la que vas llueve mucho, o en esa tía lejana que solamente ves en Nochebuena pero que se las ingenia para quejarse de todo lo que sucedió ese año y en todo lo que sucederá en los meses siguientes. Bueno, ellos palidecen frente a Schopenhauer, cuyos textos podrían hacerte sentir mal y miserable si te los lees en un día soleado de playa, rodeado de amigos y con una caipirinha en la mano. Pero lo de este filósofo no son quejas vacías o las fantasías de un adolescente que decide vestirse de negro y se encierra en su cuarto a escuchar rock gótico nórdico, sino un **verdadero sistema de pensamiento que recrea bajo nueva luz las bases más tradicionales de la filosofía de Occidente y las presenta de tal forma que pueden parecer muy terribles, pero, vistas de cerca, guardan algo de esperanza.**

Schopenhauer se anima a dialogar con los grandes filósofos que lo precedieron y a sacar sus propias conclusiones de sus planteos originales. Con uno de los autores con los que se enfrenta es con **Kant**, quien había establecido una imagen metafísica del mundo muy precisa y original, en la que **no podemos acceder a la realidad tal como es, sino sólo a la experiencia que tenemos de ella.** Para Schopenhauer no debemos preocuparnos por cómo es ese mundo innaccesible de "las cosas mismas" —es decir, las cosas tal como son más allá de nuestra experiencia de ella— sino que **debemos examinar lo único real a lo que podemos tener acceso directo: nosotros mismos.**

¿Qué hay dentro nuestro? Él no piensa, claro, en nuestros órganos internos, pero tampoco en nuestra alma, ya que es ateo y fue un pionero al tratar de entender a hombres y mujeres desde la biología, prescindiendo de la religión o las creencias que él consideraba infundadas. Existe una suerte de fuerza que nos acompaña desde que llegamos a este mundo, una fuerza que siempre tenemos y que muchas veces damos por sentada porque la experimentamos todo el tiempo. Es la fuerza que nos hace levantar a la mañana, que nos ayuda a preparar el desayuno y que nos saca a la calle para ir al colegio, la universidad o el trabajo. *¿Es acaso Schopenhauer un jedi y esta fuerza es La Fuerza de la que habla Star Wars?* Hasta donde sabemos, este filósofo no manejó nunca un sable láser ni enfrentó siths, sino que esta fuerza es lo que él llama **Voluntad.** Contamos con una Voluntad de la que somos una manifestación, al igual que el resto de la realidad. Es una Voluntad por seguir existiendo, por no extinguirnos. **El mundo es uno en esta Voluntad y todos estamos conectados por ella:** el lector, este libro, el café que te acompaña, tus compañeros, el empleado del supermercado y el cometa que está en este momento aburrido pegando una curva en la parte más alejada de Neptuno. ¿Cómo puede ser que Schopenhauer sea pesimista si nos acaba de dar una buena razón para que seamos todos gentiles con los otros y nos cuidemos entre sí, ya que somos parte de una misma Voluntad que nos guía en nuestra existencia? La respuesta es la misma que te dio la chica o el chico que te gustaba y que accedió a darte besos, pero no quiso ponerse de novio: **porque es complicado.** Para Schopenhauer la existencia es complicada. Esta realidad en la que todos somos parte de una Voluntad no tiene más misterio que eso. No hay un destino marcado para cada uno, un

dios que nos proteja o una divina providencia. Somos parte de una realidad en la que no somos, en ningún sentido, más especiales que el melancólico asteroide que se aburre mientras recorre el espacio. Nada nos hace más especiales que un par de tijeras o que un cepillo de dientes gastado que hay que tirar pero que seguimos usando porque nos olvidamos de comprar el repuesto. Vivimos gracias a esta fuerza que nos impulsa a hacer cosas pero que no tiene un verdadero sentido ni un plan. Y continuamente vemos que son esfuerzos vanos por darle contenido a lo que no es más que una acción descoordinada y terriblemente superficial, **porque jamás nos hará más importantes que nada.**

Queda claro entonces por qué, para Schopenhauer, nuestra vida es… **complicada.** Nos esforzamos sin sentido y pasamos toda nuestra vida tratando de volverla interesante y valiosa, *aunque eso jamás pasará.* Y si nos sentamos a reflexionar filosóficamente, descubriremos lo que él nos cuenta: **nada en el Universo es más importante que cualquier otra cosa y no existe ningún plan u hoja de ruta que le dé fuerza.** Y si bien la mayoría de los hombres y mujeres desconocen esto, y pasan sus años en este planeta esforzándose inútilmente por sentir que algo es diferente, **ahora nosotros que conocemos la verdad estamos condenados a entender que nada tiene sentido.** Quizás entonces quede más claro por qué decimos que al leer a Schopenhauer no sentimos ganas de salir a correr por una pradera tocando con la punta de nuestras manos los pastizales y oliendo las flores mientras cantamos a viva voz. Y si no estás de acuerdo con él, posiblemente sea porque no eres digno de este conocimiento.

Ahora que sabemos cómo es la realidad, mientras la mayoría de las personas ni siquiera lo sospechan, *¿cómo seguir viviendo?* ¡Buena pregunta! **Es acá cuando entra el amor en escena.** Frente a este cruel panorama, no queda más que encontrar a alguien que nos acompañe en este universo sin sentido, alguien con quien construir algo juntos, con quien reírse y bailar, aunque no signifique realmente nada. Para Schopenhauer, el amor es una de las cosas más importantes de la vida, pero tal vez no lo sea por las razones que uno siempre creyó, sino **porque es aliciente para la cruel verdad** (que, parafraseando la canción, *no es que sea cruel, sino que no tiene arreglo*). No hay dudas de que el amor es uno de los motores que nos guían en esta vida... **pero no es más que una trampa de la Naturaleza. Es una de las formas en la que la Voluntad nos engaña para que perseveremos en nuestra existencia.** Conocemos a alguien y, por un momento, el mundo se detiene: cruzamos miradas, detectamos un brillo especial y sentimos que nuestras tripas se retuercen en deseos. Buscamos su nombre en las redes sociales, recorremos su vida, hallamos una excusa para hablarle y ponemos todo nuestro empeño en lograr que se fije en nosotros. Al conseguirlo, sentimos que logramos la mejor historia de amor jamás vivida: no se parece a nada que hayamos vivido antes y sospechamos que jamás hubo tanta conexión entre dos personas. **Pero esto no es más que una ilusión, una trampa que nos han puesto para que cumplamos el rol que debemos cumplir en esta realidad: unirnos y procrear para que esta Voluntad siga adelante.** Incluso la belleza no es más que una mentira, una estrategia para que nos encandilemos y le pongamos ropaje romántico a lo que no es, *ni más ni menos*, que la mecánica continuación de la especie. ¿Sentimos que el corazón nos explota y que daríamos cualquier cosa por aquel que amamos?

No hay nada especial ni único en eso, ya que solo somos marionetas de una pulsión ciega dirigida a procrear y que no tiene nada de único ni subjetivo.

Saber esto, sin embargo, no debería sacarnos las ganas de enamorarnos. *¿Por qué?* Porque al hacerlo nos entregamos a esta Voluntad que todo lo empuja y colaboramos en continuar con nuestra especie.

Quizá por el tenor de sus ideas y por su perspectiva novedosa sobre muchos temas, Schopenhauer no tuvo mucho éxito en vida, aunque en sus últimos años más personas comenzaron a reconocer la originalidad de su pensamiento. Pero su obra máxima, *El mundo como voluntad y representación*, fue un rotundo fracaso editorial, del que se editaron 800 ejemplares y jamás se agotó: una década después de su lanzamiento, todavía quedaban casi 200 libros sin vender. Pero esto no impidió que eventualmente se convierta en una obra que impactó en muchísimos lectores, quienes se enfrentaron a conceptos y nociones que eran tan provocadoras como diferentes. Entre esos jóvenes impactados por Schopenhauer se encuentra el renombrado **Friedrich Nietzsche**, quien escribió sus primeras obras bajo las influencias del que consideraba, en ese momento, su maestro, aunque jamás fue un mero repetidor de sus ideas, sino que ellas fueron el puntapié inicial para algunas de sus primeras reflexiones.

• • •

Con el tiempo, Nietzsche sintió que el mundo de ideas que le había abierto Schopenhauer le quedaba chico y se dedicó a construir el propio, elaborando **un edificio filosófico tan interesante como diferente**, que muchas veces ha sido malinterpretado o leído sin profundidad, pero que cautiva a cada nuevo lector que se asoma a conocerlo. Y en la obra de Nietzsche también hay espacio para reflexionar acerca del amor, aunque sin perder de vista su personal estilo. Según su visión, nuestra idea del amor es bien diferente de nuestra práctica del amor. Solemos pensar que el amor es libertad, devoción por el otro y entrega absoluta…, pero con nuestras parejas somos posesivos y queremos que nos hagan felices, rechazando cualquier conducta que tengan y que no sea compatible con nuestro placer.

En el fondo, para Nietzsche, el amor y la codicia no son tan diferentes como quisiéramos.

"Codicia y amor: ¡qué sentimientos y cuán diferentes se nos sugieren cada uno de estos términos! Y sin embargo podría ocurrir que se tratara del mismo impulso, designado de dos modos distintos", escribió Nietzsche. Para él, la diferencia entre el amor y la codicia es cuán satisfecha está la persona que posee o desea algo. Supongamos que nos gusta la tecnología y disfrutamos teniendo el teléfono más avanzado posible. Así que organizamos nuestra economía para tener, cada año, el dinero suficiente para cambiarlo por el último modelo, que suele ser muy costoso. Hacemos sacrificios para tenerlo, pero estamos felices porque llevamos a todos lados nuestro teléfono de última generación, aunque no usemos todas sus funciones y aunque el viejo modelo siga estando en perfectas condiciones. Un día sacamos nuestro celular en una cena y un amigo queda maravillado por la increíble cámara de fotos que tiene, que permite realizar tomas con colores asombrosos. Sin embargo, nosotros rara vez tomamos fotografías y, si lo hacemos, no es con fines artísticos. Nuestro amigo se enfada por eso y nos empieza a recriminar que no merecemos tener ese teléfono y que, en realidad, lo debería tener él, que es un fotógrafo amateur pero que ha realizado muchos cursos, ganado algunos premios y sueña con dedicarse profesionalmente a eso. Nos asegura que, si ese teléfono fuera suyo, le sacaría mejor provecho y que es un desperdicio lo

que estamos haciendo con él. Por supuesto, nos negamos a regalarle nuestro teléfono y al día siguiente recibimos una carta de puño y letra en la que nos explica las razones por las que debemos entregarle nuestro aparato. También habla con amigos en común y ellos nos vienen a pedir que le demos nuestro teléfono. Nos cansamos y le decimos a nuestro amigo la verdad: que nos parece un codicioso y un pesado. Nos responde que a nosotros nos pasaría igual si encontráramos a una persona con un modelo más reciente de *smartphone* que el nuestro.

Nietzsche nos invita a pensar esta misma situación, pero en lugar de querer nuestro teléfono, lo que quiere nuestro amigo es nuestro amor.

¿Acaso no hacemos las mismas cosas cuando nos enamoramos de alguien? ¿No intentamos, de todas las formas posibles, conseguir que nos dé su cariño? ¿Por qué en esos casos no nos sentimos codiciosos y creemos que actuamos por amor?

Que el amor y la codicia sean diferentes nombres para el mismo sentimiento no es algo que impulse a Nietzsche a que reconsideremos el concepto de amor o que tratemos de repensar nuestros vínculos. Por el contrario, **cree que es sano que todos entendamos que el amor no es otra cosa que voluntad de poder**. Específicamente, **el amor es voluntad de poder que podría beneficiar a ambos enamorados**. Y el amor y la amistad son dos de las mejores cosas que podemos encontrar en nuestra vida. Lo único que está mal es hacernos creer una historia de hadas sobre qué es esa codicia que sentimos y disfrazarla de un sentimiento noble y desinteresado. Aquí nos encontramos con un Nietzsche de pura cepa, que nos lleva a cuestionarnos nuestras ideas más arraigadas, no para que nos sintamos mal o las cambiemos, sino para que **hagamos las** paces con lo que verdaderamente somos y sentimos en lugar de autoengañarnos con una fábula que no es cierta.

• • •

Si seguimos pensando, descubrimos que el amor de pareja o el vinculado con el erotismo no es el único amor posible, ya que un vínculo necesario, y totalmente amoroso, con el que convivimos a diario es **la amistad**. Si consideramos a la amistad como una forma de amor, es posible que notemos que nos acompaña de manera más profunda y sostenida que, incluso, nuestras parejas más importantes.

Los buenos amigos nos acompañan durante años y años, a pesar de que no siempre los tengamos cerca ni compartamos con ellos las mismas ideas o la misma visión del mundo.

Hay algunos que se jactan de tener menos buenos amigos que los dedos de una mano y hay quienes desean tener un millón de amigos (*¿alguien puede resistir la tentación de citar a Roberto Carlos cuando se habla de estos temas?*). Es el turno ahora del filósofo griego **Aristóteles**, uno de los nombres más importantes dentro del pensamiento occidental ya que el impacto de sus ideas es tan profundo que es difícil de medir, porque reflexionó y escribió sobre muchísimas temáticas. Tenemos la suerte de que se pudieron conservar muchas de sus obras, que siguen siendo leídas, visitadas y repensadas todavía hoy. Quizás, a diferencia de su maestro Platón, no cuenta con una prosa tan entretenida ni dialogada, pero **sus escritos son un ejemplo de rigurosidad, análisis y exposición de argumentos**. Aristóteles fue uno de los primeros filósofos en señalar que debemos examinar el mundo y conocerlo mediante la experiencia y el sentido común, además de destacar el valor de la virtud y una conducta ética en nuestra vida cotidiana, incluyendo la manera en que abordamos nuestros vínculos personales. En el libro que hoy conocemos como *Ética a Nicómaco*, decidió dedicarle varias páginas a la amistad, porque él entendió que *"en la pobreza y en otras desgracias, solemos pensar que los amigos son el único refugio"*. Es impactante pensar que una frase así no proviene de un posteo de Facebook que se volvió viral, sino que fue escrita en el siglo IV a.C. Para él hay **tres tipos de amistades**, formas de este amor que todos alguna vez hemos sentido. El primero es **la amistad de utilidad**, en la cual dos personas son amigas porque reciben algún beneficio, ya sea mutuo o unilateral, por lo que rápidamente se agota cuando ya no existe este interés. Es ese amigo que nos hacemos en unas vacaciones porque compartimos habitación en un hostel y queremos sentirnos acompañados y seguros, o ese que se nos acerca cuando sabe que podemos hacerlo entrar a una discoteca o a un boliche sin hacer fila. Pero, una vez que se termina el viaje, o cuando ya lo hicimos pasar al boliche, dejamos de verlo y tal vez recordemos su existencia porque alguna red social nos avisa que es su cumpleaños. Incluso, si nos preguntan en un momento específico digamos que es nuestro amigo, pero poco tiempo después lo recordaremos como "un conocido", o directamente lo olvidemos. Podemos encontrar este tipo de amistad entre compañeros del colegio con los que no nos vemos fuera del aula o con colegas en un trabajo. Cuando egresamos, o cambiamos de trabajo, simplemente no tenemos más vínculo.

El segundo tipo de amistad se basa en el placer y es la que predomina en la juventud, cuando nos juntamos con aquellas personas con las que disfrutamos jugar algún deporte, ver un recital o ir a una fiesta y bailar hasta que llegue la madrugada. Es una amistad que termina cuando las personas comienzan a cambiar con el tiempo y dejan de frecuentar este tipo de actividades, vinculadas con la sensualidad, y se vuelven personas mayores y más aburridas (*¡no siempre pasa! Pero todos conocemos al que en el colegio secundario era el más terrible de todos y hoy se pasa día y noche de saco y corbata como gerente del banco. O al que armaba los partidos de Fútbol 5 tres veces por semana, pero que tres años después solo arma la salida al supermercado*). Una vez que el placer que nos unió acaba, también se diluye esa amistad. Sin embargo, para Aristóteles el tercer tipo de amistad es el que realmente debemos buscar: **la amistad** *"de lo bueno"*, en la que dos personas comparten la misma apreciación de lo que es virtuoso, sin que haya mayor provecho que disfrutar de la compañía y las ideas del otro. Se basa en la bondad y el amor al otro: es un vínculo distinto del que mantenemos con nuestra pareja y que es incluso más profundo, porque podemos tener muchos amigos, pero pocas amistades de este tipo. Son los amigos que están con nosotros en todo momento, más allá de toda utilidad o placer.

La base del amor que desarrollamos en esta amistad es la mutua apreciación de las virtudes del otro.

Son relaciones profundas e íntimas, que no necesitan un contacto diario, que no se reprochan ni sienten rencor, y que se sostienen por las genuinas ganas de verse y compartir momentos. Es una relación en la que no falta el placer de compartir un recital o una película ni de, por supuesto, ir a tomar una cerveza juntos. Esta amistad es la mejor y la más preciada, pero también la más difícil de alcanzar. Muchas veces se dice que las amistades se cultivan y esto parece ser lo que está pensando Aristóteles en este caso. La verdadera amistad necesita de tiempo para crecer y consolidarse pero eso no es suficiente: también requiere a dos personas con la suficiente empatía e interés como para superar el mero placer o la conveniencia. Es un crecimiento mutuo, que seguramente tenga espacios de mayores encuentros y de diferencias, pero una vez que se alcanza, asegura Aristóteles, **es el tipo de vínculo que más satisfacciones da**, ya que termina incluyendo lo mejor de los otros dos tipos. Un verdadero amigo, en este sentido profundo, genera el beneficio de saber que contamos con él toda vez que lo necesitemos y también, por supuesto, nos da placer, porque es una compañía que apreciamos mucho y con la que nos sentimos felices.

Cada "Día del Amigo" una de las frases más repetidas en tarjetas, posteos de Instagram y posters motivacionales es justamente una que escribió Aristóteles. Para él *"la amistad es un alma que habita en dos cuerpos, un corazón que habita en dos almas"*. **Según su visión, si dos personas son amigas en este sentido profundo que acabamos de analizar, si una muere una parte de ella sobrevivirá en su amigo.** Uno de los que leyó esta frase y el resto de las ideas aristotélicas sobre la amistad y quedó muy impactado fue **Marco Tulio Cicerón**, un orador y filósofo romano que vivió en el siglo I a.C. y que desarrolló, en paralelo a su camino como pensador, una carrera política. Quizá por este doble interés le resultaron tan interesantes las ideas de Aristóteles.

• • •

Para la filosofía **los lazos entre amistad y política** siempre han sido complejos y son muchos los que creen que hablar de uno de esos ámbitos involucra, de algún modo, hablar del otro. Mientras que **la amistad se inscribe en el terreno de lo privado** —en donde, como vimos, tiene relevancia el trato personal y la comunión de intereses— **la política representa el campo de lo público**, en donde nos vinculamos con la comunidad. Nuestro lazo con los amigos es personal pero se da en una comunidad, que es el espacio de la política. Y esas comunidades, sobre todo para la *polis* en la que estaba pensando Aristóteles, y, en cierta medida, también Cicerón (aunque Roma tenía grandes diferencias), tienen en sus cimientos el vínculo entre individuos que buscan la felicidad o la "buena vida". Para Aristóteles, esa buena vida presupone, en su forma más perfecta, el ejercicio, la actividad y perfección de las capacidades que se encuentran presentes en la naturaleza del hombre, es decir, el desarrollo de su virtud moral. Y varios coincidieron con él.

Cicerón escribió sobre estas cosas en *Lelio o sobre la amistad*, un tratado firmado en el año 44 a. C. y escrito a pedido de su mejor amigo, **Atticus**, que en realidad se llamaba **Titus Pomponius**, pero había cambiado su nombre después de haber visitado Atenas y haberse maravillado con su cultura y sus filósofos. *¡Y uno a veces se ríe de los que se van de vacaciones a España algunas semanas y regresan con el acento ibérico!* Bueno, tal parece que no se trata de una nueva moda, porque Titus directamente se cambió el nombre y nunca más volvió a Roma. De hecho, su vínculo con Cicerón comenzó cuando ambos eran muy jóvenes y se prolongó en el tiempo gracias a las cartas. El romano escribió este tratado cuando ya había cumplido 60 años, una edad más que avanzada para la época y a la que llegaban solo unos pocos afortunados, y lo hizo en una quinta en las afueras de Roma en medio de un verdadero vendaval político del que él no era ajeno.

Para ese entonces, los romanos concebían la amistad como un vínculo de común interés y en términos absolutamente prácticos. Pero, al igual que Aristóteles al que tanto admiraba, Cicerón sentía que los amigos debían ser algo más y que debían superar las ventajas que podrían sacarse uno del otro. Por este motivo, **crea una especie de guía de cómo debemos ser amigos de alguien, lleno de consejos y buenas observaciones.** Eso es, básicamente, *Lelio*, un texto que conserva intacta su vigencia. **Según su visión, con excepción de la sabiduría, el mejor regalo de los dioses a los hombres es la amistad.** Y si bien podemos tener relaciones amistosas con vecinos, compañeros de trabajo u ocasionales compañías, solamente puede darse la verdadera amistad entre las buenas personas, esto es, las que persiguen el bien común, la verdad y la sabiduría.

Los tiranos y los egoístas pueden tener amistades basadas en el interés, pero jamás conocerán lo que es un buen amigo.

Y como tener buenos amigos es algo tan excepcional, debemos ser cuidadosos para elegirlos, ya que **Cicerón consideraba que uno de los mayores dolores para un hombre o una mujer es descubrir que han sido traicionados por un amigo.** En esto supongo que todos podemos escuchar ecos de nuestras propias experiencias: *¿quién no se sintió herido o con el corazón roto al descubrir que un amigo nos había mentido o nos había jugado una mala pasada?* Más de dos mil años atrás, este pensador ya hablaba de eso y advertía que debemos movernos con cautela y conocer bien a alguien antes de otorgarle nuestra sincera amistad, **que debe ser tratada como un tesoro.**

• • •

Tener amigos es una recompensa en sí misma, porque nos vuelve mejores personas y nos ayuda a vivir. Nadie puede sobrevivir en este mundo lleno de obstáculos y problemas si no cuenta con un hombro donde apoyarse o un par de oídos que nos escuchen. Los amigos, incluso si no están presentes en todo momento, nos ayudan a tomar mejores decisiones, considera

Cicerón, porque nos permiten ver cómo somos realmente y cómo podemos llegar a ser. Y es por eso que, aunque requieran mucho esfuerzo, debemos estar siempre abiertos a tener nuevos amigos, pero sin abandonar a los que ya tenemos, ya que la amistad crece y se perfecciona con el tiempo. El autor reconoce que la vida cambia y nos cambia y quizá nuestros amigos no estén siempre en nuestra misma sintonía, pero eso no debería desalentarnos sino, por el contrario, impulsarnos a estar atentos a cómo va evolucionando el vínculo, que no debe tener ningún interés diferente que el de la misma amistad: "La recompensa de la amistad es la amistad misma".

Después de haber leído estas páginas,
#PIÉNSALO:

¿has sentido amor?

Para seguir preguntándote y pensando

Como ya escribí, ahora insisto, por si alguna vez se instala la hipotética "Policía Filosófica": ¡dejen todo y vayan a leer *El Banquete*! Hay muchas traducciones y, si no tienes un interés por estudiarlo, cualquier versión que te resulte agradable a la vista será suficientemente buena. Desde otras perspectivas y con otras temáticas, pero sin abandonar la buena escritura y las ideas, **Platón** también habla del amor en sus diálogos *Fedro* y *Lysis*. Allí también **Sócrates** hace de las suyas poniendo incómodo a sus compañeros y señalándoles por qué están equivocados en sus posiciones. La filósofa argentina **María Angélica Fierro** tiene varios trabajos sobre amor y amistad en la Grecia Antigua: **http://uba.academia.edu/MariaAngelicaFierro**

La prosa de **Schopenhauer** puede ser algo densa, pero leerlo es una experiencia por la que todos deberían pasar alguna vez en la vida. En su obra más conocida, *El mundo como voluntad y representación*, habla del amor en el capítulo *"Metafísica del amor sexual"*, que despliega algunas de las ideas que mencioné.

Friedrich Nietzsche es otro autor que sigue conquistando fanáticos y admiradores con cada generación que se acerca a sus escritos. Por ser tan taquillero no siempre es bien traducido, así que no estaría mal buscar editoriales importantes a la hora de elegir sus libros. Quizás un buen lugar por donde empezar sea *Así habló Zaratustra*. También hay muchos filósofos argentinos nietzcheanos muy buenos, como **Mónica Cragnolini: http://uba.academia.edu/M%C3%B3nicaBCragnolini**

Casi todo lo que nos quedó de **Aristóteles** es muy interesante para pensar y discutir. Su estilo seguramente atraerá a muchos lectores y quizás aburrirá a otros, pero nadie puede saber qué le pasará si no vive esa experiencia. *Ética a Nicómaco* es el libro en el que más habla de su idea del amor.

Finalmente, en cuanto a **Cicerón,** *Lelio o sobre la amistad* es un texto bellísimo que seguramente nos dejará muchas lecciones. No es el único libro en donde habló de la importancia de los amigos, también puedes leer *De finibus bonorum et malorum, De Legibus* y *De República,* aunque en estas obras las temáticas son otras y hay que rastrear pasajes específicos. Seguramente, los más curiosos o los que se sientan cercanos a estas ideas comprobarán que es un esfuerzo que vale la pena.

Felicidad

¿Existe la felicidad?

¿Por qué nos pasamos tanto tiempo

buscándola?

¿Existe una única manera de ser feliz?

¿Por qué algunos creen que para ser feliz

necesitamos bienes materiales y otros creen

lo contrario?

¿Podremos alguna vez ser felices

para siempre o cada vez que

alcanzamos ese estado de inmediato

buscamos mejorarlo?

¿Podemos pensar que la vida tiene un

propósito? Si es así, ¿quién lo determina?

Si no es así, ¿para qué ser buenos, justos

o preocuparnos por los demás si nada tiene

sentido?

¿**N**o te ha pasado que cuando miras fotos y videos en Instagram todos parecen más felices que ti? Felices comiendo su plato de sushi, felices recorriendo una lejana ciudad de la que nunca escuchaste hablar pero que ahora te gustaría conocer y felices con sus parejas, riéndose cómplices de algún chiste que no llegas a adivinar pero que imaginas que es una suerte de código secreto que jamás te será revelado. ¿No te deprime mucho eso? Después de ver en una película la vida de alguien de tu edad que tiene resueltos sus problemas, o luego de encontrarte con un amigo que hace mucho que no ves y que te cuenta todas las cosas fantásticas que hizo en este tiempo, ¿nunca te salió del alma preguntarte por qué no pudiste hacer lo que ellos sí pudieron?

¿Por qué nos cuesta tanto la felicidad?

¿Por qué nos preocupa tanto ser felices?

Estamos ante otro caso para la filosofía que, de hecho, tiene mucho para decirnos ya que es un tema sobre el que viene pensando hace siglos. **Casi todos los grandes filósofos dieron su propia definición de felicidad y discutieron las opiniones populares.** Para **Epicuro** *ser feliz es evitar el sufrimiento mental y físico*; **Leibniz** creía que *las personas felices eran aquellas que adecuaban su voluntad a la realidad* y **Rousseau** pensaba que *el Estado era el responsable de hacer felices a las personas*. Y es que no sólo no hay un único camino para alcanzar la felicidad, sino que tampoco hay una definición consensuada de qué nos hace felices. **Lo que significa ser felices cambia de autor en autor y de época en época.** Tal vez si nos detenemos a pensar qué es para nosotros la felicidad, descubriremos que no tenemos una concepción muy clara. *"Tener una familia"*, *"Que se cumplan mis sueños"*, *"Terminar mi carrera"*, *"Encontrar al amor de mi vida"*, *"Poseer una casa en una isla"*, *"Ser el dueño de un barcito en la playa"*, son algunos de los deseos de felicidad que expresamos, ¿pero son compatibles entre sí? Es como si la felicidad no sólo fuera algo distinto para cada una de las personas que habitan la Tierra, sino que también cambia para ellas a lo largo del tiempo. **A primera vista, aparenta ser un concepto demasiado subjetivo, imposible de medir y muy inconsistente.** El psicólogo **Daniel Gilbert,** quien se especializa en entender la felicidad, pone como ejemplo a un hombre que está vagando desde hace días en el desierto, cansado y confundido. De repente, se encuentra con un vaso de agua, lo que lo hace increíblemente feliz. Si alguien le preguntase en ese momento si eso es la felicidad, no dudaría en confirmarlo: un vaso de agua en el desierto. Sin embargo, un año más tarde, ya en su casa y de nuevo en su vida cotidiana, un vaso de agua sería lo más alejado de la felicidad que se pueda imaginar. Seguramente él desearía otras cosas, como el amor correspondido de quien le gusta, que gane el campeonato su equipo de fútbol o que su mascota mejore de salud. Estoy casi seguro de que todos los que lean este libro tendrán a mano un vaso de agua. Pero ninguno diría que su felicidad está en ese vaso, sino que esto dependerá del contexto individual y del momento concreto. Mañana seguramente un hombre o una mujer en alguna parte del mundo será feliz cuando su abogado le confirme que terminó el trámite de su divorcio, aunque años atrás, cuando se casó con esa persona que hoy no soporta también era feliz. Cada vez que me encuentra por la calle, mi amigo Daniel me pregunta *"¿Eres feliz?"*. Es su forma de saludar, una pregunta que le hace a todos los que conoce, y que siempre genera una pausa incómoda. A veces me cuesta responderle que soy feliz porque siento que, si bien suelo estar con las clásicas rabietas cotidianas y sin muchos problemas, me suena que *"ser feliz"* es algo mucho más grandilocuente que lo que estoy viviendo en este momento. Otros, en cambio, le responden que son felices, casi sin pensarlo, y muchos le responden que no, que están sufriendo. Es una pregunta realmente molesta, pero que genera que nos detengamos a pensar y a reflexionar cuando estamos con la guardia baja. Pregúntate esto, ahora mismo. Deja la lectura de este libro un instante, y pregúntate: *"¿Soy feliz?"*. Quizá no sepas qué decir, o te parezca demasiada vaga la pregunta. Pero no lo es: se trata de una pregunta clara y concisa, que deberías poder contestar con un *"Sí"* o con un *"No"*, aunque seguramente tengas ganas de tener otra respuesta. Estás vivo, estás leyendo, seguramente estás bajo techo y lejos de las inclemencias del mundo, sin frío ni calor extremo. No puedo asegurarlo, pero supongo que a tu alrededor hay personas que te quieren y que se preocupan por ti, además de un vaso de agua cuando tienes sed, y algo que comer cuando tengas hambre en un ratito. Sin embargo, tal vez creas que no eres feliz porque no estás con la persona que amas o porque no amas a la persona con la que estás, porque tienes a alguien muy querido enfermo o porque odias tu colegio, tu cuerpo o tu trabajo. *Es un buen momento entonces para que veamos qué han dicho los grandes filósofos sobre la felicidad.*

• • •

Que no queden dudas: si Aristóteles hubiese conocido Instagram, seguramente hubiese dicho que allí jamás se podrá ver la verdadera felicidad.

Porque para él ser feliz es el mayor deseo y la mayor ambición de todos los hombres y mujeres, aunque la **eudaimonia** (*ya hablaremos de esta palabra*) no se alcanza ni con riquezas ni con honores, ni con la fama ni con el placer, sino con **la virtud**. Ser feliz, para este griego célebre, es **vivir de acuerdo a la virtud**. Pero, *¿qué significa vivir de acuerdo a la virtud?* A diferencia de otras teorías acerca de la virtud, Aristóteles no pierde el tiempo enunciando imperativos categóricos o principios de utilidad, como si existiese un manual de instrucciones o una lista de mandamientos que indicaran qué hay que hacer en cada caso de la vida. Para él se trata de una cuestión de carácter, es decir, de tu personalidad. **Hay que cultivar una personalidad virtuosa ya que, si nos esforzamos por ser buenas personas, tomaremos siempre buenas decisiones, sin necesidad de estipular qué es lo correcto en cada tipo de situación.** No se trata para nada de una tarea sencilla, pero él asegura que vale la pena el esfuerzo. Según este filósofo, hombres y mujeres (*bueno, como él es un hombre griego del siglo IV a.C., está más enfocado en los hombres, pero por suerte nosotros estamos en el siglo XXI*) tenemos rasgos que nos son propios y que nos diferencian del resto de las cosas del universo. **Eso es lo que podríamos llamar esencia, aquello que hace que seamos lo que somos y no otra cosa.** Y la forma de madurar, de crecer en lo personal y de evolucionar, es mantenernos fieles a esa naturaleza, sin traicionarla. Cada cosa en esta realidad tiene una función y, si la cumple, es buena siendo lo que es; si no la cumple, es mala. Veamos otra manera de pensarlo: *un tornillo es un buen tornillo si cumple su función, que es ser atornillado, pero es malo si, por ejemplo, no tiene una buena hendidura en su cabeza para apoyar el destornillador o si es de un material como el hielo o el caucho que lo convierten en algo inútil como tal.* En tanto seres animales, nosotros, los humanos, debemos cumplir las funciones de los animales en general, que son crecer, estar sanos, esforzarnos por mantenernos vivos y ser fértiles, entre otras. Pero también somos, según la terminología aristotélica, **animales racionales y sociales**, así que nuestra función también es razonar y tener un trato cordial con los otros, por ejemplo, conviviendo en armonía. Y la mejor manera de ser hombres y mujeres es ser fieles a nuestra esencia, que es ser virtuosos. Además, sabemos esto porque la misma Naturaleza imprimió en nosotros este deseo, del mismo modo que las semillas saben cómo germinar en tierra fértil y crecer hasta convertirse en gigantescos árboles.

Pero, otra vez: *¿qué demonios es ser virtuoso?* Para Aristóteles es **hacer lo correcto en el momento correcto, del modo correcto, en la cantidad correcta y con la persona correcta.** *¡Uf!*

¡Parece demasiado! No son pocos los que se sienten estafados por esta definición... ¡Y también parece que no estuviera diciendo nada concreto! La verdad, uno esperaría algo más específico de uno de los filósofos más importantes de toda la Historia, no? Pues bien, no se trata de un error, sino que justamente bajo su visión no es necesario ser específico para explicar la virtud. **Si uno es virtuoso, sabe qué es lo que hay que hacer en cada situación y jamás se confunde.** El virtuoso es el que puede entender cualquier situación en la que está involucrado y saber lo que está bien y lo que está mal. La virtud es una forma de personalidad que se puede desarrollar y que nos va a conducir a un comportamiento justo frente a cada decisión... *Ay, ay, ay... y seguimos con la misma pregunta a cuestas: ¿qué es esta maldita virtud?*

Aristóteles encuentra la virtud en el punto medio entre dos extremos. Para él, cualquier extremo es negativo y debe ser considerado un vicio: tanto el exceso de algo como la falta de algo están mal. Ser virtuoso es estar en un justo medio, es decir, *ni muy muy, ni tan tan.* Para él, las personas virtuosas son reconocibles por reunir ciertas características. Entre ellas están **el coraje, la templanza, la magnificencia, la magnanimidad, el orgullo, la paciencia, la veracidad, la sabiduría, la astucia, la amistad y la modestia.** Mientras que algunas de estas características te pueden sonar imposibles de lograr, o incluso difíciles de entender porque nunca escuchaste hablar de ellas, él creía que eran metas alcanzables para cualquiera que hiciera el esfuerzo. Veamos una por una:

- tener **coraje** es contar con la valentía para hacer lo que uno quiere sin miedo;
- tener **templanza** es disfrutar de los placeres como la comida, el vino o el sexo sin excesos;
- tener **magnificencia** es ser generoso sin esperar nada a cambio;
- tener **magnanimidad** es no asustarse por la dificultad de la tarea y realizarla;

- tener **orgullo** es reconocer y sentirse satisfecho con los logros alcanzados sin agrandarse;
- tener **paciencia** es poder soportar contratiempos sin desesperarse y con confianza;
- tener **veracidad** es buscar siempre la verdad y nada más (*quizá también sea buscar el control remoto cuando Netflix nos quiere hacer ver otro capítulo compulsivamente*);
- tener **sabiduría** es no aceptar otro conocimiento que no sea el de la razón;
- tener **astucia** es tener sentido del humor, fundamental para este filósofo, no ser ni un bufón ni un malhumorado;
- tener **amistad** es contar con personas de confianza que nos brinden amor y nos apoyen;
- tener **modestia** es evitar la vanidad, no sentirse superior a nadie, pero tampoco inferior.

En todas estas características que tienen los hombres y las mujeres virtuosas se encuentra este justo punto medio que es el deseable, lejos de los excesos y en la cantidad correcta para que no se vuelvan un vicio. La **valentía**, por ejemplo, es el **punto medio entre la cobardía y la imprudencia**. Si salimos a la calle y vemos que se incendia la casa de nuestros vecinos, ser valiente es evaluar si tiene sentido que tratemos de entrar para saber si hay gente en peligro o si es mejor llamar a los bomberos. Poner en riesgo nuestra vida para salvar otra no tiene nada de valiente, como tampoco es valiente no involucrarse y ser solo un espectador de una tragedia. Lo mismo sucede con la **generosidad**, que es el **punto medio entre la tacañería y el despilfarro**. Es darles a los que necesitan si te sobra: no es virtuoso comprarle a tu novia un ramo de flores gigante si no tienes dinero para volver a tu casa de noche o donar todas tus posesiones a un hospital y dejar en la calle a tu familia. Y ser **honesto** está en **el punto medio exacto entre la hipocresía y lo que llamaríamos una honestidad brutal u honesticidio**. Vivir en virtud implica saber cómo decir ciertas verdades muy duras con gracia, contar malas noticias de una manera en que no caigan tan mal o criticar de una manera constructiva. Para Aristóteles nadie puede "aprender", en un sentido tradicional, a ser virtuoso. No hay libros que enseñen virtud, ni escuelas o maestros que puedan dar cursos para vivir de acuerdo a la virtud. **Para él se aprende a ser virtuoso... siendo virtuoso.** *Suena un poco engañoso, ¿no les parece?* Para él la virtud es una habilidad, como andar en bicicleta o chatear con varias personas a la vez sin perder el hilo de cada conversación: **es algo que se aprende mediante la experiencia.** Lo bueno es que no tienes por qué aprenderlo solo, sino que siempre es bueno rodearse de hombres y mujeres virtuosas para que te inspires con su ejemplo y los imites. Estas personas, que ya son virtuosas, son ejemplos a seguir y, para Aristóteles, contamos con una capacidad natural para reconocerlos y el deseo natural de imitarlos. En un comienzo puede parecer que es falso, porque te copias de alguien, pero con el tiempo vas mejorando y mejorando hasta que esa virtud comienza a traslucirse en tus acciones de forma involuntaria y se vuelve parte de tu personalidad. Y así te conviertes en virtuoso: esta es ahora la característica que naturalmente emerge de tus acciones, sin que la fuerces.

Ahora bien, ¿cómo llegamos a hablar tanto de virtud si este caso es acerca de la felicidad? Es que, para Aristóteles, vivir una vida de acuerdo a la virtud es alcanzar el punto máximo de nuestra humanidad y lograr la (*ya la habíamos nombrado*) **eudaimonia,** una palabra griega difícil de traducir al español pero que podría ser algo así como *"una vida bien vivida"*. Una vida de eudaimonia es una vida en la que te esforzaste por dar lo mejor de ti y lo alcanzaste, donde cumpliste todas aquellas cosas que alguna vez fueron promesas.

Es una vida feliz que llega luego de mucho esfuerzo y de superar muchos obstáculos.

Desde esta perspectiva, la felicidad no sería un baño de inmersión entre pétalos de rosa y espuma, sino la ducha después de haber sudado y sufrido en la cinta de correr en el gimnasio. Con esto Aristóteles se alineó con algunas ideas de su maestro, Platón, y del mismo Sócrates. Con sus diferencias, los tres creyeron que **la felicidad es una meta a la que todos aspiramos naturalmente y que es difícil de alcanzar.**

Sócrates creía que **la razón era el camino a la buena vida y que, por lo tanto, el camino a la felicidad era interno, era una búsqueda de aquello que teníamos dentro.** Por eso para él era central que tomemos mucho tiempo en investigarnos a nosotros mismos, en conocernos profundamente ya que *"una vida sin examen no merece la pena ser vivida"*. Tal vez sintamos que nuestro propósito en la vida es acumular bienes materiales, conseguir riquezas o mantenernos en un estado constante de placer, pero eso es un error: debemos examinarnos seriamente y callar las voces del exterior para entender nuestro propósito. Para este griego, no necesitamos apelar a un dios que nos bendiga o esperar llegar a un sitio celestial para ser felices, sino que nosotros mismos podemos alcanzar ese estado, **solo se trata de cumplir aquel propósito que tenemos.**

Platón también cree que todos los hombres y mujeres deseamos naturalmente la felicidad y vivimos para encontrarla, aunque no se trata de una tarea sencilla, sino que **sólo se logra con esfuerzo y dedicación.** No se trata de una meta que dependa de objetos materiales —una casa, un auto o unas vacaciones no nos harán felices— pero sí de cómo usemos esos elementos. En varios de sus escritos este filósofo deja entrever que **su proyecto de felicidad está ligado a cambiar nuestros deseos de placeres físicos por el deseo de sabiduría y el conocimiento de la virtud,** pero que eso no conduce a renunciar a las cosas buenas que podemos obtener, sino en tenerlas en una medida acorde y siempre con el fin de alcanzar el verdadero saber. El placer que conseguimos con la sabiduría y la virtud es muy alto y por lo tanto si bien el placer no es el objetivo último de la existencia, sí está presente a la hora de ser virtuosos.

• • •

En la vereda de enfrente de varios de sus colegas, y un siglo después que Sócrates, Platón y Aristóteles, el filósofo **Epicuro** rechazó de plano que la felicidad viniese del mundo espiritual o que requiriese grandes esfuerzos o renuncias. En cambio, postuló que se trataba de **un trabajo netamente terrenal de búsqueda del placer.** Su doctrina es realmente fascinante e inspiró a muchos otros pensadores durante los siglos, pero no siempre fue bien interpretada. Vivió con sus discípulos en una escuela que se llamó *El Jardín* y se preocupó por el placer y por ser feliz, pero muy lejos de los excesos con los que hoy pensamos una vida hedonista. Por ejemplo, creía que la buena comida podía ser una fuente de placer, pero su dieta se basaba en comer pan con aceitunas y, cuando quería algo distinto, un poquito de queso… *¡qué clase de placer es ese! Pues bien, investiguemos.* Para Epicuro nuestra finalidad en esta vida es ser felices y eso se consigue logrando vivir una vida plena, que no se alcanza mediante la virtud, sino por medio del placer. Para él *"el placer es el principio y el fin de una vida feliz"* y solemos llamar **hedonismo a la doctrina que equipara felicidad con placer.** Es una identificación compleja porque no es tan lineal como podría parecer a primera vista, y porque hoy solemos usar el término "hedonista" para, por ejemplo, alguien que vive de fiesta en fiesta, tomando alcohol y comiendo sin control, mientras disfruta del sexo con hombres y mujeres. *¡Nada más alejado de lo que este filósofo griego y sus discípulos creían!* Para él, había dos tipos de placeres. El primero no es más que la **satisfacción de un dolor o molestia corporal.** Un vaso de agua fresca, por ejemplo, nos da placer en una tarde calurosa de verano porque nos quita la sed. **Son los placeres que surgen de comparar dos estados en los que estamos,** como el de la sed y el de la satisfacción luego del vaso de agua. Siempre hay un estado que es preferible a otro, pero hay distintos placeres de este tipo que podrían ponerse en una escala de acuerdo a cuán placenteros nos resulten. Estarán los que crean que satisfacer el hambre —es decir, deseo de comida— es mejor que la sed, o los que pongan los deseos sexuales, por ejemplo, por encima de todo. Pero se trata de necesidades que no están satisfechas y que se ven cumplidas para dar un placer momentáneo, ya que al poco tiempo volvemos a tener sed, hambre o ganas de mantener relaciones sexuales. **El segundo tipo de placer no está vinculado con el cuerpo sino con lo espiritual.** Para él, existen placeres que permiten que nuestra alma no se perturbe, sino que alcance un estado anímico que llamó **ataraxia**, en donde no cancelamos ni anulamos nuestros deseos, sino que aprendemos a aceptar los males y a renunciar a nuestros impulsos cuando son imposibles de cumplir. Nos hacemos fuertes frente a los dolores del cuerpo y del alma, que siempre estarán y que no podemos eliminar, y sólo deseamos aquellas cosas que nos dan placer, pero también son buenas para nosotros, sin excesos ni sobrecargas. Para él, la ataraxia es como el mar en un estado total de reposo, cuando no hay corrientes ni vientos que mueven su superficie. **Para lograr la ataraxia, entonces, debemos aprender a calibrar los deseos, ya que ellos son la fuente de nuestra búsqueda de placer.** Epicuro consideraba tres tipos de deseos:

- **los naturales y necesarios:** son los que intentan eliminar un dolor o una necesidad, como la sed que se calma con un vaso de agua o el hambre que calmamos con un trozo de pan o una comida sencilla;
- **los naturales e innecesarios:** son los que también intentan eliminar un dolor, pero por medios que no son los correctos, como tomar cerveza o vino cuando estamos con sed o atorarnos con grandes cantidades de comida cuando llega el hambre;
- **los deseos que no son ni naturales ni necesarios:** son los que están generalmente vinculados con lo social, como

querer ser exitosos, querer conseguir fama, prestigio o poder político.

Para Epicuro, los únicos deseos que debemos seguir para ser felices son los naturales y necesarios, que requieren siempre una moderación prudente y que no son realmente difíciles de conseguir, porque el agua y el pan son exquisitos cuando se tiene sed y hambre y jamás han sido costosos. Ahora bien, si te sientes un poco decepcionado porque "el filósofo del placer" sugiere vivir a pan y agua, recuerda que quizá somos nosotros los que usamos mal el término "hedonista" y que tal vez confundamos placer con excesos. Además, Epicuro no era un conservador ni un puritano: no prohibía el alcohol, ni las papas fritas ni el buen sexo. **De hecho no prohibía nada, porque creía firmemente que la libertad es el camino para ser felices.** Pero uno de los principios del **epicureísmo** es que **la liberación del dolor es lo que da valor a nuestros actos. Y ser esclavos de los deseos no nos hace felices.** Por esto, el placer momentáneo de tomarse una botella de vino debe compararse con cómo nos sentiremos mañana al despertar con resaca. Lo mismo con el placer de hablar mal de otro o de trabajar de más para que seamos reconocidos por nuestro trabajo o tengamos más *likes* en Instagram.

Hay que evitar los dolores que nacen de la ignorancia, de las falsas creencias y de lo que opinen los demás. Debemos suprimir los deseos inútiles y concentrarnos en satisfacer los naturales y necesarios.

Como muchos de los colegas que lo precedieron, Epicuro estaba convencido de que hombres y mujeres buscan naturalmente la felicidad. **Y esta es una búsqueda que consume nuestra vida, aunque no nos demos cuenta, porque la disfrazamos de otras elecciones.** En ella solemos cometer tres errores:

- **El primero es el deseo testarudo de no estar solo y encontrar una pareja que nos complemente.** El mundo es un sitio hostil y duro que muchas veces nos deprime, nos hace doler y que no podemos cambiar, pero se nos suele cruzar la insólita idea de que si tenemos alguien al lado las cosas pueden mejorar. Y así nos embarcamos en la búsqueda de un alma gemela, alguien que nos ame y que podamos amar para sentirnos menos solos y miserables. Esto es un engaño, porque terminamos depositando en ellos la responsabilidad de nuestra propia felicidad, ya que si estamos en pareja y nos seguimos sintiendo solos y miserables... ¡debe ser que esta persona no es para mí! ¡Un verdadero amor me llenaría de felicidad y no de angustia! Y así comenzamos una nueva búsqueda que no hace más que esconder la triste realidad: **necesitamos trabajar nosotros en nuestra felicidad, no esperar que el vínculo con alguien lo logre.** Para Epicuro la relación más importante que podemos tener en esta vida no es con un novio ni con una esposa, ya que nadie resiste tanta presión, sino con los amigos. **La amistad es clave para la felicidad.** Y él mismo cumplió con sus palabras: cuando llegó a Atenas a los 35 años —que, en esa época, era un período de madurez— invirtió todo su dinero en comprar una casona bastante amplia en las afueras de la ciudad e invitó a un grupo de amigos a vivir con él. Formó una comunidad de amigos, con los que podía vivir una vida feliz porque no tenía ni los celos ni los sentimientos de posesión que suceden en las parejas. Además, se podía conversar con ellos acerca de una gran variedad de temas interesantes, y si alguno no estaba de humor para hablar o compartir, no había problema pues había otros que estaban disponibles.

- **El segundo error es considerar que lo que nos conduce a la felicidad es el dinero.** La famosa frase *"El dinero no hace a la felicidad, pero ¡cómo ayuda!"* ya era conocida en los tiempos antiguos. Los contemporáneos de Epicuro creían que no había otra forma de ser felices que satisfaciendo las necesidades que se tengan y para eso se necesitaba dinero. El problema es que en la Grecia del siglo III a.C. las monedas tampoco crecían en los árboles. ¿Cuántos sacrificios estaríamos dispuestos a hacer para conseguir dinero? ¿Cuántas horas trabajaríamos y de qué hasta alcanzar lo que buscamos? ¿Cuántas cosas que nos hacen felices dejaríamos de hacer para acumular el dinero para hacer las cosas que nos harán felices? **Todo esto implica renunciar a nuestra libertad: pocas veces estamos haciendo lo que queremos hacer.** En general, estamos haciendo lo que debemos hacer para recaudar el dinero para lo que queremos. Por eso Epicuro y los suyos decidieron armar una comunidad autosuficiente de amigos, en donde se compartían los bienes y todos explotaban su mejor talento para lograr que a nadie le faltara nada para llevar adelante una vida simple. De este modo, no resignaban toda su libertad.

- Y ahora, **el tercer error: la falta de silencio.** No se trata de que hablemos mucho o poco o de no hacer ruido, **sino de no reflexionar lo suficiente acerca de lo que nos pasa y sentimos frente a determinadas situaciones.** Pensar respecto de nuestras acciones debería ser una tarea cotidiana y profunda, que demanda tiempo y que nos sirve para comprender por qué tomamos ciertas decisiones y elegimos omitir otras. Para Epicuro incluso tiene que ver con un temor más profundo y arraigado a la soledad, a tener que enfrentarnos con nuestros propios pensamientos.

• • •

Seguir las ideas y sugerencias de Epicuro no es la única forma de ser hedonista. De hecho, muchos otros pensadores durante la historia equipararon la felicidad con la obtención del placer. Uno de los movimientos más importantes que lo planteó fue el **utilitarismo**, una doctrina que tuvo diferentes encarnaciones con el transcurso del tiempo y que continúa vigente hoy en áreas como la política y la ética. No es exactamente igual al hedonismo y, como veremos, no parece tener mucho en común con Epicuro, pero comparte con él la elevada estima por el placer como una manera de entender la felicidad.

El utilitarismo nació en el siglo XVIII como una teoría ética fundada por el inglés **Jeremy Bentham**, quien postuló que **la mejor acción posible es aquella que produce la mayor utilidad**. Para él, **la utilidad es la suma de todo placer que resulta de una acción**. En tanto se busca la felicidad de las personas, ya no podemos pensar que las buenas acciones son aquellas que se hacen con buena intención o buscando el bien, sino **aquellas que terminan causando el bien**. Para esta doctrina, **las acciones deben juzgarse por las consecuencias que tienen,** no por si se realizaron persiguiendo un buen o un mal propósito. Esta última propiedad significa que, al contrario de lo que ocurre con algunas doctrinas filosóficas que identifican el bien con las buenas intenciones que alguien tiene a la hora de actuar, el utilitarismo identifica las consecuencias de las acciones como el aspecto que debe ser examinado a la hora de juzgar una acción como buena o mala. Bentham parte del supuesto de que **todos los hombres y mujeres buscamos el placer y evitamos el dolor.** Y que, por lo tanto, lo preferible para cualquier acción es generar la mayor felicidad posible. *El problema, como ya te estarás imaginando, es cómo definir ese placer…* ¿Vale lo mismo la felicidad que nos genera comer el helado o el placer de, por ejemplo, donar dinero que sabemos que puede ayudar a alguien? ¿Si organizar una carrera ilegal de galgos genera más felicidad que organizar una charla de prevención del alcoholismo, debería entonces optar por la carrera de galgos? ¿Qué sucede si lo que genera felicidad es ilegal o inmoral? ¿Es distinta la felicidad de algo que está dentro de la ley respecto de algo que está fuera de la ley? Bentham mismo se enfrentó con estas preguntas y trató de dar una respuesta para saber cómo realizar este cálculo utilitarista. Aquí no podemos tener en cuenta las intenciones, porque finalmente no son ellas las que generan felicidad. Sería algo así: yo puedo tener la mejor voluntad para hacer la torta de cumpleaños que siempre has soñado, pero no soy buen cocinero y mucho menos pastelero. Por eso, cuando llegue a tu fiesta con un bizcochuelo desabrido y común, mis buenas intenciones no impedirán que te sientas mal, igual que el resto de los invitados y, posiblemente, yo mismo. O así: si en medio de un examen de matemáticas en el colegio te soplo las respuestas equivocadas a propósito, pero al final estas resultan ser las correctas, mi mala voluntad no te hará menos feliz cuando la profesora entregue las notas y veas que has aprobado la materia.

Por lo tanto, se vuelve necesario un criterio para "medir" la felicidad que generan nuestras acciones sin recurrir a las intenciones que las generaron.

Para Bentham la utilidad puede ser evaluada cuantitativamente tal y como se hace con cualquier otro elemento que puede ser identificado en el tiempo y el espacio. Así que, con mucho esfuerzo e ingenio, **Bentham desarrolló una especie de cálculo hedonista que pretendía ser una herramienta sistemática para establecer objetivamente el nivel de felicidad que nuestras acciones originan.** Con muchas variables y gran detalle, el proyecto pronto naufragó porque parecía muy difícil poder encontrar un criterio único e incuestionable acerca del grado de importancia que hay que darle a cada variable del nivel de felicidad: *¿es mejor algo que nos hace felices intensamente por poco tiempo o algo que nos hace medianamente felices por un período extendido? ¿Son preferibles pequeñas cosas frecuentes que nos hacen felices durante unos instantes, a la gran felicidad que nos despierta algo muy raro y único?*

• • •

John Stuart Mill, quizás el mejor discípulo de Bentham, recogió las ideas de su maestro y se preocupó por hacer del utilitarismo una teoría política. Él entendía que los intereses de cada individuo podían chocar con los de otras personas en su búsqueda de la felicidad. Y es que la felicidad (y el placer) suelen pensarse como experimentados individualmente y no socialmente, pero vivimos en comunidad y necesitamos de algunas garantías para poder estar tranquilos, desarrollarnos y ser felices.

Stuart Mill vincula, en el siglo XIX, el concepto de felicidad con el de justicia.

Sería algo así: *para que tú, yo y el resto de las personas podamos ser felices, necesitamos contar con un marco que nos quite de encima algunas preocupaciones como que no nos maten, no nos roben o que, si pactamos un acuerdo, se cumpla.* La **justicia**, entonces, tiene que ser una suerte de **sistema de mantenimiento de un marco de relaciones sanas en el que cada individuo tiene garantizada la protección sin perder la libertad para perseguir sus propios objetivos.** A diferencia de su maestro, para este filósofo **la felicidad no es una cuestión de cantidad sino algo cualitativo**: la felicidad de naturaleza intelectual —es decir, la que genera la lectura, una buena charla o la reflexión— es mejor que la que nace de estimular los sentidos, como la bebida, la comida o el sexo. Y, además, formuló un principio ético que se deriva de la idea de pensar que la búsqueda de la felicidad es fruto de las consecuencias de nuestras acciones. Su principio de mayor felicidad o de **maximización de la felicidad**, establece que **debemos actuar de modo que nuestras acciones produzcan la mayor cantidad de felicidad en el mayor número de personas posible.**

• • •

¿Pero está bien pensar que somos felices cuando generamos placer? **Robert Nozick,** un importante filósofo del siglo XX, construyó una buena imagen para reflexionar acerca de esto. Él nos pide que imaginemos lo que hoy llamaríamos "el mejor gadget de realidad virtual del mundo", pero como lo imaginó en 1974 lo llamó "máquina de experiencias". La máquina de experiencias es **un dispositivo que permite disfrutar cualquier experiencia durante el tiempo que quieras.** No importa tanto su forma como su función, pero sirve pensarlo como una suerte de tanque personal en donde nos sumergiríamos con un visor en nuestra cabeza conectados a numerosos cables y sondas. Estos cables nos proveerán no sólo del oxígeno y todos los nutrientes necesarios para vivir, sino que un equipo de neuropsicólogos se encargarán de modificar con precisión y cuidado nuestro cerebro de manera química para que sintamos lo mismo que sentiríamos en determinadas situaciones, pero sin abandonar este tanque. Estas experiencias ofrecidas por la máquina son las que querramos vivir e ilimitadas: *andar a caballito de un dinosaurio, recorrer la selva, ser una estrella de rock, escribir una novela digna de un premio Nobel, jugar en la selección de fútbol…* todo es realista al detalle y brinda las mismas sensaciones que si sucedieran en la realidad. Mientras estés en la máquina, vivirás esas experiencias como reales, aunque sabes que estás en una simulación. Dentro del tanque todo es posible y no hay fronteras. La pregunta de Nozick es, con una mano en el corazón y sin mentir: ¿aceptarías usar un dispositivo así? ¿Para qué tipo de experiencias y durante cuánto tiempo? Siendo que puedes eventualmente cumplir cualquier fantasía o deseo que tengas, ¿crees que te costaría dejarla? Un hedonista —es decir, alguien que cree que la felicidad se asocia con el placer— estaría encantado con la máquina de experiencias, ya que para que sea placentera no necesitaría que la experiencia sea real, bastaría con que se sienta real. Además, con este dispositivo podría alcanzar placeres que de otro modo le serían imposibles. Sin embargo, **Nozik pensó que la mayoría de las**

personas rechazaría una experiencia así porque, después de todo, las experiencias que nos darían no se corresponderían con la realidad. En la máquina de experiencias puedes soñar que juegas en la selección y que te haces amigo de Lionel Messi… pero, en la realidad, Messi no sabe ni siquiera quién eres y está convirtiendo goles mientras tú estás en un tanque con un casco de realidad virtual. Si eres como Nozik, entonces para ti es importante que una vivencia sea real y que impacte en el mundo, porque quieres hacer ciertas cosas y no solamente tener la experiencia de hacerlas. Además, queremos ser los que viven esas situaciones, y no flotar en un tanque entre cables; conectarse a una máquina de esta clase nos limita a una realidad que programó otro hombre o un algoritmo, sin contacto con la realidad verdadera. Nada de todo esto es posible con la máquina de experiencias.

• • •

Si Nozik tiene razón, y las personas rechazaríamos el uso de este tipo de máquinas, **entonces la felicidad no puede ser simplemente la búsqueda y el encuentro de experiencias placenteras.** Pero no todos creen que un *gadget* de estas características sea tan repulsivo, y tal vez existan más personas de las que creemos dispuestas a meterse en ese tanque. El filósofo contemporáneo **Felipe De Brigard** decidió plantearlo al revés: *¿qué haríamos si en este momento supiéramos que todo lo que hemos vivido hasta ahora ocurrió adentro de una máquina de experiencias?* Esta es una idea con mucha historia en la ciencia ficción y que tiene su encarnación más popular en la exitosa saga de películas *Matrix.* Si toda nuestra vida, nuestros amigos, nuestra familia, las cosas que hicimos y las que planeamos hacer no son otra cosa que una elaborada simulación en la que genuinamente hemos sentido pena, felicidad e incertidumbre, ¿abandonaríamos todo o seguiríamos en este camino que ya conocemos? Nozik está obligado a pensar que todos aceptaríamos desenchufarnos y abandonar para siempre esa mentira. Pero De Brigard realizó una encuesta y descubrió que, en este escenario hipotético, la mayoría de las personas decidirían continuar en la máquina de experiencias. Al parecer no sólo la autenticidad de la experiencia nos importa, sino que nos resistimos a abandonar la vida que construimos durante el tiempo, aunque no haya sido perfecta. *Después de todo, tal vez los seres humanos seamos más conservadores de lo que nos gustaría creer.*

· · ·

Vemos entonces que la famosa discusión de si ser feliz es vivir de acuerdo a la virtud o de acuerdo a los placeres no parece de fácil resolución: tenemos buenos motivos para elegir una u otra, pero también contamos con buenas críticas para abandonar esas posiciones.

Quizá la pregunta sea por qué nos obsesionamos tanto con ser felices.

Friedrich Nietzsche fue uno de los pensadores que denunció la búsqueda de la felicidad. Aquello que para los filósofos que mencionamos hasta ahora es algo que nace naturalmente de hombres y mujeres, para Nietzsche no es más que **un deseo de la gente mediocre que no halla sentido en sus tristes vidas.** Para este alemán la felicidad no puede ser un estado constante de bienestar, porque **se trata de una condición tan efímera y frágil que sería cruel intentar que se cristalice de forma permanente.** Nietzsche vivió en un momento histórico en el que las ideas de Betham y Stuart Mill estaban de moda. Pero él las despreciaba, odiaba esa filosofía que partía de la idea de que todos los hombres y mujeres queremos ser felices y buscamos el placer. Él cree que mientras algunos buscan la felicidad, como una forma de paz y sosiego frente a los dolores de la vida, **lo que realmente hay que buscar para darle sentido a la**

existencia es la verdad. Y la verdad es que nuestro paso por la Tierra es absurdo porque no responde a ningún plan prefijado con antelación o escrito para nosotros. Por lo tanto, hay dos únicas formas de vivir:

- **esforzándonos** por encajar con el resto de las personas y con la realidad que nos ha tocado, tratando de acumular riquezas para acceder a placeres efímeros;
- **abrazándonos** a la miserable verdad de que la vida no tiene un fin predeterminado y que no podemos escapar de ella ni de sus sufrimientos.

Él elige este segundo camino, marcado por la austeridad y por la mirada reprobatoria de los otros, que no soportan ver que alguien no elija ser feliz. Sólo a través del sufrimiento y el esfuerzo personal de superación se puede llegar a la cima de un largo camino de objetivos que nos propongamos, porque es así como se revela el valor de un hombre o una mujer: **aguantando el martirio de vivir**. Queremos ser felices, pero este es un camino repleto de obstáculos que no conduce al reconocimiento de los demás, sino justamente a la soledad. Vivir siendo coherente con la propia verdad, y no con los parámetros que nos impone la sociedad, es ejercer una moral que Nietzsche considera **autónoma** y que lleva a la exclusión del entorno social. No es algo que uno busque conscientemente, pero **reivindicar los propios valores genera incomprensión y rechazo por parte de los que prefieren guiarse por principios ajenos, que no son mucho más que un rebaño dócil.** Sin embargo, esta idea no convierte a su filosofía en algo necesariamente pesimista. Por el contrario, **las páginas de sus libros son constantes llamadas a aceptar la existencia que tenemos, a combatir las patologías del espíritu para tomar las riendas de una vida que es nuestra y sólo nuestra.**

• • •

Otro que se animó a cuestionar la definición tradicional de la felicidad es el filósofo contemporáneo de origen esloveno **Slavoj Žižek**, quien considera que **nunca alcanzamos la verdadera felicidad porque no estamos hablando de un hecho sino una opinión.** En esto retoma una clásica distinción de la filosofía clásica entre *doxa* y *episteme*, es decir, **entre una creencia u opinión y el conocimiento.** Platón, Aristóteles y muchos otros pensadores han escrito acerca de este par de términos. Para el autor de *República*, el conocimiento de la *episteme* es objetivo, universal, necesario y fundamentado, y por lo tanto podríamos equipararlo hoy con el conocimiento científico; mientras que la *doxa* representa la subjetividad, lo que no está comprobado, las creencias o lo que la gente opina en sus interacciones cotidianas y sociales.

Bajo esta luz, Žižek asegura que no podemos ser felices porque no sabemos lo que deseamos en realidad y que si alguna vez alcanzamos aquello que siempre dijimos que deseábamos, inmediatamente vamos a querer algo más.

Sería así: quizá tu sueño hoy es terminar el colegio, tener un nuevo puesto en tu trabajo o comprarte un auto. No parecen ser metas irrealizables, así que, si te esfuerzas, tendrás motivos para ser feliz, pero… ¿con esto bastará? Seguramente no, porque cuando te recibas, consigas ese ascenso o tengas tu propio automóvil, estés feliz por unos momentos y luego pases a desear otra cosa y así volver a ansiar ser feliz. En este sentido Žižek asegura que **no debemos detenernos en pensar en la felicidad, porque lo que nos hace felices no es conseguir lo que deseamos, sino soñar con ello.** Y por eso *"la felicidad es para oportunistas"*, es la idea de satisfacer deseos de posesión de objetos o de cumplir metas que están vinculadas con la lógica del capitalismo, pero disfrazadas con ropajes de supuestos deseos personales. Creemos que debemos comprar cosas, alcanzar cierto estatus o superar un reto para ser felices, pero es simplemente llegar a un punto que al poco tiempo no nos hará felices y nos impulsará a buscar algo más.

Para él la única vida profundamente satisfactoria no es la vida bajo una virtud como planteaba Aristóteles o con placer como creía Epicuro, sino una vida de eterna lucha, especialmente de lucha con uno mismo.

"Si quieres mantenerte feliz sólo tienes que mantenerte estúpido. Los auténticos maestros nunca son felices; felicidad es una categoría de esclavos", escribió.

• • •

Menos radical en sus dichos, pero también cuestionando un proyecto común para todos, el español **José Ortega y Gasset** aseguró que **la felicidad llega cuando la vida que proyectamos y la vida que tenemos coinciden. Es en la unión de lo que deseamos y lo que somos de donde surge el estado ideal para hombres y mujeres.** Por eso no tiene sentido armar planes universales para que todos seamos felices: cada uno debe definir cuáles son las realidades que pueden hacerlo feliz y sólo logrará la felicidad si construye esas realidades. **Es una tarea individual y personal pero que cuenta con la certeza de que todos los seres humanos tenemos la potencialidad y el deseo de ser felices.** Y esta tarea **debe ser concebida seriamente como un trabajo,** ya que nuestra felicidad es directamente proporcional a la cantidad de tiempo que pasamos ocupados en actividades que nos agradan. *"Felicidad es la vida dedicada a ocupaciones para las cuales cada hombre tiene singular vocación"*, escribió.

• • •

Conocer tantas maneras distintas de concebir la felicidad puede ser tal vez la clave para entender por qué nos preocupa tanto ser felices: *¡porque no sabemos lo que es o creemos que son demasiadas cosas!* El problema actual para alcanzar la felicidad es que hemos sido educados con diferentes nociones y mandatos respecto de lo que es ser felices, muchos de los cuales son incompatibles. La sociedad nos pide:

- tener una pareja sí o sí para no parecer solterones o poco queridos;
- concebir y criar hijos a determinada edad y de determinada manera;
- ser protagonistas de una carrera universitaria brillante, sin aplazos;
- contar con un trabajo prestigioso y bien pago;
- ¡y hasta nos impone una manera específica de disfrutar de las vacaciones!

¡No se puede tener todo! Además, se trata de logros que llevan mucho tiempo... si consideramos que para ser felices tenemos que ser médicos de renombre, por ejemplo, *¿qué haremos durante los treinta o cuarenta años que nos llevaría hacerlo?* Nos frustra saber que no somos felices, pero en realidad nos hemos impuesto metas de felicidad irrealizables. Además, nos convencemos de que el otro es feliz viendo su vida por Instagram, escuchando su versión de los hechos en una cena de trabajo o siguiendo lo que hace desde afuera, aunque nunca sepamos qué se siente estar en sus zapatos. Y nuestro cerebro tampoco nos ayuda a ser felices. Hay antro-

pólogos que sostienen que una característica de nuestra especie es adaptarse a una realidad y olvidar cómo estábamos antes. Por eso, si logramos sentirnos felices, al poco tiempo nos acostumbramos a ese nivel felicidad y buscamos más. **Somos inconformistas por naturaleza y esto nos frustra muchísimo.** La neurocientífica contemporánea **Tali Sharot**, por ejemplo, asegura que **nuestro cerebro tiene una predisposición a pensar que el futuro será mejor.** Ella lo llama *"el sesgo de optimismo"*: una tendencia a predecir resultados positivos, ligada a nuestra capacidad de imaginar el futuro y a nuestra memoria selectiva, que modifica los recuerdos y crea mejores escenarios.

Esto explicaría por qué siempre buscamos la felicidad: estamos genéticamente constituidos para creer que seremos más felices.

Pero si la felicidad es un estado de nuestro cerebro, y nuestro cerebro no es más que un órgano que reacciona con distintos químicos, *¿por qué no nos concentramos en crear una pastilla que nos haga felices y ya? De hecho, si hubiera una píldora de la felicidad, ¿la tomarías?*

Después de haber leído estas páginas,
#PIÉNSALO:

¿eres feliz?

Para seguir preguntándote y pensando

La explicación de **Aristóteles** acerca de cómo alcanzar la *eudaimonia* la puedes leer en *Ética a Nicómáco*, un libro fundamental para entender el pensamiento de este gran filósofo y también toda una concepción del mundo, de la que quizá te sientas cercano, aunque no lo creas. Los escritos que nos llegaron de Aristóteles son más áridos de leer que los de **Platón**, pero no son imposibles y será un pequeño esfuerzo que rendirá sus frutos.

Aunque hay evidencia de que a **Epicuro** le gustaba mucho escribir, se calcula que redactó al menos 300 tratados y obras, pero hoy no contamos con ninguna. Todo fue reconstruido a partir de lo que otros pensadores e historiadores dijeron de él y de tres cartas que sobrevivieron al paso del tiempo. La primera es una carta a **Heródoto**, sobre el conocimiento; la segunda a **Pitocles**, sobre cosmología, y la tercera, y más famosa, es a **Meneceo**, en donde cuenta algunos de los fundamentos de su ética. También hay mucho de su doctrina en el capítulo que le dedicó el historiador griego **Diógenes Laercio** en su increíble libro *Vidas, opiniones y sentencias de los filósofos más ilustres*.

Aquellos que lo conocieron dijeron que **Jeremy Bentham** era un "inconformista nato" y, no sólo eso, siempre tuvo mal humor y un fuerte carácter, dos rasgos que irían creciendo desde su niñez hasta el día de su muerte. Pero, hijo de una familia de clase alta, siempre tuvo los recursos para hacer lo que quisiera y así puede explicarse que escribiera con tanta libertad respecto de temas que en su época estaban prohibidos, como abolir la monarquía y la aristocracia, o darle posibilidad de voto a la mujer. Para leer sobre su idea de la felicidad como búsqueda del placer, recomiendo *Fragmentos sobre el gobierno*, aunque su teoría se fue desarrollando y afinando en varias obras.

De **John Stuart Mill**, quien retomó y amplió sus ideas, se puede leer *El utilitarismo* y el experimento mental de **Robert Nozick** se publicó por primera vez en un libro llamado *Anarquía, Estado y utopía*.

Con respecto a **Friedrich Nietzsche**, algunas de sus reflexiones sobre la felicidad están presentes en un ensayo llamado *Aurora. Reflexiones sobre los prejuicios morales*.

Las ideas sobre la felicidad de **Slavoj Žižek** aparecen en varias de sus intervenciones públicas docentes. Tiene una columna periodística sobre el escándalo de Facebook y la compañía Cambridge Analytica en la que habla de la felicidad que se llama *¿Felicidad? ¡No, gracias!*, que es tan provocadora como interesante. También se puede leer un reportaje online que le hicieron los mismos lectores del periódico *The Guardian* en 2014 con el título *Slavoj Žižek webchat* y en un corto video llamado *¿Por qué ser feliz cuando puedes estar interesado?*, en donde expone sus ideas.

Belleza y arte

¿Cómo puede ser que aquello que me resulta

hermoso a mí puede ser horrible para otro?

¿Por qué no todos aman la música

que escucho o las películas que miro y que,

a mí, sin embargo, **me transportan**

a otro mundo?

¿Qué tienen de especial

esas obras de arte que conectan conmigo

casi de inmediato y me permiten acceder

a otros estados mentales?

¿Por qué la música o el cine

nos conectan con otras personas que están

viviendo mi misma experiencia?

*E*s la noche de la gran inauguración de la muestra anual del museo más importante de la ciudad. Es un evento que, cada año, reúne no sólo a las autoridades, sino a todos los fanáticos del arte y a visitantes de todo el país y la región. Tú no sabes mucho de pintura, pero no quieres perderte este evento que es muy exclusivo y del que luego se hablará durante semanas. Te vistes con tu mejor ropa de gala y te diriges al edificio, en donde todos esperan impacientes el corte de cinta para poder conocer las obras elegidas para esta ocasión. Mientras todos charlan y toman una copa de champagne en la recepción, llega la curadora del museo, una mujer con múltiples premios, reconocida como la mayor especialista de la ciudad y una de las expertas más prestigiosas de arte del mundo. Muy elegante, se para junto al intendente y el ministro de cultura y juntos cortan la cinta, dejando inaugurada la muestra. Todos los invitados, incluso tú, recorren las diferentes salas del museo, y observan maravillados las pinturas gigantescas, los pequeños cuadros, obras luminosas algunas y otras muy oscuras, esculturas que imitan al detalle la Naturaleza y otras muy abstractas que no se parecen a nada que conozcas. Hay instalaciones con pantallas y objetos electrónicos, pero también hay piezas realizadas con maderas y piedras. Pero la gran atracción se halla en el salón principal, en donde todos miran absortos cuatro cuadros colocados en el centro de escena. Son cuatro rectángulos idénticos, pintados de rojo. Frente al asombro de todos, la curadora presenta las obras. La primera se llama El ánimo de Kierkegaard, *una mirada muy personal acerca de la mente y los tormentos de este filósofo danés.* La Plaza Roja, *por su parte, es una declaración política sobre Rusia, sus gobernantes y la sociedad de aquel país.* La tercera, Cuadrado rojo, *es una interpretación de cómo quedó el Mar Rojo luego de que los judíos lo cruzaran bajo las órdenes de Moisés. Finalmente,* Mantel rojo, *es*

una naturaleza muerta de un mantel en una mesa vacía vis-
to desde arriba. Cada una de estas obras representa géneros
muy distintos como el retrato psicológico, la pintura histórica,
el arte religioso y la naturaleza muerta. La curadora, además,
cuenta que pronto se sumará un quinto cuadro rojo que es un
reciente hallazgo de Giorgione, un pintor italiano renacentis-
ta de renombre, que pintó de rojo un lienzo para iniciar allí
una nueva obra, pero que falleció antes de poder completarla.
La pieza está incompleta, claro, pero por pertenecer a este fa-
moso artista, es un rectángulo rojo de gran valor. Luego de la
explicación, todos aplauden conmovidos, e incluso algunos no
pueden evitar emocionarse hasta las lágrimas contemplando
los cuadros. Pero tú, que no sabes mucho de arte, sientes que
algo está mal...

¿Cómo puede ser que estos cuadros idénticos sean todos
obras maestras?

· ·

Pensemos. Si nos referimos a lo material, los cuatro cuadros son exactamente iguales, son rectángulos pintados de
rojo, pero si nos detenemos en las diferencias que acaba de
explicar la curadora, nuestra apreciación de esos rectángulos
cambiaría mucho. Hay personas que se quedarán horas mirando estos cuadros y otros que se sentirán espiritualmente
movilizados por estas piezas. Por otra parte, el valor de mercado de estas obras es bien distinto según formen parte de la
muestra de un museo o no. *¿Qué es lo que hace que cuatro*
trozos de telas rojas puedan ser tan iguales y diferentes a la
vez? Este es un caso para reflexionar sobre la belleza y el arte.

• • •

El filósofo y crítico estadounidense **Arthur Danto** pasó
su vida entera pensando sobre estos problemas del arte que,

según su visión, se multiplicaron a partir de la aparición del **arte pop** en el siglo XX, que ya no buscó representar lo que sucedía en la naturaleza, como había pasado hasta entonces, sino que **se interesó por lo experimental y por explorar nuevos lenguajes, materiales y hasta por reflexionar sobre el mismo circuito de las obras.** Si bien el ejemplo de los cuadros rojos es ficticio, este crítico conoció obras que lo llevaron a pensar acerca de estas cuestiones. Una de ellas son las *Brillo Box* o *Cajas de Brillo* de **Andy Warhol.** Cuando vio estas piezas sintió una suerte de **epifanía,** una revelación que le confirmó que el arte había cambiado después de siglos de relativa calma y que, por tanto, exigía cambiar también nuestras ideas sobre él. *Las cajas de Brillo* fueron presentadas en una exposición en Nueva York en 1964 y consistían en cajas con esponjas para lavar platos, tal como las que se podían conseguir en cualquier almacén o supermercado de la época. Warhol había replicado hasta el mínimo detalle de las originales, incluyendo su logo e ilustraciones estampadas por serigrafía. Así, la obra original era una montaña formada por veinticuatro envases de esponjas Brillo que a simple vista no se podían distinguir de los envases reales que se conseguían en un almacén. De este modo, este artista no imitó un paisaje natural ni se inspiró en un gran sentimiento o un gran personaje para crear algo, sino que simplemente copió a la perfección el diseño de un publicista que pensó esas cajas de Brillo para su comercialización en una góndola o en el estante de algún negocio. Hay innumerables interpretaciones de qué quiso hacer Warhol con esta pieza, pero parece claro que uno de sus objetivos fue confirmar una de sus creencias más profundas y que más repetía en las entrevistas: **cualquier cosa puede ser llevada al campo artístico si lo hace la persona adecuada.**

Sólo por estar en esa galería y por ser parte de una instalación de Warhol, esas cajas que se conseguían por pocos dólares en un almacén ahora valían decenas de miles de dólares.

Lo que más llamó la atención de Danto era que la obra de Warhol era indistinguible materialmente de las cajas de esponja reales, entonces, *¿cómo puede ser que una obra de arte sea indiscernible de un objeto común? Si no puedo decir que algo es arte o que no lo es sobre la base de mis sentidos, ¿cuál es la definición de arte?*

La pregunta por la definición del arte es un asunto recurrente en la **Estética**, la rama de la filosofía que se ocupa de las cosas bellas y de su percepción, y es bastante más antigua que el nacimiento del arte pop. Durante la historia, muchas obras pusieron a los filósofos frente al dilema de preguntarse si estaban frente a una obra de arte o ante un elaborado engaño o broma. A mediados del siglo XIX, por ejemplo, el pintor francés **Édouard Manet** causó un escándalo con *Olympia*, un cuadro en el que muestra a una mujer desnuda que mira a los ojos al espectador. Hasta ese momento, los desnudos estaban reservados a figuras históricas o mitológicas, como la *Venus dormida* de **Giorgione** o la *Venus de Urbino* de **Tiziano**, ambas pintadas en el siglo XVI, por lo que los críticos y el público rechazaron con énfasis que se hiciera un cuadro sobre una prostituta parisina, ya que eso no les parecía arte, sino algo vulgar y provocador. Más cerca en el tiempo, en 1915, el ruso **Kazimir Malévich** presentó *Cuadrado negro sobre fondo blanco*, un óleo en tela que es simplemente un cuadrado negro sobre un fondo blanco (*nadie podrá decir que el título no es apropiado*). Con él, el artista se rebeló contra la figuración, la imposición de tener que representar cosas reales y reconocibles con su obra. Así nació el **suprematismo**, un movimiento que buscó la simplicidad y la abstracción como máxima expresión del arte, ponderando la supremacía de la nada y la representación del mundo a través de formas geométricas. Pero, por supuesto, fue discutido y rechazado durante años... ¡cómo eso iba a ser arte!

La pregunta acerca de por qué algo es arte representa un problema filosófico muy profundo que le ha quitado y le quita hasta hoy el sueño a muchísimas personas.

Poder dar una definición de arte es importante porque permite distinguir lo que es arte de lo que no es.

Seguramente creas que sabes lo que es arte (*"¡Por supuesto sé lo que es arte! ¡Cómo puede ser que alguien no lo sepa!"*, debes estar diciendo mientras lees estas líneas). Sin embargo, casos como *Las cajas de Brillo* o *Cuadrado negro sobre fondo blanco* nos hacen dudar: si alguien nos hubiese mostrado esas piezas sin contarnos quién era su autor o su historia, nos habrían parecido objetos comunes y cotidianos. Pero ahora que sabemos que se exhiben en museos, que existen especialistas reconocidos que las consideran arte, que se escribieron muchísimos textos acerca de ellas, y que valen millones de dólares, nuestra percepción cambia. Un poema de **Neruda** también es arte, eso está claro, pero *¿las poesías que le escribimos a la chica que nos gustaba cuando teníamos 13 años también lo eran? ¿Por qué un cuento breve de César Aira es una obra de arte y lo que escribo en mi taller literario, historias con un principio, un nudo y un fin, no lo son? ¿Qué hace que las canciones de Los Beatles sean consideradas arte y las que interpreta una banda tributo que imita a la perfección sus grabaciones no lo sean? ¿Son tan distintas?*

• • •

Una de las teorías clásicas para definir el arte se basa en la **mímesis, es decir, una imitación de la realidad.** Más adelante veremos qué dice **Platón** al respecto, pero es lo que suele estar en la base de las obras que se llaman "naturaleza muerta": la obra de arte como una suerte de espejo de lo que vemos en el mundo, como si los cuadros fueran ventanas que nos permiten asomarnos a un espacio de la realidad. Retomando la historia del principio, es el caso del cuadro de un rectángulo rojo que imita el mantel de una mesa vacía. Sin embargo, no sólo son innumerables las obras que no buscan representar fielmente al mundo, sino que una definición tal de arte volvería todo aburrido, *¿cuál es la necesidad de duplicar lo que ya existe?* Hoy, además, contamos con herramientas que capturan y representan el mundo de una manera casi perfecta, como las cámaras de fotos o las videograbadoras en ultra alta definición.

Hay otra visión, opuesta: **proponer que el arte sea lo que no es la vida, en una función antimimética.** Según esta mirada, **si el arte fuese imitación, tendría serios problemas porque cuando logra su objetivo es cuando mejor demuestra que es inútil.** El arte mimético fracasa al triunfar porque si eventualmente consigue ser muy parecido a lo real, deja en claro que es una mera imitación, como un eco o una sombra. Por esto debe buscarse un arte que no pueda comprenderse según los mismos principios que rigen la vida cotidiana. Esta es la idea que defendió, por ejemplo, **Friedrich Nietzsche,** quien postuló que **el arte es lo que se opone a la realidad, no lo que la copia. Tiene que ser algo completamente nuevo, que no haya existido antes.** Aunque rescata que es una teoría interesante, Danto, sin embargo, señala que cuando se la analiza con cuidado sigue estando conceptualmente muy enlazada con la mímesis. Si bien es cierto que rechaza todo vínculo mimético, **en realidad al basar todo en su negación, termina siendo parasitaria de la realidad, en este** caso por oposición. Además, deja afuera muchísimas obras de arte, porque *Las cajas de Brillo*, por ejemplo, no tienen discontinuidad con la realidad sino, justamente, la copian. La idea nietzscheana de que la obra de arte debe marcar una discontinuidad con lo conocido es peligrosa porque obliga a que cosas nuevas que antes no existían en la realidad deban ser consideradas arte… *como cuando se inventó el abrelatas.* **Para Danto esto no es admisible.**

Una tercera propuesta para distinguir el arte de otras cosas del mundo es pensar si detrás de la obra de arte hay una emoción o un sentimiento de un autor.

El cuadro rojo, que en nuestro ejemplo habíamos llamado *El ánimo de Kierkegaard,* es una obra de arte no por su materialidad, sino porque su autor había puesto en él una carga de sentimientos. Supongamos que ese ánimo al que hace referencia el título era la angustia kierkegaardiana, representada por el rojo. De este modo, lo que distingue un simple objeto de una obra de arte es la intención que lleva implícita, la emoción que la obra expresa, *del mismo modo que levantar una mano significa algo dentro de mi clase de yoga y otra cosa si estoy llamando un taxi.* Esta idea no parece ser mala, pero no convence a Danto, ya que contamos con muchas cosas en el mundo que están cargadas de sentimientos, como una sonrisa o un gesto de tristeza, y no por eso decimos que nuestra cara en ese momento es una obra de arte.

Para Danto, *Las cajas de Brillo* dejaron en evidencia que **la diferencia entre arte y realidad no puede depender de elementos externos sensibles, sino de elementos no tangibles.** En este punto varios pensadores recurrieron a una idea del filósofo austríaco **Ludwig Wittgenstein,** quien introdujo en la filosofía la noción de **juego de lenguaje**. Según él, en ocasiones no podemos dar una definición de una clase de cosas porque no contamos con una única esencia que abarque todos los casos. Es lo que sucede con *pelota*: todos entendemos lo que es una pelota, pero es difícil encontrar una definición que incluya todas las pelotas, pues hay pelotas esféricas como las de básquet o fútbol, pero también las hay ovaladas como las de rugby, o con asas como en el pato. Usamos la palabra *pelota* para designar diferentes objetos, algunos de los cuales comparten ciertas características con otros, pero ninguna es compartida por todos. Aun así, cuando hablamos en un grupo de una *pelota* todos entenderemos a qué nos estamos refiriendo, ya que este **juego de lenguaje** es compartido por todos. **Del mismo modo, no debemos buscar una única definición de arte, como la que podría dar un diccionario, ya que no existe una esencia a la que debamos apelar.** Es por eso que algunos filósofos propusieron un criterio de demarcación de lo que es arte y de lo que no lo es basado en un marco institucional: *igual que alguien se convierte en marido al satisfacer ciertas condiciones institucionalmente definidas, a pesar de que por fuera no parezca distinto de cualquier otro hombre,* **podemos decir que algo es una obra de arte si satisface ciertas condiciones definidas institucionalmente, aunque por fuera no parezca distinto de un objeto común y corriente.** Las pinturas rojas son consideradas obras de arte porque la directora del museo de la ciudad evaluó sus condiciones y las colgó en la sala central. En ese acto las convirtió en obras de arte, del mismo modo que un juez o una jueza pueden volvernos esposos o esposas. Es **una especie de bautismo,** una etiqueta que se nos pega a nuestra persona y que no la puede dar cualquier persona, sino aquellas autorizadas para hacerlo. El universo de quienes pueden determinar si algo es una obra de arte o no es un complejo conjunto de personas y elementos. **Aquellos que adhieren a esta definición del arte son** llamados **institucionalistas.** Danto concede que los institucionalistas entendieron muy bien algo que el resto no comprendió: **no hay nada físico en las obras de arte que las definan como tales** y es una teoría que permite dar cuenta de todas las obras de arte, incluso de los cuadros rojos de nuestro ejemplo o *Las cajas de Brillo.* Pero hay algo que no lo convence: ¡no puede ser que sólo sea una decisión de un grupo de personas! Es cierto que ser una obra de arte es parecido a una etiqueta que coloca alguien que sabe, y en ese sentido es una convención, pero él cree que tienen que existir cualidades comunes a todas las obras de arte por las cuales merezcan ser tratadas como tales, aunque estas no sean visibles y sólo unos expertos puedan determinarlo. Tampoco le parece bien que todo descanse en el uso que se hace cotidianamente de la palabra *arte,* como sugiere la salida wittgensteiniana, ya que alguien que supiera usar la palabra *arte* se sentiría confundido al tener que determinar cuáles son obras de arte y cuáles no ante cosas cuyos rasgos observables fueran exactamente iguales como *Las cajas de Brillo.* Además, una de las características del arte es que en ocasiones se produce un cambio radical que vuelve cualquier uso anterior anticuado, y no parece que un juego de lenguaje vaya a explicarlo, ya que requiere de cierta homogeneidad.

Para Danto, *Las cajas de Brillo* de Warhol se diferencian de las que se pueden comprar en los almacenes y supermercados por algo que no puede ser percibido por los sentidos: se producen en un contexto teórico, el del mundo del arte, sin el cual no pueden ser percibidas ni interpretadas como arte. Sólo en ese contexto, las cajas de Warhol tienen significado, un valor específico y exigen una interpretación. Para él, esta pieza dio cierre a la era moderna del arte e inició una época en donde no se la reemplaza por otro conjunto de ideas, **ya que lo que está bajo sospecha es la existencia misma de una teoría que estipule lo que es arte y lo que no lo es y el aspecto que éste debe tener.** Por esto, lo que diferencia una obra de arte de cualquier otro objeto del mundo no es su apariencia estética, ya que las cajas de Warhol y las del almacén son iguales, sino su significado.

No es la forma lo que transfigura la materia en arte, sino el sentido.

Lo esencial de una obra de arte es que ésta incorpora un significado, en tanto trata sobre algo, tiene un contenido, un tema, un asunto. Las cajas de Brillo de los supermercados no son acerca de algo, mientras que las de Warhol sirven para cuestionar nuestras nociones establecidas de dónde encontrar arte. La obra de arte siempre encarna un significado a través de la intencionalidad del artista. El artista expresa su visión del mundo en un objeto, haciendo que éste signifique algo. Entonces, para Danto, **en el arte el objeto se transfigura.** Una obra de arte es un objeto que tiene un significado que expresa o que representa. Así, **cualquier cosa puede ser una obra de arte, pues no hay condiciones necesarias para serlo.** Una caja de esponjas, un lienzo rojo, un cuadrado negro sobre un fondo blanco… **cualquier cosa es una obra de arte en tanto es un vehículo de representación.** De esta forma una cosa cotidiana y del mundo se transfigura y se vuelve arte, pero para eso **se necesita una interpretación y esto involucra al público,** ya que una parte del significado de la obra que queda elíptico debe ser completado por quien la disfruta. **Para Danto interpretar una obra artísticamente es similar a interpretar un objeto lingüísticamente.** Así como sucede con las palabras que sirven para mencionar cosas reales, aunque en sí mismas no son las cosas reales. La palabra *raviol*, por ejemplo, no tiene nada que ver con la cosa *raviol*, pero la usamos para designarlo, así como una obra sobre el ánimo de Kierkegaard no tiene por qué parecerse al ánimo de Kierkegaard ni, por supuesto, ser eso mismo. Y esta transfiguración de un simple objeto en una obra de arte no es simplemente una etiqueta, porque caeríamos en un institucionalismo. Él cree que es **una transformación real y profunda, un cambio de estado ontológico a nivel del ser.** Similar a lo que ocurre en ciertas religiones, cuando hay objetos divinos que se presentan como cosas del mundo, tal como para los católicos Jesús es la encarnación del verbo divino. A partir de ahora, entonces, **los artistas no tienen por qué seguir ninguna teoría, sino que pueden crear como deseen, en pinturas, instalaciones, inventando cosas nuevas o resignificando viejas.** El arte puede parecerse a objetos normales y corrientes de nuestra vida, a la publicidad, puede incluso ser algo vulgar u obsceno, ya que no hay ninguna teoría artística que diga qué aspecto deba tener, **sólo interesa que tenga un significado proveniente de la transfiguración del objeto.**

• • •

Quizá toda esta reflexión sobre el arte te haya provocado algún bostezo o un dolor de cabeza… *Después de todo, ¡cómo puede ser que le demos tantas vueltas y le dediquemos tantas líneas a la definición de arte!* Bueno, te dije que de esto se trata la filosofía: de analizar conceptos de los que pensamos que no son problemáticos porque los usamos todos los días. Puede ser que también pienses que toda esta reflexión no te importa porque, siendo muy sinceros, rara vez vas a un museo y si lo haces es porque estás de viaje en otra ciudad. *¿Cuándo fue la última vez que fuiste a ese museo que queda a pocas calles de tu casa?* Es común creer que solamente hay arte en las salas de los museos o que no sabes nada sobre el tema más allá de alguna pintura muy famosa de **Vincent Van Gogh** o **Frida Khalo**. Jamás le has prestado suficiente atención a las clases acerca de corrientes artísticas o a los documentales que pescaste haciendo zapping…

¡No podrías nombrar ni a cinco escultores famosos! *Bueno, te tengo buenas noticias: aunque todo esto sea verdad, estoy seguro de que a diario disfrutas del arte y sabes más de lo que piensas. Veamos por qué lo digo.*

El arte es mucho más que unos cuadros colgados en la pared de un museo. Sin notarlo, todos los días dedicas gran parte de tu tiempo al goce estético. Listemos algunos ejemplos:

- las canciones que escuchas en Spotify mientras te diriges al trabajo;
- los *likes* que das a las fotos en Instagram;
- los cuadros que elegiste para tu comedor o los posters para tu habitación;
- el placer que te provoca saborear tu comida favorita;
- tu constancia para buscar esa hamburguesa que es la más rica de la ciudad;
- la atención que prestas a la hora de comprar ropa o de elegir la remera o la camisa que vas a usar para tu cita;
- el placer de encontrar un paisaje que te quita el aliento, aunque sea en la ciudad en la que vives;
- la angustia que te genera una novela de suspenso que te tiene atrapado;
- el miedo que te inunda en una sala de cine cuando tu superhéroe favorito está a punto de ser aplastado por el villano de turno.

Como fuimos diciendo, es difícil dar una definición de arte, pero sin importar que seas **esencialista, institucionalista o dantiano**, lo que creas que es el arte envuelve tu vida y está siempre presente. No todo tiene que ser una obra maestra como los son el *David* de **Miguel Ángel** o *El nacimiento de Venus* de **Sandro Botticelli**.

El arte adopta muchas formas y está muy presente en nuestros días. Tanto que sería difícil pensar en una buena vida sin el placer estético, aunque pocas veces nos detenemos a pensar seriamente en él.

• • •

Los seres humanos nos encontramos extrañamente atraídos por **las cosas bellas**. No importa el momento histórico ni la cultura en la que hayamos nacido: encontramos valioso si algo es bello. Nuestra apreciación estética define muchas de nuestras decisiones, como sucede a la hora de elegir nuestro vestuario, la comida o, incluso, aquellos objetos que deberían valer solamente por su función, como herramientas y utensilios. Y, por supuesto, nos interesa **la belleza** cuando buscamos pareja, por ejemplo. Además, podemos admirar la belleza de un paisaje, de un animal y hasta de un insecto. Algunos, sin embargo, creen que hay que diferenciar los objetos de apreciación estética creados por humanos de los objetos de belleza natural. Esta es, sin embargo, una distinción complicada, porque restringe mucho qué podemos considerar arte, ya que parece que sólo son obras de arte las que fueron creadas con ese fin. Es lo que creen muchos, como el novelista ruso **León Tolstoi,** para quien **no había arte sin artista y sin las intenciones del artista que plasma en una pieza sus sentimientos.** Pero a veces esto no funciona, ya que por más que algunos se esfuercen y pongan sus sentimientos, no pueden lograr obras de arte. *Piensa, por ejemplo, en la banda de rock que ensaya todas las tardes en la casa vecina a la tuya: esos chicos deben tener muchos sentimientos y emociones, pero no parece que puedan hacer algo de la calidad de Los Beatles o los Rolling Stones. Algo similar sucede con tus cuentos en el taller de literatura que solo son* *considerados arte por tu mamá y quizá por tu profesor cuando le vas a pagar la cuota.* Por otro lado, **una definición de este estilo excluye cualquier obra que no haya sido realizada por un ser humano.** En Tailandia, por ejemplo, hay muchos elefantes pintores. Es una costumbre que ya lleva más de una década, pero que se popularizó luego de que varios videos y fotografías de turistas recorrieran el mundo por las redes sociales. En ellos se pueden ver a estos grandes animales con un pincel en la trompa, creando elaboradas imágenes de flores, árboles y otros paisajes. Esas obras luego son vendidas a los mismos visitantes, que las observan con asombro. Numerosos ambientalistas y organizaciones denunciaron que, para lograr estas conductas, los elefantes atraviesan un entrenamiento lleno de castigos en el que no hay nada de creatividad: solo aprenden a pintar uno o dos diseños, que repiten una y otra vez. Si dejamos de lado por un momento la crueldad con la que aprenden a pintar, *¿por qué negarles a sus creaciones el estatus de obra de arte?* Definir si alguien no humano puede hacer arte tiene muchas implicaciones. Algunas, incluso, legales. En 2011, el fotógrafo **David Slater** se encontraba en la isla de *Sulawesi* (o Célebes), Indonesia, cuando una macaca negra con cresta, llamada Naruto, agarró su cámara, presionó el obturador, ¡y se hizo una selfie en la que parecía sonreír! La imagen recorrió el globo, se volvió *viral* y fue publicada en diarios, revistas, sitios web y programas de televisión. *Ahora bien, ¿de quién fueron las ganancias generadas por esta imagen?* De Slater, claramente eran suyas, ya que fue su equipo el que tomó la foto y la acción se dio en su lugar de trabajo. Según reclamó en un tribunal estadounidense, él fue el verdadero artista y **Naruto fue simplemente parte del medio usado para crear arte.** Así, quizá sin saberlo, estaba adhiriendo a las ideas de Tolstoi: para que algo sea una pieza de arte, se necesita un artista que le imprima sus sentimientos y su intencionalidad. Pero la Fundación Wikimedia, una base de datos libres de derechos de Internet, rechazó esto porque no fue la intención de Slater la que generó la fotografía, sino las acciones de la macaca. Él no decidió la posición de la cámara o cuándo presionar el obturador. Tampoco Naruto, eso es cierto, sino que fue **una cuestión de azar**. Así que el fotógrafo no puede reclamar derechos por este **feliz accidente**. Wikimedia defendió la posición de que, en realidad, **nadie tenía derechos de propiedad intelectual sobre la imagen** y **que la foto era** *de todos* **y debía circular** *libremente*. Pero las cosas no terminaron allí: PETA (Personas por el Trato Ético de los Animales), una organización con base en EE.UU., que vela por el tratamiento ético de los animales, se presentó ante la Justicia para reclamar que el dinero generado sea para la misma Naruto, ya que ella era la dueña de los derechos de propiedad intelectual de la pieza, tal como ocurriría si fuese un humano.

• • •

El arte se cruza con muchas áreas de nuestra vida. Uno de los vínculos más fuertes y antiguos ocurre con los aspectos éticos y morales, ya que los artistas suelen cruzar fronteras y límites a la hora de crear o son autores de grandes obras, pero mantienen una vida personal turbulenta y repleta de problemas. Pensemos, por ejemplo, en *Lolita*, la novela del escritor ruso **Vladimir Nabokov**, en la que se narra la obsesión de un profesor de literatura de más de cuarenta años por una niña de apenas doce. En términos literarios, muchos la consideran uno de los textos más bellos del siglo XX. Sin embargo, es imposible leerlo sin sentir incomodidad y rechazo por lo que hace el protagonista. *¿Podemos condenar algo que sucede en la ficción? ¿Acaso existen temas que no deban tratarse ni siquiera en una novela? ¿El artista debe tener límites en su libertad?* Algunos creen que se pueden hacer descripciones de hechos inmorales mientras que exista una manifiesta intención de condena como trasfondo del relato, mientras que otros creen que se debe dejar que cada lector realice su propio juicio. *¿Cómo vamos a prohibir que un artista hable críticamente de la religión o que no mencione enfermedades, el sexo, las perversiones de una persona?* **Hacer una lista de temas prohibidos podría ser muy peligroso, porque podría ser utilizado para acallar las ideas disidentes y porque nunca parece una buena idea apelar a la censura.** Incluso, hay obras que, por su misma estructura, generan discusiones y polémicas. En 2017, el Museo Guggenheim de Nueva York presentó una pieza de video llamada *Dogs That Cannot Touch Each Other*, creada por los artistas chinos **Peng Yu** y **Sun Yuan**. Se trata del registro de una instalación que hicieron en 2003 en la que pusieron dos perros pit bulls enfrentados en cintas de caminar, como las que usamos en el gimnasio. Una vez que la velocidad aumenta, los animales comienzan a cansarse y a ponerse cada vez más violentos. Como están uno frente al otro, mientras corren se ladran y se celan. Gracias a un arnés que los contiene, los dos canes nunca llegan a tocarse, pero es visible su enojo y furia contenida. Aunque la performance sólo se llevó adelante una vez, el video recorrió algunos de los museos más importantes del mundo como un ejemplo del arte chino contemporáneo. Según explicaron en su momento sus autores, *"los perros que no pueden tocarse reflejan a la sociedad en general, donde a través de su participación inevitable, los sujetos se ven obligados a ser dominantes o subordinados"*. Esto, sin embargo, no fue suficiente para miles de personas y activistas por los derechos de los animales, quienes se organizaron para rechazar el video y solicitaron a las autoridades del Guggenheim que retirara la obra. De poco sirvió que Peng Yu y Sun Yuan mostraran que durante meses entrenaron profesionalmente a los perros, que siempre estuvieron bajo la supervisión de profesionales y que nunca fueron tratados con crueldad. **La violencia de la muestra era tal que no fue soportada y la obra se levantó antes de su inauguración.**

Algo más radical fue el artista chileno **Marco Evaristti**, quien en 2000 debutó con una exposición en el Museo de Arte Contemporáneo de Santiago que consistía en varias licuadoras conectadas a la red eléctrica y con pequeños peces en su interior. Cualquier visitante podía activar las licuadoras, que estaban al alcance de todos, y matar a sus inesperados inquilinos, quienes nadaban sin conocer el destino que los acechaba. La tensión que generaba la muestra entre todos los que asistían al museo era evidente y una tarde alguien quiso poner a prueba la obra de arte encendiendo uno de los electrodomésticos. Al hacerlo, mató a los pequeños peces. El museo fue entonces denunciado por crueldad animal y se abrió un debate sobre los límites del arte en los diarios, redes y programas televisivos. Para Evaristti, el objetivo de su obra era clasificar a las personas en tres categorías: **sadistas**, quienes presionaban el botón; **moralistas**, quienes se sentían asqueados por la obra y **voyeuristas**, quienes deseaban observar lo que pasaba en esa sala sin involucrarse. Lo cierto es que tanto en el caso de Peng Yu y Sun Yuan como en el de Evaristti, la intervención de animales vivos y la posibilidad de que haya crueldad no dejó a nadie indiferente.

• • •

La cuestión de **la separación entre el artista y su obra** también es compleja. Hace algún tiempo se descubrió que el escritor francés **Louis-Ferdinand Céline**, considerado uno de los más influyentes autores del siglo XX, había escrito **textos racistas y antisemitas**. Para el mundo, él siempre fue el autor de una de las mayores obras de la literatura universal, *Viaje al fin de la noche*, pero desde hacía tiempo los especialistas conocían sus otros trabajos, incluyendo un panfleto violento y delirante en el cual declaraba su afinidad con Hitler y su odio contra judíos y negros. La sociedad francesa comenzó entonces un intenso debate con respecto a qué hacer con su figura: *¿se debía seguir honrando su obra? ¿Había que quitar su nombre de calles, museos y escuelas?* Lo mismo ocurre con directores de cine como **Roman Polanski,** quien en su juventud drogó y abusó de una menor de edad. Para muchos, esto debería ser suficiente razón para que sus filmes sean excluidos de festivales y encuentros del séptimo arte, mientras que otros aseguran que tenemos que distinguir entre vida privada y obra, pero... *¿esto es posible?*

• • •

Queda claro, entonces, que los cruces entre el valor estético y moral son complejos. Mientras no parece ser tan difícil distinguir entre buenas y malas acciones, resulta mucho más complicado ponerse de acuerdo en si algo es bello o no. Nuestras intuiciones sobre el arte tienden a ser conflictivas porque una película que le encantó a los críticos nos puede parecer aburridísima a nosotros, o una banda que nos emociona y nos hace bailar puede ser odiada por nuestro mejor amigo. Es difícil imaginar valores estéticos que no sean totalmente subjetivos, pero quizá valga la pena el esfuerzo de buscar alguna manera en que se pueda distinguir entre algo de buen gusto y algo feo. Es posible que la música que escuchas, y que te parece la mejor del mundo, no le agrade a tus padres o abuelos. Y lo mismo sucede con las novelas y películas: la que se lleva el Oscar no siempre coincide con la que queda premiada en festivales alternativos o de otras asociaciones de críticos, aunque se supone que todos esos encuentros premian al mejor film. Tu hermanito, sobrino o hijo te dirá que la mejor serie de la televisión es alguna animada que apenas puedes soportar, mientras que nuestra madre quizá rechace la serie que nos apasiona pero que está cargada de violencia y sexo. Si vamos a sostener que todos tienen razón —tú, tu mamá, tu sobrino y tus abuelos— y que el buen o mal arte es un hecho total y absolutamente subjetivo... *¡entonces todo será bueno y por eso mismo nada será bueno!* Por lo tanto, tiene que haber alguna manera de distinguir entre una obra de **Ludwig van Beethoven, Los Beatles,** la banda de rock de tu vecino y el último conjunto de KPop. Simplemente, no nos parece bien que digamos que todo es igual y que todo puede ser considerado una buena obra de arte.

El problema de postular criterios objetivos para el arte es que siempre quedará gente enojada con ellos porque todos sentimos que tenemos la capacidad de determinar qué cosas nos gustan y qué cosas que no, no queremos que nadie nos venga a decir que nuestras apreciaciones estéticas están erradas. Uno de los filósofos que creyó que era posible distinguir claramente las cosas bellas de las que no lo eran fue **Platón,** quien propuso una definición muy especial de belleza. Para él, **la belleza no puede ser definida a partir del placer que produce, ya que hay muchos placeres que están lejos de ser bellos o bien porque resultan perjudiciales o porque son fugaces.** No todo lo que nos gusta es realmente bello, a veces se trata solamente de apariencias.

Lo realmente bello es aquello que causa admiración y eso excede lo que podemos ver u oír, sino que también se aplica a objetos no físicos.

Para él la belleza no era únicamente un concepto estético, sino que estaba vinculada con los valores morales, con las buenas costumbres y con la virtud. Por esto la belleza se equipara con la verdad y la bondad, y todas están estrechamente unidas a su concepto de bien. Debemos entender que no importan tanto los cuerpos bellos, sino la belleza espiritual, que es superior a la corpórea, **aunque la máxima belleza se** encuentra en la idea misma de belleza, que es lo más perfecto. Si cuerpos y almas son bellos es porque son semejantes a la idea de belleza y el grado de belleza de las cosas depende de **su mayor o menor distancia respecto a la idea de lo bello.** *¿Cómo podemos, entonces, reconocer lo verdaderamente bello y no confundirlo con lo que nos da placer efímero o lo que nos engaña por sus apariencias?* Él creía que tenemos un sentido innato de lo bello y esta capacidad manifiesta nuestro parentesco con los dioses. Platón criticó y rechazó al arte de su época, ya que creía que se apoyaba en las emociones y los sentidos de los hombres y mujeres, en vez de buscar **la medida y la proporción,** valores universales para entender **la belleza como orden.** De hecho, es uno de los mayores críticos del arte, en especial el que busca representar la realidad. En esa época la escultura y la pintura tenían como objetivo representar al mundo, en un vínculo que se conoce como **mímesis.** Para el autor de la *República*, sin la mímesis, la reproducción o repetición del aspecto de las cosas, lo que hacen los pintores y escultores es ser un espejo de las apariencias en obras que son irreales. **Una copia, aunque sea muy fiel, no tiene valor artístico, pues solo es una copia del original.** Es más: cuanto más parecida sea a la realidad peor es, porque se puede volver en una falsedad y en un engaño para aquel que crea que lo que está viendo es lo real. Para este filósofo, **el buen arte es abandonar esta suerte de ilusionismo** y dejar de pretender mostrar cómo es la apariencia de las cosas, ya que el aspecto superficial es un engaño. En la vereda de enfrente de Platón, se encuentra el escocés **David Hume,** uno de los que más énfasis puso para defender que la idea de **la belleza depende, en gran medida, de aquel que la está apreciando.** Para él no hay nada objetivo ni definido acerca de lo que es bello y lo que no lo es, sino que **se trata de gustos personales vinculados con la experiencia humana.** Pero esto no significa que cualquier pieza pueda ser una buena obra de arte, ni que no existan criterios que no sean más válidos que otros: que utilicemos una facultad tan subjetiva como la del gusto no implica que nuestros juicios sobre el arte no puedan ser cuestionados.

La belleza no es una propiedad objetiva de las cosas, sino que lo que llamamos bello es la inclinación que sentimos por algo que nos causa placer.

Y aquí hay una conexión sensorial, porque detectamos en los objetos ciertas propiedades como colores, sonidos o combinaciones de palabras. Y esas propiedades generan en nosotros sentimientos placenteros y por eso hablamos de belleza, pero no dejan de ser juicios individuales y subjetivos, ya que **la apreciación de lo bello depende totalmente de la experiencia**. Según su visión, cuando discutimos si una canción de Los Beatles es mejor que una de los Rolling Stones, por ejemplo, usualmente lo que estamos haciendo es cometer varios errores. El principal es sostener que existe alguna cosa que podríamos llamar "una buena canción" y comparar composiciones específicas con ese modelo, para declarar si alguna de las dos se acerca o se parece más. Para Hume es muy diferente la discusión acerca de qué opina alguien sobre lo que es una buena canción a la polémica acerca de si existen criterios objetivos de lo que hace a una canción una buena canción. Cuando afirmamos que "Hey Jude!" es la mejor canción que jamás hayamos escuchado, lo que estamos haciendo es referirnos a nuestra experiencia de vida, a la manera en que hemos decidido vivir y a los hechos que hemos experimentado, rasgos que están gobernados por muchos accidentes y casualidades. Es muy distinto nuestro recorrido vital del de, por ejemplo, un crítico musical especializado en el cancionero sacro europeo del siglo XVI. Seguramente él notará que los temas de Los Beatles tienen algún valor, pero no dirá que una de sus canciones sea la mejor que escuchó en su vida. Hume no quiere postular una teoría general para analizar todo tipo de arte, ya que cree que eso es imposible, sino postular maneras en las que se pueda juzgar mejor si algo tiene valor estético o no. No se trata simplemente de un juego de palabras sino de algo muy serio: **no tiene sentido que discutamos qué es buen o mal arte simplemente porque la manera de poder decretar esto es habiendo conocido y experimentado todas las obras de arte, una condición sencillamente imposible.** Hume no creía que importara nada más que aquello que podíamos conocer y experimentar. Entonces, la única manera de decir si algo es bueno o malo es de **manera subjetiva,** es decir, según las propias vivencias. Y lo cierto es que, aunque aceptemos que el arte es algo totalmente subjetivo, nos es inevitable pensar que tal novela es mejor que otra, que tal pintura nos resulta mejor o preferimos una banda musical o un género sobre otros. La pregunta es, *¿podemos aspirar a tener criterios que consideremos mejores que otros?* Según su visión, sí. Hume cree que, dado que las sensaciones de otra persona son tan legítimas como las mías, **necesito encontrar una manera de entender cuáles son más válidas que otras.** Es necesario encontrar una manera de medir los juicios del gusto, de forma que podamos clasificar a las personas de buen gusto y a las de mal gusto. **Es la forma de conciliar lo caprichoso de nuestro gusto con la existencia de reglas en arte.** Y la clave es recurrir a un experto. No porque el experto tenga una respuesta objetiva para saber si algo es buen o mal arte, sino porque es una persona que es considerada muy buena en lo suyo, quizá porque estudió muchísimo, porque se dedicó a investigar y a conocer las grandes tendencias y los autores más relevantes o porque tiene mejores condiciones naturales, así como un *sommelier* puede distinguir más sabores que alguien no entrenado, o un crítico de música, que conoce las notas a la perfección, puede reconocerlas y entender si son armónicas o no. El **experto** con buen gusto tiene que cumplir cinco condiciones:

- La primera es tener **salud corporal**, ya que los sentidos son ineludibles a la hora de poder experimentar el arte. Una persona con disminución visual o auditiva, por ejemplo, no podría ser una buena crítica de una pieza pictórica o de una ópera.
- La segunda es **delicadeza de imaginación**, la manera con la que Hume hace referencia a cierta sensibilidad para captar los matices que tiene el arte. Si bien el juicio crítico se funda en el sentimiento del sujeto y no en ninguna cualidad del objeto, es necesario que pueda detectar pequeños detalles y particularidades en las obras. Esto es lo que sucede, por ejemplo, con los críticos musicales. En muchos sentidos, es importante que, por ejemplo, puedan escuchar y diferenciar las notas para entender si hay desafinación en un instrumento o en la voz, así como si no se logra una determinada armonía. Para los que no conocemos en detalle cómo escribir música o cuáles son las partes en las que se compone un tema, por ejemplo, podremos decir si una canción en la radio nos gusta o no nos gusta, pero es más complicado que podamos emitir una justificación de esta elección. Necesitamos ser buenos oyentes y necesitamos contar con la sensibilidad suficiente para detectar estos detalles y ser críticos expertos. Por supuesto que no son condiciones necesarias para decir si algo nos parece bueno o malo, pero nuestra opinión no tendrá el mismo peso que la de aquel que sí cumple con estos requisitos.
- La tercera condición es **la práctica**, es decir, la experiencia de estar en contacto con objetos artísticos y bellos, ya que, para Hume, el buen gusto es un sentido que se perfecciona con el tiempo. Desde esta perspectiva, nadie

puede ser un crítico experto en poesía si no ha leído y se ha nutrido de numerosos poemas y análisis de autores de distintas corrientes e ideas. *Esto parece bastante lógico, ¿no es cierto?* Si tener buen gusto es una suerte de habilidad, cuanto más practicamos, mejores seremos. Cuando más juzguemos si algo es arte bueno o malo, más nos iremos perfeccionando en la disciplina. Cada encuentro que tengamos con una escultura, una novela o una película, por ejemplo, será la ocasión perfecta para practicar.

- En cuarto lugar, es obligatorio que, a la hora de decretar si algo es de buen gusto o no, que **se lo compare con otros,** *"de diversas especies y grados de perfección"*. Se trata de una garantía, para Hume, de que no será convencido fácilmente por una obra o un objeto mediocre. Si únicamente nos especializamos en una corriente artística, o en autores de nuestro país o en nuestro idioma, nunca alcanzaremos la perspectiva necesaria para afirmar si algo es bueno o no. La comparación puede verse como un desprendimiento natural de la tercera condición, porque justamente la imposición de la práctica nos llevará al deber ejercitar con frecuencia nuestra habilidad y esto implica ampliar nuestros horizontes. No es buen crítico de cine el que solamente ve los grandes tanques de Hollywood, y quizá se pierde la sutileza o las provocaciones de los autores muy personales, ni tampoco aquel que sólo consume títulos de los canales independientes o alternativos, ya que la industria también tiene sus reglas y puede haber buen gusto en una cinta de presupuesto millonario y con superhéroes.

- La quinta condición de Hume, que luego será retomado por autores como **Immanuel Kant, es mantener la mente libre de todo prejuicio,** evitando ser influido por factores externos al objeto que se está considerando. Para él es muy importante que no haya un corrimiento de las evaluaciones de los objetos por información ajena a él o al sentimiento de belleza. Aquí nos encontramos con los problemas de algunos de los ejemplos que mencionamos más arriba, como pensar qué valores tiene *Lolita* o las obras de un antisemita como Céline. **Adolf Hitler** intentó entrar a la Academia de Bellas Artes de Viena dos veces siendo joven y, a pesar de que fue rechazado en el examen de ingreso, pintó varios óleos que hoy se conservan, *¿es posible juzgarlos sin tener en cuenta que su autor es responsable de uno de los mayores genocidios de la civilización occidental?* Para Hume, sí, ya que una de las condiciones cruciales de un buen crítico es poder separar la obra de su creador y del contexto en el que fue creada. El sentido del buen gusto se ocupa de tener en cuenta las relaciones y correspondencias entre las partes de un objeto considerado en su conjunto, pero no con cualquier característica que no corresponda a él.

Estemos o no de acuerdo con las condiciones que plantea Hume, es cierto que a la hora de pensar cuáles podrían ser los criterios para determinar si algo es buen arte o mal arte, parece un camino que aspira a valerse de criterios objetivos. Nuestra historia y nuestras emociones se mezclan cuando queremos decidir, por ejemplo, cuál es el mejor grupo musical de la historia o la mejor película. Seguramente en los nombres y títulos en los que estamos pensando la nostalgia juegue un papel relevante. No es raro: nos gusta la música que escuchábamos cuando éramos jóvenes o adolescentes, un período en donde teníamos menos problemas, más libertad y más tiempo para conocer en profundidad una banda o un director. Entonces parece claro que disfrutábamos más esas canciones y esas películas, pero esas experiencias emocionales subjetivas poco tienen que ver con que si eran buenas o malas obras de arte. También están los que rescatan la novedad como un gran valor, *¿cuántas veces hemos escuchado que la nueva serie de* *moda es la mejor de la década?* Hume nos pide que **evitemos creer que lo nuevo es bueno** sólo por ser diferente o por enfrentarse a lo que ya conocíamos. **Tampoco es buen criterio la complejidad:** en ocasiones cuando vemos una escultura gigante y llena de detalles o nos regalan una novela de 800 páginas que pesa como un bebé recién nacido, creemos que debe ser un ejemplo de buen arte porque tuvieron que dedicarle mucho esfuerzo para lograrlo. Pero que algo sea complejo no lo hace buen arte, así como tampoco algo sencillo necesariamente es malo: pensemos en las pequeñas poesías y los haikus que en ocasiones ni siquiera llenan una página. **Tener buen gusto, entonces, es una habilidad que se cultiva y en la que hay que esforzarse para perfeccionarse, teniendo buena salud, prestando atención a los detalles, mejorando con la práctica, comparando con varias obras y evitando todo prejuicio.**

• • •

Dijimos que Platón rechazaba el arte y proponía una noción de belleza vinculada con la virtud, la verdad y la justicia. Su discípulo más famoso, **Aristóteles**, también se interesó por este tema, pero lo hizo con un enfoque muy diferente al de su maestro, utilizando un estudio mucho más sistemático. Lejos de condenarlo o criticarlo por no ser verdadero, sino una aspiración de imitación, **creía que el arte tenía una utilidad muy importante en la sociedad.** Para este filósofo, nuestros cuerpos necesitaban experimentar un rango completo de emociones para poder mantenerse en balance, ya que si pasaban un largo tiempo sin estar tristes o preocupados, por ejemplo, empezaban a anhelar esos sentimientos y a idealizarlos, buscando tenerlos. En ese sentido, **el arte puede ayudarnos a experimentar muchas emociones sin exponernos.** Una vez que, por ejemplo, sentimos el sufrimiento o la rabia en una sala de teatro, experimentamos un alivio placentero que llamó **catarsis**. Con esta visión, Aristóteles resolvió una discusión muy en boga en su tiempo vinculada con las tragedias que se representaban... *¿cómo es posible que las personas deciden por propia voluntad asistir a representaciones en las que van a sufrir, llorar o sentir enojo?* Y esta pregunta llega hasta hoy: *¡qué hacemos sufriendo en una sala de cine con una cinta de terror que nos mantiene tensos durante dos horas y que después despierta las peores pesadillas!* ¿Por qué seguimos viendo esa serie lacrimógena que nos deja deshidratados después de cada episodio? ¿Cuál es el motivo por el que nos preocupa lo que le pueda suceder a Romeo y a Julieta si ya sabemos cómo termina la historia y, no sólo eso, entendemos que quienes están representando esa obra en el escenario son actores que no morirán realmente? Aristóteles cree que nos sometemos voluntariamente a estas experiencias **porque buscamos alcanzar la catarsis**, es decir, **el alivio que llega luego de sufrir o pasarla mal**. Las películas, series, novelas y obras de teatro nos brindan un ambiente seguro en el cual atravesar estos sentimientos sin tener que vivenciarlos en carne propia.

Algunos filósofos contemporáneos se preocuparon por este fenómeno, pero ya no desde una perspectiva catártica, sino para entender por qué demonios nos sentimos interpelados por personajes que sabemos que no son verdaderos. *¿Cómo es que me angustio, y hasta lloro, cuando Spider-Man es reducido a cenizas por el chasquido de dedos de Thanos? ¿Qué tiene la saga de Harry Potter que nos pone tristes o contentos según lo que sucede en Hogwarts?* Esto es lo que se conoce como la **paradoja de la ficción**: somos absolutamente conscientes de que estamos frente a personajes y escenas que no son reales, pero incluso así, nos generan emociones como el miedo, el enojo o la alegría como si lo que estamos viendo o leyendo fuese cierto. Hay varias respuestas a esta paradoja. El poeta **Samuel Taylor Coleridge** postuló en el siglo XIX que lo que sucedía era una **suspensión de la creencia**, una especie de pausa voluntaria a nuestra incredulidad por la cual conscientemente evitamos pensar que estamos frente a una ficción.

El problema es que no parece ser tan sencillo que la incredulidad sea voluntaria, porque no parece ser cierto que podamos creer en algo por voluntad.

Si te pido que creas que el número 3 es par o que la Luna está hecha de queso, no podrás creerlo, aunque hagas un gran esfuerzo. En todo caso, podemos jugar a *"y que tal si tal cosa es cierta"*, pero eso no es creer. **No se decide creer o no creer, si decido algo ya no es una creencia.** Para el filósofo estadounidense contemporáneo **Kendall Walton**, podemos sentirnos conmovidos por cosas que no son reales, como lo que sucede en una novela de Harry Potter. Pero lo que nos despiertan estos hechos que sabemos que no son reales no son emociones reales, sino *"cuasi emociones"*, respuestas muy parecidas a las emociones pero que no llegan al nivel de las verdaderas emociones. Es un hábito que comenzamos a cultivar con los juegos infantiles en donde, por ejemplo, un padre juega a ser un monstruo y correr por la casa a su hijo, que se va escondiendo y escapando del presunto peligro. El niño no siente miedo, sino cuasi-miedo, ya que cuenta con algunos de los aspectos fisiológicos —excitación, respiración entrecortada, presión alta...— y algunos de los aspectos psicológicos —ganas de gritar, mayor atención, etc.— del miedo real, pero simulados ante un peligro que no es tal y que no siente como amenaza. Es **un juego de simulación,** con reglas implícitas y tácitamente aceptadas por los participantes, en este caso el padre y el hijo, con el objetivo de pasarla bien. Y no es muy diferente de lo que vivimos de adultos cuando estamos viendo una película de terror en el cine: *no le gritamos a la pantalla para que la protagonista sepa que tiene un demonio en sus espaldas ni sacamos el teléfono para llamar a la policía en un thriller que nos muestra cómo se lleva adelante un crimen*. El filósofo norteamericano **Noël Carroll**, en cambio, cree que lo que sentimos en esos casos son **verdaderas emociones**, ya que el centro de la paradoja de la ficción es que sentimos realmente miedo o alegría, no cuasi-miedo o cuasi-alegría. La introducción de una **dimensión simulada** es un error que confunde el núcleo del problema. Además, como vimos en las críticas a Coleridge, no puede defenderse que la emoción sea causada por una creencia que es ilusoria o simulada, ya que las creencias no intervienen en mis emociones. **Es totalmente natural sentir genuino cariño, apego o rechazo por personajes y hechos ficticios.** La clave aquí son los pensamientos. Siento terror por algo y preocupación por algo también. Ese *"algo"* es el contenido de esa emoción, que podemos considerar **un pensamiento**. El pensamiento, a diferencia de la creencia, no necesita estar comprometido con la verdad de su contenido. Carroll propone este ejemplo: estar frente a un balcón en un edificio muy alto e imaginarse saltando. La idea nos puede poner la piel de gallina, nos hace doler el estómago y quizás hasta acelera nuestro ritmo cardíaco. Aunque estemos seguros en nuestro balcón y sea virtualmente imposible que nos caigamos al vacío, la mera idea de caer nos despierta un miedo muy real. Para él, **lo que nos asusta es el contenido de nuestro pensamiento sobre una caída.** Y es lo que pasa con una película o una obra de teatro: no evitamos las emociones que nos generan si nos decimos a nosotros mismos *"esto es mentira, es una ficción"*, porque es algo de lo que estamos seguros, pero el contenido de los pensamientos producidos son los que nos ponen en ese estado. De este modo la paradoja de la ficción se disuelve, **porque emocionarse con un pensamiento es algo real y frecuente que a todos nos pasa y no tiene nada de contradictorio.**

Después de haber leído estas páginas,
#PIÉNSALO:

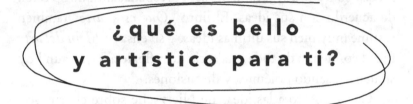

¿qué es bello
y artístico para ti?

Para seguir preguntándote y pensando

El caso de los cuadros de rojo está presente en el libro de **Arthur Danto** *La transfiguración del lugar común*, en donde analiza los problemas del arte pop y desarrolla su propia teoría sobre el arte. Danto escribe muy bien y es un provocador, así que su lectura seguramente será divertida, aunque no estén de acuerdo con sus ideas. El libro *¿Qué es el arte?* también resume muy bien sus últimas ideas, y su ensayo *El fin del arte* fue el comienzo de toda una serie de reflexiones que aún hoy siguen causando polémica y discusiones.

Con respecto a las ideas de **Nietzsche** sobre el arte, son profundas y bien originales. En este caso las mencioné brevemente, pero se pueden encontrar en *Así habló Zaratustra* y *El nacimiento de la tragedia*. **Platón** no trató el tema de la belleza como algo específico en ninguno de los diálogos que conservamos de él, aunque se refiere a estas cuestiones en *República, Sofista* y *El Banquete*. **Aristóteles**, por su parte, escribió en detalle en *Poética* y *Ética a Nicómaco*.

Si te dieron curiosidad los debates acerca de las cuestiones éticas y jurídicas del arte, hay muchos artículos muy interesantes sobre los problemas de las *selfies* de la macaca Naruto y el fotógrafo **David Slater**. Las provocadoras obras de **Marco Evaristti** también son fuente de muchos debates en Internet, al igual que la presión ejercida sobre el museo Guggenheim de Nueva York para que no se presente *Dogs That Cannot Touch Each Other* de **Peng Yu** y **Sun Yuan**.

Para conocer más sobre las ideas de **David Hume** vinculadas con el sentido del gusto y cómo aspirar a criterios para distinguir el arte del no arte, puedes leer *Ensayos sobre moral* *y política*, una colección de trabajos que escribió durante su vida, que fueron recopilados por primera vez en 1741. Estos ensayos tratan muchos temas, muy distintos entre sí, pero el escrito sobre el gusto es claro y contiene muchas buenas ideas.

La **paradoja de la ficción** está bien explicada en el libro de **Noël Carroll** *Filosofía del terror o paradojas del corazón*, en donde también encuentras su respuesta a este problema.

Libertad

¿Existe alguien realmente libre?

¿Realmente puedo hacer lo que quiero?

¿En qué sentido soy libre si, por ejemplo,

tengo miedo a las alturas o soy un cobarde?

¿La libertad es libre?

¿Por qué tenemos que cumplir con leyes en

las que no creemos si no las elegimos

y nos sentimos atados a ellas sólo por haber

nacido en un determinado país?

¿Existe un destino para mí?

Si todos somos libres de tomar nuestras

decisiones, ¿cómo podemos creer que existe

un ser superior que conoce todo

y que también sabe lo que vamos a hacer?

C reo que todos, seamos futboleros o no, vimos alguna vez en nuestras vidas ese viejo video en blanco y negro de **Diego Armando Maradona** en el que, siendo un niño que jugaba en una cancha de barrio, le dice muy seguro a un periodista qué es lo que quiere para su futuro. *"Mis sueños son dos. Mi primer sueño es jugar en el Mundial. Y el segundo es salir campeón"*, aseguraba, con inocencia en sus ojos. Para cualquiera que lo haya visto fue difícil no pensar de inmediato en cómo ese niño de un barrio pobre del sur de la provincia de Buenos Aires finalmente logró cumplir esos dos sueños y convertirse en uno de los futbolistas más famosos, admirados y queridos de todo el mundo. *¿Sería acaso que el destino le tenía reservado un lugar privilegiado? ¿Cómo puede ser que siendo tan chico Maradona ya supiera cómo iba a ser su vida y los objetivos que cumpliría? ¿O será nada más que una casualidad?* Tal vez muchísimos niños a su edad tienen los mismos sueños, pero sólo uno entre millones llega a vestir la camiseta número 10 de la Selección Nacional… Esta clase de coincidencias son las que disparan todo tipo de hipótesis descabelladas y hasta *conspiranoicas*, pero que también nos hacen pensar en cómo muchas veces parece que tenemos nuestro futuro escrito para que nosotros lo cumplamos.

No estamos frente a una idea nueva: ya en el siglo VIII a.C. el poeta **Homero** habla de Edipo, el rey de Tebas, en *Odisea*, una de las obras más importantes de la Antigüedad clásica. La historia de este monarca fue transmitida de generación en generación y llegó hasta **Sófocles**, quien escribió tres obras al respecto, que llegaron hasta nosotros y que aún hoy despiertan fascinación e interés. La historia es así:

• •

Todo comienza con Layo, el padre de Edipo, quien antes de llegar al trono había violado a un joven y lo había llevado al suicidio. Como castigo por producir esta tragedia, los dioses lo condenaron diciéndole que, si alguna vez tenía un hijo, éste sería su verdugo y lo mataría para casarse con su mujer, es decir, con su madre. Asustado por este futuro negro, Layo se preocupó por evitar problemas y no dejar embarazada a Yocasta, su esposa. Pero una noche en la que había tomado de más, se olvidó de lo que le habían dicho los dioses y se entregó a sus pasiones. Cuando ella dio a luz al niño, Layo lo secuestró para evitar que se cumpliera el castigo, así que hirió en los pies al bebé y se lo entregó a un pastor para que lo dejara en el monte. Esto, creyó, era menos cruel que matarlo con sus propias manos, y a la vez le quitaba un problema de encima, pues nadie querría adoptar a un bebé herido que posiblemente moriría solo. Pero Layo no contaba con la bondad humana: un grupo de pastores lo encontró y se lo llevó a la reina de Corinto, Peribea, quien lo bautizó Edipo (que quiere decir "pies hinchados") y lo crió como si fuese suyo. Cuando creció y alcanzó la pubertad, Edipo comenzó a sospechar que era adoptado y fue hasta el Oráculo de Delfos para que le vaticinara algo de su futuro. El Oráculo le previno que mataría a su padre para casarse con su madre. Horrorizado por la noticia, Edipo decidió escaparse de Corinto para que su destino no se cumpliera. De camino a Tebas, se cruzó con un hombre con el que discutió y al que terminó matando. Una vez en Tebas, lo esperaba la terrible Esfinge, quien azotaba a cualquiera con el que se topara. La Esfinge le dijo a Edipo que la única manera de vencerla sería resolviendo un complejo acertijo: "¿cuál es el animal que por la mañana camina en cuatro patas, por la tarde lo hace con dos y que, al llegar la noche, camina con tres?". Luego de pensarlo mucho, Edipo respondió: "El hombre. Nacemos y gateamos en cuatro patas; caminamos durante la mayor parte de nuestra vida en dos, pero sobre el final, nos ayudamos con un bastón". Vencida y llena de bronca, la Esfinge se suicidó frente a la victoria de Edipo, quien fue recibido en Tebas como un héroe. La gratitud por haberlos ayudado a quitarse de encima a este monstruo fue *tal que lo nombran Rey para casarse con la bella Reina, que había quedado recientemente viuda. Todo parece ser felicidad para el joven hasta que descubre la verdad: él es el hijo de Layo y Yocasta que fue dado en adopción al nacer, que el hombre que mató en el camino era en realidad su padre y que la Reina con la que se casó no era otra que su madre. Lo que se dice, ¡una verdadera sucesión de hechos desafortunados!, y exactamente lo que el Oráculo de Delfos le predijo.*

. . . .

¿Cómo pudo haber pasado todo esto si Edipo tomó todas las decisiones posibles para evitarlo? ¡E incluso también lo hizo su padre cuando lo lastimó al nacer y lo abandonó en el monte! ¿Por qué la profecía se cumplió de todos modos?

Bueno, es que en la Antigua Grecia el destino era algo muy, pero muy serio y se cumplía, sin importar cuánto se hiciera para evitarlo.

Tanto en el caso del niño Maradona como el de nuestro complicado amigo Edipo, la gran pregunta central para que pensemos es: *¿somos realmente libres?* ¿Tomamos decisiones por nuestro propio parecer y asumiendo sus consecuencias? ¿Somos dueños de lo que nos depara el futuro o no somos más que unas marionetas controladas por alguien? Supongo que todos diríamos que somos libres, porque nos sentimos así. Es cierto que no podemos hacer cualquier cosa que queramos, porque se aplican ciertas restricciones: *yo puedo querer jugar y ganar un Mundial de fútbol, como Maradona, pero sólo con mi decisión no sería suficiente.* En cambio, sentimos que, dentro de un marco razonable, contamos con libre albedrío, es decir, que tomamos decisiones soberanas, aunque sean sencillas, como para decidir qué vamos a cenar o qué serie vamos a ver cuando terminemos la que estamos viendo.

En el pasado, muchos filósofos han pensado que, metafísicamente hablando, **podemos actuar libremente**. Llamaremos **libertarios** a aquellos que creen en el libre albedrío, es decir, en que **nuestros pensamientos y acciones son libres**. El término puede sonar confuso porque en los últimos años se ha usado *"libertario"* para referirnos a determinadas posiciones políticas o económicas, pero su verdadero significado es mucho más amplio. En este caso, cada vez que hablemos de "libertarios" lo haremos para hacer referencia a los que defienden la idea de que nuestras acciones son libres. Los libertarios han definido las acciones libres de acuerdo a lo que se conoce como el **Principio de las Posibilidades Alternativas**, que enuncia que una acción es libre si y solo si el agente —es decir, la persona que realiza la acción— podría haber actuado diferente. Yo soy libre de elegir comer una fruta luego de cenar si y solo si puedo elegir otra cosa, por ejemplo, un helado. Y no soy verdaderamente libre a la hora del postre si solo tengo fruta para comer. En cambio, si es posible elegir otra cosa, entonces tengo otras posibilidades alternativas.

Si bien los pensadores antiguos hablaron sobre los problemas del destino y la libertad, fue en la Edad Media cuando la temática del libre albedrío comenzó a ser realmente interesante porque los filósofos ya no podían hablar de un destino escrito por los dioses, como le pasó a Edipo, sino que la religión católica tenía que compatibilizar que pudiésemos ser buenas personas o malas personas. ¿Cuál es el sentido de postular el Cielo o el Infierno si de antemano ya está estipulado qué acciones voy a realizar? *¿Para qué esforzarse en ser una buena persona o en evitar cometer pecados si ya están decididas las cosas que haré en cada momento?* A estos inconvenientes se enfrentaron muchos pensadores medievales. Entre ellos, se destacó la solución que le dio **Agustín de Hipona,** un filósofo que vivió en el Imperio Romano en el siglo IV, y que durante su juventud se dedicó a disfrutar de los placeres de la vida para gran dolor de Mónica, su madre, que era una ferviente cristiana. Hay muchas historias que cuentan sus excesos de adolescente y joven. Aun así, Agustín siempre se interesó por la filosofía y era muy fanático de **los maniqueos,** una doctrina que estaba de moda por ese entonces. Pero cuando leyó por primera vez a **Plotino** —un pensador muy popular de ese momento, que seguía las ideas de **Platón**— sintió una revelación interior que lo hizo abandonar a los maniqueos, dejar su vida desordenada y entregarse a escribir **filosofía católica y neoplatónica.** Más allá de si uno es o no cristiano, Agustín es un gran filósofo y sus obras son increíbles. Es un gran continuador de las ideas de Platón y alguien que dedicó su vida a completar sus ideas o incluso a mejorarlas. Uno de los obstáculos con los que se enfrentó es la dificultad para compatibilizar la idea de un dios omnipotente y omnisciente —esto es, que tiene conocimiento de antemano de todo lo que sucederá— con la libertad humana, ya que pareciera que no podemos tomar otras decisiones distintas de las que ya ha previsto dios para nosotros desde antes de que naciéramos. Los maniqueos, *ex amigos de Agustín*, creían que el destino ya estaba escrito y que no éramos realmente libres. Él, en cambio, **sostiene que no hay contradicción entre estas dos situaciones: dios simplemente conoce las decisiones que tomaremos libremente por nuestra voluntad.** *Es como si nuestra vida fuera una película en la que cada personaje juega un papel con total libertad, y en la que dios ya sabe todos los spoilers, incluso antes de que tomemos cada decisión.* Él sigue siendo omnisciente y nosotros somos responsables morales de nuestras acciones, porque tomamos decisiones a conciencia.

Otra de las preguntas con las que se enfrenta este pensador es **cómo puede ser que hombres y mujeres optemos por elegir hacer el mal cuando es posible hacer el bien.** Si realmente la bondad está dentro de nuestros corazones, ser racional es lo característico de nuestra especie y, como creía Platón, podemos entender sin problemas lo que está bien y lo que está mal, ¿cómo se explica que en ocasiones usemos nuestra libertad para elegir mentir, insultar, hablar mal de los demás, robar o cometer delitos? **Sócrates**, por ejemplo, creía que, si conocíamos el bien, era imposible que actuásemos mal. Pero Agustín no puede afirmar eso, porque para él todos conocemos lo que es el bien porque dios nos hizo este regalo. De otro modo, sería muy cruel de parte de dios pedirnos que nos comportemos de acuerdo a sus principios si no los conocemos. Para el filósofo de Hipona es posible conocer el bien con la razón y, aun así, negar el bien con la voluntad, porque tenemos la capacidad de actuar irracionalmente, rechazando a dios y eligiendo otra cosa. De esta forma, nuestra voluntad puede dirigirse hacia dos clases de cosas:

- las **cosas temporales**, que son los objetos del mundo, mutables y finitos;
- o la **cosa eterna**, que es inmutable y firme, es decir, dios.

Hay quienes dirigen su vida a dios y quienes dirigen su vida hacia el mundo creado por él. Los primeros lo logran hacer gracias a la fe, ya que únicamente con nuestras fuerzas y nuestro conocimiento mundano jamás conoceríamos cómo es la vida plena. En este punto se aleja de Platón y del resto de los pensadores que le siguieron, porque Agustín **introduce la fe como un factor necesario para hacer buen uso de nuestra libertad**. Cuando el hombre intenta vivir rectamente, apelando exclusivamente a sus propias fuerzas, sin la ayuda de la gracia divina liberadora, resulta vencido por el pecado; el hombre, sin embargo, en su libre voluntad, tiene el poder de creer en su liberador y de acoger la gracia si es que acepta la fe.

Agustín no era muy optimista con respecto a cuántos elegirían el camino correcto —de hecho, en uno de sus últimos libros no tiene problema en decir que la gran mayoría de los humanos estamos condenados a vivir **una existencia de sufrimiento**—, pero sí confiaba en que **todos tenemos la opción de elegir**. En este sentido, podemos entonces definir el **libre albedrío como la capacidad de poder hacer otra cosa dado un estado del mundo determinado**. Si siempre eligiésemos lo mismo que tenemos enfrente —como tomar un camino recto y caminar hacia adelante, sin prestar atención a las bifurcaciones en cada esquina—, no habría nada interesante para decir. Los hombres y las mujeres somos curiosos e inconformistas: no nos basta con hacer lo mismo una y otra vez, nos gusta superar obstáculos, cambiar de rutina y probar cosas que no hemos probado antes. Una **voluntad libre** implica, por un lado, un **poder racional**, es decir que el sujeto usa la razón para valorar un curso de acción y decide racionalmente hacerlo o no. Si alguien decide sin razones se supone que no es una elección libre. Es lo que sucede con los animales, no decimos que son agentes —es decir, sujetos que toman decisiones por las que podemos decir que deben ser felicitados o castigados— porque no tienen la capacidad de razonar y, por lo tanto, no son racionales. Por otro lado, el libre albedrío implica **control**, si las cosas ocurren por razones sobre las que yo no puedo hacer nada no son mis actos y no se me puede pedir responsabilidad. Como veremos durante todo este caso, **el libre albedrío está muy unido a la responsabilidad moral**. A partir de las decisiones y acciones que toma una persona en su libertad, podemos felicitarla o retarla.

Cualquier sistema judicial descansa en la idea del libre albedrío; solo se puede juzgar alguien y decir si actuó bien o mal si en vez de esa acción podría haber hecho otra cosa. Esto es lo que lo vuelve responsable de sus acciones.

• • •

El problema del libre albedrío es que, **además de sentir que somos libres, muchos tenemos otra creencia: una que afirma que todo efecto tiene una causa.** Esto implica que todo lo que sucede ahora, en el presente, es el resultado necesario de hechos anteriores ocurridos en el pasado y que están concatenados con lo que vivimos ahora. Este punto de vista es lo que se suele llamar **determinismo.** No es nada extraño ni sobrenatural, es pensar que por cada acción hubo algo que la causó. Y que eso que la causó tiene, a su vez, su propia causa. Lo que gobierna al mundo es **la ley de causa y efecto.**

Paul Heinrich Dietrich von Holbach, más conocido como el **Barón de Holbach,** fue un pensador franco-alemán que vivió en París a finales del siglo XVIII, y que utilizó la cuantiosa fortuna de su familia para apoyar la investigación y el conocimiento. Aunque no le gustaba que lo llamaran filósofo, ya que consideraba que sólo unos pocos merecían ese título, fue uno de los máximos detractores de cualquier idea religiosa o supernatural, siendo **el máximo paladín del materialismo.** En 1770 escribió lo que muchos llamaron, con sorna, *la Biblia del materialismo*: un tratado en donde expone con gran detalle la teoría del **mecanicismo** y el **determinismo** y atribuye a la materia la única realidad posible. Holbach rechazaba cualquier metafísica, por no tener un fundamento científico válido, y sólo creía en las leyes físicas.

El mundo y la realidad que vivimos están gobernadas de manera estricta y perfecta por las leyes del movimiento de Newton y no debemos aceptar la existencia de nada no material, ni almas ni espíritu ni, por supuesto, la voluntad.

Para él la creencia en dios y en la vida después de la muerte son **la principal causa de dolor y de los problemas de la sociedad**, que se engaña con estos cuentos en vez de tomar control de sus vidas y aceptar que todos estamos a merced de fuerzas que son superiores a nosotros y que no tienen *"un plan"* personal, sino que guían lo que debe hacer la materia. Es un error buscar una finalidad en la Naturaleza o algún designio inteligente. Creemos que hay un orden racional en el mundo que percibimos, pero porque nosotros, como seres humanos, somos parte de la Naturaleza y somos racionales, pero todo lo que hacemos es aplicar nuestra forma de ver las cosas a la realidad. **No hay una meta ni una misión en el universo, sino el simple y duro orden físico.** Para el Barón de Holbach, todo lo que está sucediendo en este momento es **el resultado de una cadena ininterrumpida de eventos.** *Todo, absolutamente todo, es el resultado inevitable de lo que ocurrió antes, incluyendo qué remera elegí ponerme y a quién invité a tomar algo al bar esta noche.* No hay nada especial en nosotros como seres humanos que rompa estas leyes que se aplican a los objetos. Nuestras acciones son causadas de la misma manera en que, por ejemplo, las bolas recorren la mesa de pool después de un golpe y se van chocando y causando nuevos movimientos entre sí. Los seres humanos y nuestras acciones son una parte más del mundo físico, atado a sus leyes físicas y sin ninguna relevancia. Podemos estar convencidos de que nuestra decisión de invitar a tomar un trago a la persona que nos gusta es totalmente independiente y libre. Pero esa decisión fue un estado mental. Y ese estado mental, nos dice la ciencia, es parte de nuestros estados cerebrales, que son biológicos. Y los estados biológicos son estados físicos. Y el mundo físico, como ya explicamos, es determinista. **Por lo tanto, simplemente no hay lugar para el libre albedrío en esta explicación del universo.** Creemos que somos libres, pero no lo somos. Si nos concentramos en lo que nos dice la ciencia, no podemos pensar en el libre albedrío porque rompe con **la gigantesca cadena causal que sabemos que explica al mundo**, ¿con qué derecho nos creemos tan especiales como para no estar bajo el control de estas leyes?

• • •

Llegados a este punto de nuestro caso, nos encontramos con el nudo del problema de la libertad en la filosofía: por un lado, la mayoría de nosotros sentimos que somos libres y que tomamos decisiones por nuestra propia voluntad. Pero, por otro, sabemos que todo en el universo está encadenado y que cada cosa fue causada por otra y que a su vez causará nuevos efectos. **No podemos creer al mismo tiempo que nuestras acciones son libres y que el mundo está gobernado por causa y efecto, porque ambas son ideas incompatibles.** Por lo tanto, **una de las dos debe ser falsa** porque si pretendemos mantener ambas, caeríamos en una **contradicción**. Las acciones verdaderamente libres requieren opciones, tal como lo enuncia el Principio de las Posibilidades Alternativas. El determinismo, por el contrario, no permite que pensemos en opciones, porque sostiene que cada evento es causado por un evento anterior. Un agente no pudo haber hecho algo diferente de lo que hizo y, por lo tanto, nunca es verdaderamente libre.

Volvamos al ejemplo de mi cena de ayer, en donde tenía la posibilidad de elegir comer para el postre una fruta o un helado. Para los libertarios, mi decisión de comer fruta no fue causada necesariamente por ningún hecho relevante anterior. Podríamos pensar que fue el resultado de eventos no físicos, como mis pensamientos. *Me detuve a pensar cómo quería terminar mi cena y decidí comer una fruta por sobre el helado. En este caso, mis deseos de comer fruta —o quizá porque pensé que el helado tenía más calorías y no quiero sumar calorías extras, o porque el único helado disponible era menta granizada y no me gusta, o porque justo a la tarde comí helado y quería cambiar...—*

generaron la acción de elegir libremente la fruta como postre. Este **liberalismo** va en contra de lo que sabemos sobre el funcionamiento del mundo físico, en donde cada cosa causa otra, que a su vez causa otra y que tiene como causa una cosa anterior. **El determinismo tiene de su lado a la ciencia, que confirma que existe esta cadena causal que gobierna al mundo.** Si queremos decir que somos libres, es necesario encontrar una respuesta que sea convincente sobre este fenómeno. Una forma de hacerlo es mediante una distinción entre lo que se conoce como **causalidad de evento** y **causalidad de agente.** La causalidad de evento significa que ningún acontecimiento físico puede ocurrir sin haber sido causado por un evento físico anterior. Un tsunami, por ejemplo, ocurre cuando hay movimientos de placas tectónicas en la superficie del mar, removiendo una cantidad de agua muy superior a las olas superficiales producidas por el viento y creando, así, olas gigantescas y muy peligrosas. Lo mismo sucede cuando estamos leyendo o estudiando con una ventana abierta y la corriente de aire entra y hace que la puerta del cuarto se cierre de golpe y nos asustemos: una acción natural desencadena una serie de otras acciones, sin nuestra intervención o la de otra persona. En este sentido, podemos decir que **el mundo físico es determinista.** Pero existe, además, la causalidad de agente, en donde es un agente —en este caso, un hombre o mujer, es decir, alguien con la capacidad de obrar por propia voluntad— el que realiza una acción, pero no motivado por una reacción en cadena natural sino por sus propios deseos, como cuando un jugador de fútbol tiene que patear un penal y decide hacerlo a determinado ángulo. Con esto se inicia toda una cadena de causalidad que no fue causada por algo natural, sino por alguien que decidió hacerlo. Según esta lógica, **los agentes tienen la capacidad de afectar a la cadena causal del universo por su propia voluntad,** generando una nueva manera de entender la causalidad que no es determinista. Esta respuesta, sin embargo, no convence a muchos.

¿De dónde provienen estas decisiones libres que inician cadenas causales completamente nuevas?

¿Suceden simplemente por azar o responden a motivaciones específicas?

Y esas motivaciones, ¿no responden a su vez a otras motivaciones?

¿Los agentes pueden tomar cualquier decisión en cualquier momento o acaso hay limitaciones?

¿Es inexplicable cómo va a patear un penal un jugador o es posible acertar la dirección y la fuerza de acuerdo a su historial en la cancha?

¿Qué obligaría a un agente a tomar una decisión y no otra?

Si podemos explicar lo que llevaría a un agente a actuar estaríamos mostrando que las acciones son causadas y no libres. Incluso, cuando tomemos decisiones que creemos que sólo responden a nuestra voluntad, en el fondo encontraremos maneras de explicarlas y de revelar sus causas. **Lo cierto es que, si bien parece que hay buenos argumentos para apoyar el libre albedrío, simplemente deberíamos concluir en que la imagen determinista del mundo es la mejor posible.** Sin embargo, no podemos evitar sentir que somos libres, que cada decisión que tomamos es nuestra y solo nuestra. Para los libertarios hay que rescatar y defender la legitimidad de nuestras propias experiencias personales y subjetivas. Si es tan claro y distinto que nos sentimos tan libres, **debemos considerar seriamente la posibilidad de que lo somos.** Lo que tendríamos que hacer es encontrar un argumento filosófico válido para defender esto, porque si cedemos a la presión determinista y acordamos con ella, la vida sería mucho peor.

• • •

Muchas de nuestras decisiones parecen surgir de la unión de creencias y deseos. Quiero comer postre, pero creo que el helado me caerá pesado o que no está dentro de lo que me permite la dieta o mi deseo de algo dulce para cerrar la cena se vincula con que me parece más dulce una fruta fresca cortada que un pote con menta granizada. Los deterministas sostienen que elegir qué comer de postre debe ser distinto que un terremoto submarino que causa un tsunami. **La diferencia entre las causas de las acciones de agentes humanos y las causas de los eventos físicos es que nuestras acciones tienen detrás muchísimas causas dentro de nuestra cabeza.** Se unen los deseos de comer algo rico, con la creencia de que necesito una alimentación saludable y de que el helado no está dentro de este grupo, más el dato de que el helado que está en el freezer es de menta granizada… cientos de informaciones y estados mentales que culminan en mi decisión de comer fruta de postre. Uno se siente tentado a pensar que con los mismos elementos alguien podría tomar una decisión completamente diferente y lanzarse hacia el helado. **Pero una indagación profunda nos llevará a pensar que hay factores que descartan esas opciones alternativas.** Los deterministas duros argumentan que podríamos, en teoría, aislarlos si sabemos lo suficiente sobre todas las creencias, deseos y temperamentos que giran alrededor de nuestro cerebro y con eso reconstruir la cadena de causas y efectos que nos llevaron a la posición que finalmente tomamos.

Lo que llamamos decisiones son en realidad el resultado inevitable de una gran variedad de estados mentales e informaciones que se combinaron de una manera particular.

Nos sentimos libres y tomando la decisión correcta, pero no es así.

¿Acaso existe escapatoria?

¿Y qué tal si le pido a alguien que elija el postre por mí?

¿O si tiro una moneda al aire para decidir?

En ambos casos mi decisión también estaría alcanzada por la vasta cadena de causas y efectos y también podría explicar tanto la decisión del tercero que opte por mi postre o incluso cómo cayó la moneda, ya que, sabiendo su tamaño y peso, la fuerza que le imprimo con el dedo y la resistencia del aire también podrá explicarse si cayó en cara o en seca. *¿Crees que puedes dejar de leer este libro en el momento y de la forma en que libremente desees?* Bueno, hay malas noticias: al parecer no. Y es natural que en este momento te sientas enojado, ofuscado o simplemente no creas en nada de lo que estás leyendo…

¡Cómo es posible que no seamos libres!

¡Qué locura es esta de la filosofía, estoy siendo engañado y no me gusta!

Los deterministas aceptan que no podemos evitar sentirnos libres y que cualquier demostración de lo contrario nos genera rechazo. Como ya señalé, **es muy difícil refutar el determinismo duro y aceptarlo tiene algunas implicaciones muy incómodas**. Significa que la sensación profundamente arraigada que tenemos sobre tomar decisiones libres todo el tiempo es simplemente incorrecta. Y hay un problema muy grave con eso: **nos obliga a repensar el concepto de responsabilidad personal del agente**. Después de todo, *¿en qué medida yo soy responsable de lo que hago si ya está previsto de antemano y no tengo verdadero libre albedrío?* Ayer me comí unas uvas del supermercado mientras nadie me veía, pero si quedó registrado por las cámaras de seguridad, y mañana, cuando vuelva, el personal de seguridad me pide que pague esas uvas que me comí… *¿puedo decirles que no fue mi libre voluntad, sino que hay una larga cadena de causas y efectos que me llevaron a ese momento?* Después de todo, si no elegí libremente comerme esas uvas, tampoco puedo ser castigado por eso…

• • •

El siguiente es un caso real pero la identidad de su protagonista es desconocida. Lo vamos a llamar Señor X:

· ·

*El Señor X es un hombre de 40 años que, a comienzos del
año 2000 fue detenido por intentar atacar sexualmente a su
pequeña hija. La denuncia la hizo su mujer, quien declaró que
desde hacía meses lo notaba más agresivo y sin filtro a la hora
de hablar de su sexualidad y de sus deseos más privados. Hasta
ese momento, nunca había mostrado una conducta semejante
y todas las personas que lo conocían quedaron pasmadas cuando las autoridades secuestraron su computadora y descubrieron
allí cientos de imágenes y videos pedófilos. Detenido, y a la espera de un juicio, las autoridades recomendaron que comenza-
ra una terapia psicológica, pero su caso era cada vez peor: se
insinuaba y propasaba sistemáticamente con todas las mujeres
con las que se encontraba, incluso si eran agentes de seguridad
o médicas. Era como si no pudiese controlar ni disimular lo que
sentía. Lo hacía sin el más mínimo esfuerzo por ocultarlo, frente
a todos, e incluso sabiendo que le traería graves consecuencias,
ya que estaba por ser juzgado corriendo el riesgo de quedar detrás de las rejas durante el resto de sus días. En paralelo con esta
conducta reprobable, comenzó a quejarse de terribles jaquecas.
Cuando fue revisado en un hospital, se le descubrió un tumor cerebral que estaba creciendo en su corteza orbitofrontal, la parte
del cerebro conocida por controlar el impulso sexual. Se decidió,
entonces, operarlo antes de que ponga en peligro su vida. Una
vez retirado el tumor, de inmediato su comportamiento volvió
a la normalidad y dejó de manifestar la conducta de la que se
le acusaba. Según su esposa, su hija y sus amigos, era como si
el viejo Señor X estuviera de regreso, ya era el mismo que todos
conocían y del que su mujer se había enamorado años atrás.
Pero, seis meses más tarde, cuando todo parecía solucionado,
regresó su conducta sexual agresiva. Un nuevo escaneo cerebral
determinó que el tumor había vuelto. El Señor X se sometió a*

una nueva cirugía para extirparlo. Luego de realizada volvió a
ser el mismo de antes de una vez y para siempre.

. . . .

Para la Justicia este es un caso interesante y complejo, porque al parecer las acciones delictivas del Señor X no son libres, sino que han sido causadas por el tumor en su cerebro. Para la filosofía, además, plantea **una nueva dimensión a la pregunta por el libre albedrío**. Para un determinista, el tumor es algo físico en un organismo físico como el cuerpo del Señor X. Y no se trata solamente de extraños tumores, sino que la ciencia hoy sabe, por ejemplo, que algunas personas tratadas con dopamina para el Parkinson tienen problemas de impulsividad hacia el sexo y las apuestas. Y que hay sustancias que nos vuelven más agresivos, menos pacientes y hasta más irrespetuosos. Prueben a darle un postre con mucha azúcar a un niño en una cena, o una chocolatada antes de dormir: se volverán más irritables, más molestos, menos obedientes. *¿Es su culpa? ¿O no pueden evitarlo después de que lo intoxicamos con tanta azúcar? Lo mismo podemos pensar del cigarrillo o de ciertas drogas, ¿cuánto tenemos de responsabilidad si nos es inevitable encender un cigarrillo con el café o consumir ciertas sustancias, aunque sabemos que son perjudiciales para nuestra salud o ilegales?*

¿Será que somos entonces esclavos de nuestro cerebro?

No son pocos los que sospechan que este tipo de evidencia es una confirmación del determinismo, mientras los libertarios tratan de soportar estos embates...

¿No puede haber una tercera posición?

Afortunadamente, sí. Y se trata de los **compatibilistas**.

▪ ▪ ▪

El **compatibilismo** intenta quedarse con lo mejor de ambos mundos.

Afirma que el Universo es físico y que opera bajo leyes que determinan que el pasado está enlazado con el futuro.

Pero también sostiene que algunas acciones humanas no son simplemente físicas, sino que podemos decir de ellas que son verdaderamente libres de una manera en la que resulte interesante. En este sentido, **podemos pensar que el compatibilismo es una versión "suave" del determinismo:** todo está determinado físicamente, pero si nosotros somos los que determinamos una acción, entonces es correcto decir que esa acción es libre. Sería algo así: me acerco al borde de la piscina en una mañana de verano. Tengo calor, pero sospecho que el agua puede estar aún muy fría porque no estuvo en contacto con el sol mucho tiempo. Dudo en tirarme o no. En un caso, lo medito y decido zambullirme. En otro, en cambio, un amigo me ve dubitativo y toma la decisión por mí, pasa y me empuja al agua. En ambas situaciones, termino dentro de la piscina comprobando la temperatura por mí mismo, pero en el primer escenario, siento que yo soy el que toma la decisión mientras que en el segundo mi amigo representa la cadena de causas y efectos. Los compatibilistas sostienen que **en ambos casos la acción está determinada en tanto no podría no haber sucedido. Pero cuando la acción de un agente es determinada por uno mismo o determinada por causas internas a sí mismo, la acción debería considerarse libre.** Esto significa que podríamos tener responsabilidad moral sobre nuestras acciones, ya que la determinación de algunas de nuestras acciones podría venir sólo de nosotros y tenemos que hacernos cargo de lo que hacemos. Si robé unas uvas en el supermercado, fue porque yo inicié la cadena de causas y efectos que terminó en ese pequeño hurto. Y aunque sería un golazo que el compatibilismo funcione, son pocos los que creen que puede ser una buena idea filosófica. Si estamos determinados sólo por nuestros propios factores internos, *¿en qué sentido somos verdaderamente responsables?*

Volvamos al Señor X. Si el crecimiento de un tumor en una zona específica del cerebro, sobre el cual no existe control, condiciona el actuar, *¿somos responsables de nuestros deseos y de nuestra conducta? ¿Dónde podemos poner un límite?* Alguien que choca su automóvil por manejar borracho tiene una conducta que puede ser explicada por factores internos, pero si tomó alcohol de más no por diversión sino porque es adicto, ¿es responsable? Los libertarios pedían que, para que una acción sea libre y podamos ser moralmente responsables, se mantenga el Principio de las Posibilidades Alternativas, es decir, que hayamos tenido opciones disponibles. Pero hay filósofos que creyeron que eso no era necesario. El pensador estadounidense contemporáneo **Harry Frankfurt**, por ejemplo, cree que podemos ser moralmente responsables de nuestras acciones incluso cuando no contamos con otras opciones. Para él, **en cada momento las personas tenemos muchos deseos dentro nuestro**: el deseo de seguir vivos, el deseo de cambiar de trabajo, el deseo de echarnos en una hamaca paraguaya a descansar, el deseo de comenzar a escribir esa novela que venimos postergando, el deseo de comer una porción de torta de chocolate y el deseo de perder peso y vernos más esbeltos. De hecho, **lo que nos distingue a las personas del resto de los seres vivos es la posesión de deseos de primero y de segundo grado.** Contamos con **deseos inmediatos y brutos**, de primer orden, que pueden estar afectados por **otros, más sofisticados** y de segundo orden, que operan sobre ellos, como el deseo de comer una torta que está modulado por mi deseo de perder peso y verme más esbelto. **El libre albedrío, entonces, es poder decidir qué deseos decido pasar a la acción**, es tener un control efectivo sobre los deseos de primer orden, es decir, aquellos que voy a considerar más relevantes que otros. Por ejemplo, mi deseo de perder peso y mi deseo de torta de chocolate están en colisión: sólo puedo cumplir uno de ellos.

Alguien es libre cuando, en relación con uno cualquiera de sus deseos de primer grado, puede convertirlo en su voluntad o negarle tal condición.

Y para demostrar que el Principio de las Posibilidades Alternativas es un error, Frankfurt presenta una serie de casos imaginarios en los que una persona es moralmente responsable de las decisiones que toma, aunque no haya podido hacer otra cosa, ya que para él **nuestra habilidad teórica de tomar otras decisiones no indica que necesariamente lo vayamos a hacer**. Supongamos que Donald es un simpatizante del partido demócrata, quien coincide con todo lo que propone esa agrupación política excepto en un tema: la guerra contra Irak. Él cree que ha sido una mala idea y cada vez que piensa en eso se llena de bronca y lo hace dudar de su voto. El Señor White, que también es demócrata, está muy convencido de lo contrario, y necesita asegurarse el voto de Donald, así que secretamente le pone un chip en su cerebro que, una vez activado, lo obliga a elegir por ese partido en el cuarto oscuro. Donald no sospecha nada y el Señor White sólo lo activará si él se pone a pensar en la guerra contra Irak, porque si no, de otro modo, el voto siempre será para los demócratas. Llega el día de la elección, nuestro amigo no piensa en eso y cuando va a las elecciones, elige la boleta demócrata así que no es necesario activar el dispositivo del señor White. Según Frankfurt, Donald es moralmente responsable de haber votado a los demócratas, aunque, si lo pensamos bien, no podría haber votado de otro modo. Su punto es que **la responsabilidad es compatible con el determinismo**, porque se puede ser responsable de los actos que uno realiza, aunque no seamos libres y no se cumpla el Principio de las Posibilidades Alternativas.

Más allá de que nos parezca disparatado o no, el caso de Frankfurt del chip cerebral para votar demócratas, como otros que fue presentando, se apoyan en **la intuición de que uno es responsable de las acciones que elige**. Y tu decisión tiene que venir de tu interior, no de factores externos. Pero no está claro si, en verdad, podemos separar los factores internos de los externos. Imagina que tu grupo de amigos te presiona para que los acompañes a cometer un delito, supone que te invitan a unirte a ellos para ir a robar limones a la casa de al lado y después hacer limonada. La insistencia es externa, claro, pero si aceptas posiblemente sea por motivos internos, como tus ganas de no defraudarlos o de no quedarte afuera de una aventura juntos, aunque creas que está mal robar limones. *¿Quién no se compró un jean tiro bajo aunque le quedaba pésimo sólo porque estaban de moda y todos los tenían? ¿Nunca decidimos ir a una cervecería artesanal en la que intuíamos que la íbamos a pasar mal sólo porque estaba de moda?* **No poder determinar con precisión dónde terminan las causas externas a uno y dónde comienzan las internas es un dolor de cabeza para el compatibilismo.**

• • •

Patricia Churchland, una filósofa canadiense contemporánea, asegura que es inevitable que responsabilicemos a las personas por sus acciones y que creamos que son dignas de elogios o de reproches. Pero que es necesario mirar al cerebro para entender cómo funciona esto, porque **la neurociencia debe ser la fuente de conocimiento sobre la que la filosofía debe responder algunas de sus preguntas y cuestiones.** La ciencia no nos permite hablar del libre albedrío como una capacidad humana que es diferente y distinta del resto de los objetos del Universo, pero sí distingue entre **"cerebros controlados"** y "cerebros en los que se perdió el control". Por ejemplo, nadie puede ser culpado si estornuda y contagia a alguien sin querer o si golpea a alguien con la pierna como resultado de un acto reflejo o si lo hace mientras está durmiendo y es sonámbulo. **Solo podemos ser responsables de las acciones sobre las que tenemos control.** Es el caso de las adicciones como el cigarrillo y el alcohol o comer mucha azúcar antes de dormir. Es por eso que para esta pensadora no está bien preguntarnos *"¿somos libres?"* frente a una determinada acción sino más bien *"¿cuánto control tengo en este momento?"*. **Mientras más control tengamos, más responsables somos.** Esto no significa abandonar una idea determinista del Universo, ni tampoco renunciar a la idea de sentirnos libres. Además, explicaría casos como el del Señor X, el pedófilo del tumor en el cerebro, o el de Donald, el votante con el chip en la cabeza. **Si aceptamos esta posición, somos moralmente responsables por aquellas cosas que podemos controlar de nuestra vida.** Además, podemos elegir desarrollar niveles de control más fuertes sobre muchas de nuestras acciones, que es lo que hacemos cuando tratamos de ganar un nuevo hábito, como ir al gimnasio a pesar de que no nos gusta, o dejar uno malo, como responder de mala manera cuando estamos con sueño o hacer el esfuerzo por abandonar el cigarrillo.

Después de haber leído estas páginas,
#PIÉNSALO:

¿te sientes libre?

Para seguir preguntándote y pensando

Agustín de Hipona escribió mucho y, como buen **neoplatónico**, en general sus ideas son ricas y claras para entender. Su mejor obra es, sin dudas, *Confesiones*, en la que cuenta su juventud llena de pecados y cómo la fe y la filosofía lo ayudaron a cambiar. Allí relata sus coqueteos con el **maniqueísmo** y cómo encuentra en las ideas de **Platón** un refugio intelectual.

Las ideas del **Barón de Holbach** están presentes en *Sistema de la Naturaleza*, un tratado muy preciso, pero algo oscuro, en donde se rechaza la **metafísica** a favor de un **determinismo materialista total**.

En los libros del neurólogo británico **Oliver Sacks** hay casos increíbles de personas que cambiaron su conducta a partir de lesiones y problemas en el cerebro. Los ejemplos de **Harry Frankfurt** contra el Principio de las Posibilidades Alternativas aparecieron por primera vez en un artículo llamado *Alternate possibilities and moral responsibility*, pero la idea está mejor desarrollada en su libro *La importancia de lo que nos preocupa*, en especial en el capítulo *La libertad de la voluntad y el concepto de persona*. Y el libro de **Patricia Churchland** que mejor muestra los cruces entre filosofía y neurociencia es *El cerebro moral*.

Muerte

Si es inevitable y desde pequeños sabemos

que vamos a morir,

¿por qué nos da miedo la muerte?

Existe evidencia que confirma que desde

hace millones de años los humanos

honramos a los muertos, ¿qué tiene la muerte

de especial que nos atrae tanto?

¿Es acaso la muerte lo que nos

define como humanos?

La sensación que tenemos respecto de que

debe existir algo más allá de la muerte,

¿es algo natural o un mecanismo para

tranquilizarnos?

Si un día la ciencia descubre la manera de

evitar el envejecimiento y las enfermedades,

¿deberíamos aceptarlo?

La noticia comienza primero como un rumor en Twitter, pero pronto llega a los portales web y luego a todos los medios de comunicación: un gigantesco asteroide impactará sobre nuestro planeta en exactamente un año y no parece haber manera de detenerlo. Científicos de todas las naciones trabajan en distintas opciones, pero ninguna parece posible hasta que los especialistas terminan por admitir que no hay nada que hacer. Solo quedan doce meses de vida en la Tierra. Luego del shock inicial, ahora todos tenemos que pensar qué vamos a hacer en este breve tiempo que nos resta antes de que cese toda vida humana. La certeza de este final deja a la mayoría triste y deprimida, pero tu abuela de casi cien años te pregunta una mañana: "¿Por qué estás mal si siempre supiste que te ibas a morir? Es más, podrías haber muerto ayer, o podrías tener un accidente mortal hoy".

¿Qué es lo que nos apena de saber que en un año exacto ya no estaremos aquí si nunca nos imaginamos vivir para siempre? ¿Nos da lástima el final de nuestro planeta, además del nuestro? Sin embargo, cuando arrojamos basura en la playa, o dejamos las luces de nuestra casa encendidas malgastando electricidad, o le cargamos combustible fósil a nuestro automóvil, **no estamos tan preocupados por el futuro del planeta**. Sin duda, nuestras acciones actuales impactan sobre lo que sucede en la Tierra, pero es posible que nosotros no suframos las peores consecuencias de la contaminación, sino que será un verdadero dolor de cabeza para las próximas generaciones, quienes heredarán una realidad diferente a la nuestra. Quizás este sea el motivo por el cual no nos preocupamos por la ecología o el medio ambiente, porque no nos afecta radicalmente a nosotros. Entonces, ¿por qué nos molesta tanto hoy que el mundo se termine si hasta ayer no nos preocupaba en lo más *mínimo su futuro?* Tal vez nos aterroriza conocer la fecha exacta de nuestra muerte, porque aspirábamos a vivir más tiempo, a estar más años vivos para tener más experiencias, conocer más cosas, descubrir nuevos secretos o, simplemente, saber hasta cuándo seguirán tocando los Rolling Stones o cuántas películas de *Misión imposible* podrá protagonizar Tom Cruise. No solo nuestro final nos pone tristes, también nos apena la destrucción de tantas cosas que queremos: nuestra ciudad favorita, el bar donde nos gustaba sentarnos a tomar café y leer, el paisaje que nos encantaba ver en las vacaciones, obras de arte que nos conmovían y, por supuesto, la muerte de aquellos que queremos. *¿Cómo afecta a nuestras decisiones saber que en un año todo terminará? ¿Seguiríamos haciendo las mismas cosas que hoy, pensando que, después de todo, la muerte muchas veces nos sorprende de forma inesperada dejando truncos nuestros proyectos, o le sacaríamos provecho haciendo eso que siempre quisimos hacer y no nos animamos?*

Tal vez el último año de la humanidad esté repleto de declaraciones de amor inesperadas, divorcios sonados, propuestas indecentes y millones de personas experimentando aquello con lo que siempre soñaron y nunca se animaron.

¿Se lo tratarías de explicar a tu hijo de cinco años, que no mira las noticias ni entiende lo que pasa? ¿Abandonarías a tu familia para cumplir tu sueño personal sin miedo a reproches ni consecuencias? Para colmo de males, justo cuando pensabas que ya había pasado lo peor, uno de los pocos médicos que sigue trabajando en el hospital (la mayoría dejó sus puestos de trabajo para hacer aquellas cosas con las que siempre soñó,

pero para las que nunca se hizo tiempo), te devuelve unos análisis que te habías hecho semanas atrás y que confirman que tienes una enfermedad terminal muy rara que te matará en cinco meses. Comienzas, entonces, a sentirte mal, no solo por el fin del mundo, sino también por ti mismo y por las cosas malas que les ocurrirán a las personas que quieres y sobre las que no podrás hacer nada, ni siquiera acompañarlas. ¿Cómo vivirán tus amigos la llegada del asteroide? ¿Y si tienen miedo y no estás para calmarlos? ¿Y si tu hijo se lastima y ya no puedes cuidarlo o incluso evitar ese accidente? ¿Quién consolará a tu pareja cuando se sienta mal? **La muerte propia y la muerte ajena es un momento muy especial en la vida de hombres y mujeres. Todos sabemos que inevitablemente llegará, pero no solemos tomarnos en serio esa certeza.** Y no es algo contemporáneo: existe evidencia que nos muestra que incluso nuestros antepasados más viejos ya tenían ritos funerarios, por lo que podemos inferir que incluso entonces se entendía como un momento especial. En 1908, dos sacerdotes descubrieron los restos de un neanderthal de hace unos sesenta mil años en la cueva de La Chapelle-aux-Saints, en Francia. El esqueleto del cuerpo se hallaba en posición fetal y rodeado de herramientas y objetos. Hoy se cree que fue enterrado así, lo que demuestra un interés y un cuidado especial por aquel que moría. Si bien existen otros animales que se lamentan cuando muere alguien de su manada, que se consuelan entre sí y que parecen entender que lo sucedido es irreversible, **ninguna especie honra a sus muertos con los rituales complejos que tenemos los seres humanos.**

Siempre encontré fascinantes las diferentes creencias ligadas a la muerte: desde San Pedro en la puerta del cielo con una llave enorme (*¿no tendrán tecnología de reconocimiento de rostros allá arriba? Yo sugeriría una cerradura inteligente ligada a la cantidad de pecados que cometimos*) hasta el juicio de Osiris de los antiguos egipcios, en donde el final del viaje al *"más allá"* terminaba en una balanza en donde se colocaba nuestro corazón y una pluma de avestruz. Si nuestro órgano vital pesaba más que esa pluma, significaba que estábamos llenos de culpas porque no habíamos actuado correctamente y, en consecuencia, debíamos ser devorados por Ammit, una diosa con cabeza de cocodrilo y un cuerpo mitad león mitad hipopótamo. Aunque preferiría que nadie pese mi corazón, debo reconocer que, si al morir descubro que los egipcios tenían razón, la escena es absolutamente cinematográfica y genial.

Podrías preguntarte entonces qué demonios tiene que ver la filosofía con la muerte, por qué debería ocuparse de ella si no es más que el cese de nuestras funciones biológicas.

Bueno, *parece que es mucho más*. Incluso, algunos pensadores la pusieron en el centro de sus sistemas de ideas, como **Cicerón**, que en el siglo I escribió que *"filosofar es aprender a morir"*, así que, tal vez, valga la pena reflexionar sobre eso.

• • •

Como ya se nos hizo costumbre en este libro, en estas cuestiones siempre tiene algo que decir **Sócrates**, *quizás el filósofo más parecido a una estrella de rock que tuvo la filosofía*. En el caso de sus reflexiones sobre la muerte, sus ideas son interesantes porque él mismo se tuvo que enfrentar a su final y lo hizo sin perder su particular estilo. Durante su vida fue muy popular entre los jóvenes, a pesar de que varios testimonios recuerdan que era particularmente feo y que vivía en la calle, casi sin ropa excepto unos harapos, sin calzado y sin bañarse. Muchísimos atenienses lo seguían y escuchaban sus enseñanzas, que él daba siempre de manera informal, ya que nunca tuvo una escuela ni escribió nada. **Para él la filosofía no podía estar fija en un texto, sino que necesitaba estar viva en las discusiones, las charlas, en los intercambios acalorados por temas candentes, pero también en los diálogos razonados y con tiempo.** Sócrates creó un método que consistía en eliminar las certezas con las que vivimos y las enseñanzas que hemos aprendido por nuestra educación, y que aceptamos sin chistar, para indagar en las dudas que tenemos sobre ciertos temas, ya que la sensación de comprensión de no hacerlo nos impediría seguir avanzando para llegar a comprender algo realmente en profundidad. Es a partir del debate acerca de alguna cuestión como podemos conocer su verdadero significado.

Al eliminar las ideas preconcebidas, uno se enfrenta al vértigo de no saber y abraza la discusión con otros para conocer más.

Sócrates se jactaba de su ignorancia, de no saber nada. Y es por esto que el oráculo de Delfos —un sitio muy especial al pie del Monte Parnaso, en Grecia, en donde se le hacía una ofrenda al dios **Apolo** que, de ser aceptada, una anciana llamada **Pitia** entraba en comunicación con él y respondía cualquier consulta— sentenció que él era **el hombre más sabio de todos**. Pero tanta fama y elogios no vinieron solos. Luego de una vida de enfrentar a los que en ese momento eran considerados los verdaderos sabios y de enseñar cosas absolutamente revolucionarias para la época, como que la ignorancia es una virtud, Sócrates terminó acusado de corromper a los jóvenes griegos y de rechazar a los dioses atenienses, *un delito gravísimo*, y a causa de esto llevado a juicio. Es en ese contexto en el que el filósofo revela qué piensa de la muerte.

Sócrates se enfrenta a la asamblea general de atenienses para dar su punto de vista sobre aquellos delitos de los que se le acusaba. Es consciente de que la sentencia ha sido dictada, así que no se dedica tanto a refutar los hechos sino a explicar su conducta y, si bien se conoce como "apología" al largo y rico discurso que pronuncia, **no hay nada apologético en sus palabras**, ya que no pide perdón por lo hecho ni tampoco ruega por su vida. Sócrates está enfrentando una muerte segura, pero no parece estar preocupado, justamente por la manera en que la concibe. Según revela, todos pensamos con frecuencia en nuestra propia muerte y en la muerte de los demás, pero este es uno de esos temas en los que parece haber muchos escritos y muchas discusiones, **aunque lo cierto es que aún no nos hemos puesto de acuerdo en si morir es algo bueno o malo**. Según su visión, temer a la muerte es creerse más sabio de lo que uno realmente es, porque es señal de que creemos saber qué es lo que viene después cuando, en realidad, lo desconocemos. **Nadie sabe a ciencia cierta si la muerte es la mayor bendición y fortuna de todas, si nos espera otra vida para empezar de nuevo o un terrible castigo eterno por nuestras acciones o si simplemente todo termina allí, en una pausa eterna. Para Sócrates la mayor ignorancia que puede mostrar un hombre o una mujer es actuar como si supiese algo que realmente no sabe.** Según el filósofo si bien no sabemos qué pasará después de la muerte, sólo podrían suceder dos cosas. O bien, una especie de "siesta" sin sueños, o el pasaje a otra vida. En el primer caso, **dormir sin soñar ni perturbarse sería la privación de toda experiencia o sentimiento.** Así, morirse es como experimentar una noche muy tranquila y oscura en la que nada nos molesta ni duele y en donde no tenemos conciencia ni pensamientos. Esta noche es una noche eterna y no tendríamos entonces de qué temer, ya que no sentiremos nada ni podremos lamentarnos. *Es como si alguien tocara nuestro* *botón de "OFF" y nos apagásemos como un televisor o un teléfono celular.* Esta siesta sin sueño sería incluso algo deseable porque con la privación de percepciones y sentimientos alcanzaríamos el verdadero descanso, el que no tenemos cuando soñamos y nos despierta una pesadilla. **Por lo tanto, si la muerte es un gran descanso, es algo deseable.** Pero, tal vez, morir no sea eso, sino, como indica la segunda opción, **un tránsito, el paso de esta vida a otra realidad.** Nada indica que esto tenga que ser malo, de hecho, es probable que allí nos encontremos con muchos familiares y amigos que murieron antes que nosotros y que extrañamos, con los que vamos a poder reencontrarnos y charlar, además de hacerlo con tantísimos sabios que no llegamos a conocer en vida pero que aquí estarán disponibles. Sócrates demuestra un particular sentido del humor por el que es famoso. Si este escenario es el correcto, su felicidad en la vida después de la muerte será, justamente, seguir haciendo allí aquella cosa por lo que se lo condenó a morir en este mundo: dialogar, interrogar, cuestionar... De acuerdo a las ideas de la mayoría de las personas de su época, al morir uno llegaba al Hades, un reino subterráneo de almas, en donde nadie tenía cuerpo. Si esto fuese así, pensaba el maestro de Platón, era una gran noticia, porque los cuerpos pueden ser muy molestos con la necesidad de ser alimentados y por dolores y enfermedades que acarrean. Una realidad de almas, en donde hay encuentros y diálogos, parece ser, incluso, preferible a la realidad de los cuerpos. Es más, esto demostraría que lo mejor que podemos hacer en vida es alimentar nuestra alma y nuestra mente para llegar al Hades de la mejor forma posible, listos para disfrutar lo que nos ofrece.

A pesar de que hoy, a más de dos mil años de haber sido dichas, sus palabras en el tribunal ateniense siguen siendo efectivas y persuasivas, de poco le sirvió a Sócrates: fue declarado culpable. La condena podía ser el destierro —es decir, se lo obligó a no volver jamás a su ciudad ni ver a sus amigos— o la pena capital. ¿Qué decidió? Morir. Lo hizo acompañado de discípulos y afectos (excepto por **Platón,** que en ese momento estaba enfermo, y **Jenofonte,** que estaba de viaje) luego de ingerir cicuta, un poderoso veneno. Lo bebió con tranquilidad y sin nerviosismo, para después recostarse con los ojos cerrados y dejarse morir. Esta paz provenía de su idea de la muerte: **ya sea una siesta sin sueño o un pasaje al Hades, siempre es algo bueno.**

Aquellos que le temen a la muerte son simplemente ignorantes, creen saber qué sucede en el más allá.

· · ·

Casi un siglo después de Sócrates, y en otra región del mundo, el filósofo chino **Zhuang Zi** también llegó a la conclusión de que no tenía sentido temerle a la muerte, ni a la propia ni a la de los seres queridos. Para él, uno de los mayores errores humanos era apelar a algo limitado como nuestra mente para entender lo ilimitado, como es el caso del conocimiento final de las cosas o del significado de la vida. **Nuestros pensamientos están condicionados por nuestra propia perspectiva y no podemos arribar a conclusiones que abarquen a objetos o planos que no conocemos.** Según este pensador oriental, estamos llenos de prejuicios y de conocimientos que consideramos ciertos sin tener verdaderos fundamentos.

Uno de estos datos que creemos sin datos concretos es que la vida es buena y la muerte es mala.

En el libro (cuyo título es igual que el nombre del filósofo y que reúne sus ideas principales), leemos esta imagen: *Mientras Zhuang Zi camina distraído, ve un cráneo al costado del camino. De inmediato, se lamenta por él, porque perteneció a alguien que ya está muerto. Pero el cráneo le responde: "¿Por qué te lamentas? '¿Cómo sabes que es malo estar muerto?'".* Desde esta nueva óptica, **la muerte es un proceso natural de transformación, donde se abandona una forma de existencia y se asume otra.** El hombre y la mujer verdaderamente sabios son aquellos que aceptan la muerte y llegan a la felicidad absoluta abrazándola. Quien le teme a la muerte y la quiere evitar, a pesar de que esto es imposible, es como quien habiendo dejado su hogar en la juventud y tratando de nunca pensar en sus orígenes, termina olvidando el camino de regreso. Zhuang Zi es uno de los mayores exponentes del rico **pensamiento taoísta, para el que la vejez no tiene que ver con el paso del tiempo sino con la pérdida de la vitalidad, que está vinculada con la flexibilidad. No nos volvemos viejos cuando vamos acumulando velitas en la torta de nuestro cumpleaños, sino cuando nuestra mente, nuestro corazón y nuestras articulaciones se vuelven rígidas.** Debemos aspirar a ser siempre tan elásticos y flexibles como los niños, que están llenos de vida. **La rigidez puede ser nuestra perdición,** como el edificio más alto y robusto que un huracán puede tumbar frente a la hierba a la que jamás podrá dañar ya que se mueve a su paso. Con esta misma flexibilidad debemos enfrentar la muerte: **no podemos ser tan necios de negarla o de querer huir de ella, ya que vida y muerte son como la sucesión de la noche y el día, una obra constante que no puede ser impedida.** *"La tierra me ha provisto de un cuerpo, y fatigado con la vida; me ha liberado con la vejez, y con la muerte me dará reposo. Así pues, bienvenida sea la vida, y por lo mismo también la muerte sea bienvenida"*, escribió Zhuang Zi. El filósofo relata que cuando falleció su esposa, su mejor amigo se acercó a su casa para darle el pésame. No lo encontró deprimido ni llorando, sino que estaba al lado del ataúd cantando a viva voz y usando una maceta dada vuelta como percusión. Al ver que tenía visitas, siguió cantando, pero su amigo no contuvo su sorpresa y le dijo: *"Tu mujer te acompañó durante muchos años, cuidó de tu hijo y de muchas otras cosas. No pasa nada si no tienes ganas de llorar. ¿Pero, cantar? Deberías presentar tus respetos hacia la difunta"*. Zhuang Zi respondió: *"Te estás equivocando. Cuando murió, estaba desesperado como cualquier hombre. Pero pronto, reflexionando sobre lo que había sucedido, me dije a mí mismo que la muerte no es más que un nuevo destino extraño. Piensa en cómo comenzó todo: no sólo nos faltaba vida, sino también forma y espíritu, porque éramos parte de una gran masa indistinguible y sin rasgos distintivos. Luego, esa masa evolucionó en espíritu, el espíritu en forma y la forma en la vida. Y ahora la vida evolucionó en la muerte. Su vida me recuerda el cambio de las estaciones. Si alguien está cansado y se acuesta a dormir, no lo perseguimos con gritos y aullidos, sino que lo dejamos reposar. Ella se acostó a dormir e interrumpir su descanso con mi llanto no haría más que demostrar que no sabía nada. Sólo podría llorar en lugar de cantar si no entendiera el principio de la vida"*. Así, la muerte es un cambio más. No lloramos cuando cumplimos años y dejamos atrás al niño para ser adolescente, después adulto y, más tarde, anciano. Muy por el contrario, lo celebramos y hacemos grandes fiestas con números que creemos importantes, como los cumpleaños de 15 o de 50 años. Hay personas que esperan con ansias la llegada de la fecha de su natalicio y ponen gran esfuerzo y cuidado en esas fiestas. Quizá sea el momento de pensar en celebrar con igual ímpetu cuando alguien muere. Ponerse triste por el luto parece egoísta, ya que cuando llega el momento en el que la gente que quieres se despide, debes respetar que haya llegado esa hora y festejarlo.

Zhuang Zi también fue uno de los primeros en plantear que los valores son relativos a las personas y los tiempos. Así como no puedo afirmar que la muerte sea algo necesariamente negativo, tampoco puedo, por ejemplo, postular un estándar universal de belleza. Pensemos por ejemplo en dos ganadoras de un concurso de belleza del estilo Miss Universo, o en las dos instagramers con mayor cantidad de *likes*: podrás decir que son bellísimas, pero si los peces las ven se hunden en las profundidades por el miedo que les generan; si las aves las ven, se van volando en el aire por su fealdad y si los venados las ven, se van galopando. *¿Por qué decir que nosotros sabemos más de belleza que el resto?* Para él todo era relativo y así nace su pasaje más famoso, que seguramente has escuchado alguna vez, aunque no sabías que lo había escrito él: "*Si un día sueño que me convierto en una mariposa y revoloteo feliz sin saber que soy yo, ¿cómo estar seguro, al despertar, de que yo soñaba con la mariposa o que ahora soy la mariposa que sueña que soy yo?*".

Nunca vamos a estar seguros de estar despiertos o soñando, del mismo modo que no sabemos si la vida es mejor que la muerte.

Esto, sin embargo, no es un obstáculo para poder alcanzar la sabiduría, ya que se basa en aceptar que nuestro conocimiento siempre estará limitado por nuestra propia vida.

• • •

Pero no todos creían en la existencia de un capítulo más reservado para nosotros después de la muerte. Es el turno ahora de **Epicuro**, quien introdujo una manera muy diferente de pensar y reflexionar sobre nuestra realidad. Nació siete años después de la muerte de **Platón,** en 341 a.C., en una familia que hoy consideraríamos de clase baja en una isla pequeña que era colonia de Atenas. Podemos deducir que su infancia fue sencilla y sin lujos, hasta que creció, viajó a la capital y se puso a estudiar con Platón y **Demócrito,** dos pensadores de corrientes bien diferentes y sobre cuyas ideas creó su propio sistema filosófico, que fue absolutamente original y distinto. Años después de su muerte, **Diógenes de Enoanda,** quizás una de las personas más ricas del siglo II, gastó parte de su fortuna en un gigantesco muro de ochenta metros de largo por cuatro de alto con lo central de las ideas de quien él consideraba el filósofo más importante de la historia y del que había aprendido todo leyéndolo. Instaló ese muro cerca del mercado de la ciudad de Enoanda para que todos los habitantes pudieran pasar y leerlo a diario, hasta comprender y adoptar sus enseñanzas. Algo así como si hoy un millonario comprara decenas de carteles en calles, avenidas y rutas, además de banners en sitios webs y aplicaciones, para escribir allí ideas filosóficas. Éste es el tipo de admiración que generaba Epicuro quien se cree, sin embargo, que no fue tan popular en su tiempo como en las siguientes décadas y siglos. *¿Qué era lo que atraía tanto de él?* Que se animó a oponerse a algunas de las concepciones más arraigadas de su tiempo: para él la naturaleza no tenía ningún plan ni finalidad, sino que lo que nos rige aquí, en el planeta Tierra, es **el azar.** Y no podemos pensar ni en dioses ni en otras formas de realidad porque no tenemos certeza de que existan. Es más: si los dioses existen, seguramente no quieran meterse con nosotros, que somos desobedientes y muy imperfectos. **Para él, las personas vivimos en un estado de constante ansiedad, miedo y temor.** Y la principal de nuestras preocupaciones es la muerte, porque nos han dicho que al morir podemos terminar siendo castigados durante toda la eternidad de manera terrible por los errores cometidos en vida. Pero esa es una manera totalmente irracional de comportarnos.

En vez de temer por lo que creemos que sucederá luego de morir, deberíamos estar concentrados en cómo pasarla bien mientras estamos vivos.

La manera, según su visión, es buscar siempre el **placer**, pero con prudencia, ya que **debemos equilibrar lo que le gusta al cuerpo con lo que le hace bien al alma**. Hoy solemos pensar que el **hedonismo** es una búsqueda egoísta de placeres tales como banquetes, orgías o el descontrol de boliches y fiestas, cuando en realidad él postuló que **la virtud necesaria para ser feliz es la prudencia**. Por esto, **vivir con miedo a morir es el origen de muchos de nuestros problemas** y la única manera de solucionarlo es conociendo la verdad, es decir, **abrazando la filosofía**. Es posible que Diógenes haya querido que todos conocieran estas ideas. Los que conocieron este muro, que se destruyó años después con un terremoto y del que no tenemos ningún rastro, dicen que Diógenes incluyó una introducción de cómo estas ideas habían cambiado su vida y le habían permitido alcanzar una paz que jamás creyó tener. Y para muchos no es casual que haya estado emplazado cerca del mercado, ya que no sólo era un sitio popular en el que se aseguraba muchos espectadores, sino que también era una buena forma de advertir que la felicidad no se consigue comprando cosas. **No debemos tenerle miedo a la muerte porque, por definición, no podemos experimentarla**: cuando morimos es cuando nuestros sentidos dejan de funcionar, es decir, cuando no sentimos nada. Según su manera de entender la física, heredada de Demócrito, **sólo somos átomos**. Nuestro cuerpo y nuestra alma son átomos y cuando morimos... esos átomos simplemente se separan y dispersan. No tenemos más piel, órganos o sistema nervioso que nos puedan hacer sentir dolor, así que **no debemos temer a la muerte, ya que no puede ser dolorosa**. Es mejor concentrarnos en la vida, ya que mientras estemos con todos nuestros átomos en orden podemos pasarla bien. Y para poder hacer más atractiva esta fórmula de la felicidad, Epicuro echó mano a un remedio muy popular en ese tiempo, **el tetrafármaco**. Se trataba de un ungüento formado por cuatro sustancias —**cera amarilla, resina de pino, colofonia y sebo de carnero**— que era administrado por los médicos para cualquier herida abierta, ya que se creía que facilitaba la supuración de sustancias dañinas para el cuerpo. Con esto en mente, él propuso un "tetrafármaco para ser feliz", un remedio que era infalible para la felicidad y que se basaba en **cuatro enseñanzas**, que fueron transmitidas como versos con el paso del tiempo. Una posible traducción sería:

> *"No temas a dios*
> *ni te preocupes por la muerte.*
> *Lo bueno es fácil de conseguir,*
> *mientras que lo espantoso es fácil de soportar".*

- **El primer elemento del tetrafármaco** es bastante osado para la época: en la Atenas de esos tiempos había un gran temor de los dioses, seres poderosos y muy irascibles que podían castigar nuestras acciones. *"No temas a dios"* es una propuesta liberadora de Epicuro, una invitación al ateísmo y a dejar de actuar guiados por el miedo a estos personajes que no sabemos si existen o si realmente tienen interés en nosotros. Para él, los dioses eran una manera de aspirar a ser más poderosos y menos vulnerables.
- **El segundo elemento del tetrafármaco**, *"no te preocupes por la muerte"*, condensa lo que venimos pensando en este capítulo: cuando uno está vivo no tiene por qué preocuparse por la muerte, pero cuando uno está muerto

tampoco, porque nadie experimenta ese estado, ya que la muerte es el cese de toda sensación de pensamiento.

- **En tercer elemento del tetrafármaco** es *"lo bueno es fácil de conseguir"*, un recordatorio de que no se precisa dinero ni sacrificios para ser feliz. Este filósofo creía que era fácil encontrar comida y un sitio en donde dormir, lo suficiente para sobrevivir. Si, en cambio, ansiamos más cosas, esto tal vez sea causa de nuestra desdicha: cuando alguien quiere más de lo que necesita, limita sus posibilidades de satisfacerse y ser feliz.

- **El cuarto elemento del tetrafármaco,** *"lo espantoso es fácil de soportar"*, expresa la idea de Epicuro referida a que la mayoría de las enfermedades y los dolores no se sufren de manera continuada, sino que son relativamente breves, y que cuando se extienden mucho tiempo o se vuelven crónicos, solemos terminar acostumbrándonos. Si nos mantenemos fuertes física y mentalmente, estaremos en condiciones de soportar cualquier mal e, incluso, cuando termine, sentiremos gran placer.

$$\bullet \ \bullet \ \bullet$$

Además de seguidores y fanáticos, por supuesto que Epicuro también tiene sus críticos. Uno de sus más famosos oponentes es el filósofo serbio **Thomas Nagel** quien, a finales de la década del setenta, escribió un ensayo sobre la muerte en donde defendió que morirse es algo malo para el que fallece, incluso si no tiene conciencia ni sentimientos después de la muerte. El foco que deberíamos tener en este debate no es lo que sucede cuando estamos muertos, tal como lo plantea Epicuro, sino **qué pasa con la pérdida de la vida**. El punto, según su visión, es que al morir dejamos de disfrutar de las cosas buenas de la vida y no podemos conocer nuevas cosas buenas. **Vivir implica poder hacer actividades, descubrir nuevos** conocimientos, compartir con los demás, vivir experiencias únicas o revivir aquellas que disfrutamos... todo esto concluye cuando la vida se termina. Esta es la razón por la cual nos duele más la muerte de un adolescente que la de un anciano: sentimos que en el primer caso algo quedó trunco, que es un proyecto que no pudo desplegarse. Por ejemplo, si morimos mañana jamás leeremos todos los libros de la saga *Canción de hielo y fuego* de **George R. R. Martin**, obra sobre la que se basó *Game of Thrones*, ni conoceremos las nuevas películas del universo cinematográfico de **Marvel**. Es por esto que morirnos nos afecta incluso si no somos conscientes de que estamos muertos, porque mientras estemos en esta Tierra tendremos un abanico de posibilidades para disfrutar. Es similar al caso de un hombre brillante que, tras recibir un golpe en la cabeza, queda con un daño cerebral severo que lo reduce a un estado similar al de un niño recién nacido, con necesidad de asistencia continua y sin posibilidad de comunicarse o moverse por sus propios medios. Es una víctima que sufre y que perdió sus potencialidades, aunque no pueda ser consciente de su estado por ese mismo daño. Existen otras situaciones que nos perjudican, aunque no las conozcamos o no sepamos de ellas. Nagel menciona la traición de un amigo o la infidelidad de la pareja: no lo sabemos, pero estamos en un estado que es desfavorable. Así, mientras que para Epicuro no había motivos para lamentar la muerte porque es un estado en el que no sentimos ni experimentamos nada, para Nagel es una situación lamentable porque nos arrebata de las manos las cosas buenas que podríamos experimentar estando vivos.

Uno de los problemas de las ideas de Nagel es que al postular que la muerte es mala porque nos quita la posibilidad de disfrutar de las cosas buenas de la vida y de las cosas buenas que vendrán... *¿no podríamos decir que también nos protege de lo malo?* La muerte, quizá, nos evita sufrimientos y atravesar los malos ratos de nuestra existencia, ya que estoy seguro de que tu vida está lejos de ser color de rosa. Para realmente lamentarnos de morir deberíamos estar seguros de que lo que dejamos de tener es una gran vida. Tal vez ya no querramos vivir si es con el corazón roto, con un trabajo que no nos gusta o sin la presencia de alguien muy querido. Es difícil, además, pensar quién es el sujeto que está perjudicado por esta situación, ya que la muerte disuelve la posibilidad de que ese sujeto exista. No poder disfrutar de los gozos de la vida sólo podría ser un problema para aquellos que mueren, pero no están aquí para lamentarnos. Otros críticos de Nagel mencionan que, así como los muertos no podrán conocer cómo será el Episodio XII de *Star Wars*, también aquellos que no han nacido aún no vivirán jamás la sensación de ir a ver *Los últimos Jedi* y salir maldiciendo de la sala de cine. Los hombres y las mujeres que están naciendo hoy jamás podrán ver un concierto de Gustavo Cerati o Luis Alberto Spinetta y, sin embargo, nadie diría que han sido afectados por nacer en el momento en que lo hicieron y no antes.

Más allá de que consideremos que la muerte es buena o mala, algo parece muy cierto: **es inevitable**. Aunque la ciencia prometa que cada vez vamos a vivir más, hasta ahora no hay registro histórico de una persona que no haya muerto.

Podemos verlo así: en un mundo donde todo parece relativo y líquido, la muerte es una certeza, nuestra muerte es lo más seguro que nos va a suceder.

Es lo que el filósofo alemán **Martin Heidegger** llamó *"ser-para-la-muerte"*, es decir, entender que nuestra vida es un proyecto que siempre tiene el mismo final: nuestro fallecimiento. Y no es que no sepamos que vamos a morir, sino que solemos organizar nuestra vida tratando de hacer todo lo posible para no pensar que podemos morir de un momento a otro. Incluso, en las ciudades hemos acorralado a la muerte en cementerios, hospitales y morgues, tratándola de dejarla encerrada allí, además de evitar cualquier conversación seria al respecto con nuestros amigos, familiares y parejas. Nuestro esfuerzo por evitar hablar o pensar acerca de la muerte es bastante efectivo y mucho de lo que hacemos a diario puede ser interpretado como sumar *"ruido"* a nuestra existencia para evitar que, en silencio, pensemos en lo único certero de nuestra vida: **que va a terminar.** *¿Alguna vez te sentaste a hablar con tu mamá o tu papá sobre qué quieres que hagan si tú te mueres y ellos siguen vivos?* Seguramente alguna vez mencionaste si preferías ser enterrado o cremado, por ejemplo, o diste tu consentimiento para que donen tus órganos. Pero seguramente nunca te sentaste a hablar de tu muerte con seriedad estando sano o vital. Lo más frecuente es que hablemos de la muerte cuando estamos enfermos o enfrentamos alguna situación que pone en riesgo nuestra vida. Pero en ese momento ya es tarde. Para Heidegger no hay que esperar esas situaciones o a cumplir 90 años para pensar nuestra muerte, porque **sólo vivimos auténticamente cuando entendemos cuál es nuestro futuro y abrazamos sus posibilidades.** Enfrentar la muerte es entender que **nada ni nadie puede salvarnos de ella** y que lo mejor es enfrentarnos a nosotros mismos sin máscaras ni mentiras y sin pensar en la aprobación de los demás o en lo que la sociedad espera de nosotros. **Si decidimos ignorar la muerte, no podremos vivir con verdad y autenticidad, porque le daremos la espalda a la verdadera naturaleza del mundo y de nosotros mismos.** Nos genera terror aceptar nuestra frágil existencia, pero debería ser todo lo contrario: deberíamos entender nuestra finitud y abrazarla para, justamente, sacar el mayor provecho al tiempo que pasamos vivos, que siempre es finito y que ignoramos cuándo expirará. *¿Cuánto tiempo pasaste hoy viendo fotos en Instagram? ¿Qué espacio del día le dedicas a ver series en Netflix y* *cuántas horas a charlar con tus amigos, a sentarte en una plaza a descansar sintiendo el olor al pasto o, simplemente, dejando que tu mente se aquiete de las preocupaciones y las notificaciones de Whatsapp?*

Nuestra fragilidad es compartida por muchísimos otros entes en este mundo y no debe ser ignorada sino comprendida y celebrada.

Según una vieja anécdota que se suele escuchar en los pasillos de las universidades, en una conferencia en 1961 le preguntaron a Heidegger cómo podría una persona ser auténtica y fiel a sí misma. *"Pasando más tiempo entre las tumbas del cementerio"*, respondió el filósofo.

• • •

Hablar, pensar y reflexionar acerca de la muerte es también hablar de tres temas muy complicados y que generan muchísimo debate: **el aborto, el suicidio y la eutanasia.** No quiero dejar de mencionarlos en este caso. Quizá porque, tal como pensaba Heidegger, como nos esforzamos en no pensar en la muerte, las discusiones acerca de estas cuestiones nos llevan a lugares incómodos y nos muestran facetas que no imaginamos de personas que conocemos mucho. Además, suelen ser tópicos en donde cada posición es defendida o atacada con inusual vehemencia y a veces, incluso, hasta con violencia. Sin duda, hablar sobre la muerte nos inquieta y no nos deja indiferentes. Seguramente lo que leas en las próximas líneas te pueda resultar duro o inadmisible, justamente porque no solemos pensar en estos asuntos.

• • •

Gretchen y Dave son un matrimonio joven de la ciudad de Lexington, en Estados Unidos. Juntos soñaron formar una familia y están cerca de lograrlo: ella está atravesando su quinto mes de embarazo y se encuentra en el consultorio de su obstetra haciéndose un chequeo de rutina. Secretamente, Gretchen espera que finalmente le digan si espera un bebé o una beba. Pero, en cambio, recibe otra noticia: el hijo que tendrá sufrirá de espina bífida abierta. Con tranquilidad, su obstetra le explica en qué consiste esta enfermedad, que involucra la ausencia completa del cierre de la médula espinal en el feto y que implica que el tejido nervioso normal de la médula no se desarrollará. Un niño o una niña que nace con esta patología sufrirá parálisis de ambas piernas, atrofia de los músculos de los miembros inferiores con grandes deformaciones en los pies, piernas y espalda, incontinencia completa de orina y de heces, crecimiento exagerado de la cabeza y desarrollo de cavidades anormales en el resto del interior de la médula espinal, que pueden causar parálisis de ambos brazos. Además, el 55 % de los pacientes con espina bífida sufren deficiencia mental. El tratamiento de esta patología es muy complejo e involucra muchas intervenciones quirúrgicas, vigilancia pediátrica y aparatos ortopédicos. La noticia paraliza a Gretchen y Dave, quienes no esperaban este diagnóstico. El embarazo ya superó las primeras semanas, en donde es más fácil interrumpirlo, y ahora se requiere una intervención más compleja. En el Estado de Kentucky el cese de un embarazo avanzado por malformaciones fetales graves es legal, así que se enfrentan a la decisión de seguir adelante con el embarazo o no. Si lo hacen, la vida de su hijo o hija será muy difícil, porque como resultado de tantas intervenciones pasará la mayor parte de su vida en un hospital, sin una vida social o escolar similar a la de los otros niños. Además, su expectativa de vida no supera la década así que pasará gran parte de esos años con dolor.

Gretchen y Dave pueden elegir decidir interrumpir la gestación, pero eso requiere pensar mucho sobre la muerte. Esto no podría ser posible en la Argentina, por ejemplo, aunque a algunos les sonará razonable plantear que no tenemos derecho a traer al mundo a un ser humano al que le esperan constantes sufrimientos más allá de lo imaginable. También estarán aquellos que no se sentirán autorizados para tomar una decisión y que vivirán como una aberración negarle la posibilidad de vivir a un ser humano que no tiene las mismas características que nosotros. Como plantearemos al pensar en el último caso de este libro en el que hablaremos de ser persona, nuestro parecer en el caso del **aborto** dependerá de qué estatus le damos a lo que se está gestando en el vientre de Gretchen pero, en este caso particular, por tratarse de un embarazo avanzado, también tenemos derecho o no de decidir sobre otro si la vida que puede llevar con sus condiciones particulares será una buena vida o no (lo que nos lleva a pensar en la felicidad). *¿No tenemos responsabilidad sobre el sufrimiento que le pudimos evitar a este ser humano?* Para algunos, es natural que los padres quieran hacer cualquier cosa para que sus hijos no sientan dolor. Sin embargo, es imposible que un niño, y mucho más un adolescente, no experimente en algún momento angustia, fracaso y pena, que son características propias de nuestra vida. Además, hay personas con limitaciones físicas muy severas que están felices de estar vivos. En ocasiones, quien desea terminar con su sufrimiento es la misma persona, y no sus cuidadores, eligiendo quitarse la vida. El **suicidio** es un tema muy difícil de abordar y del que poco se habla. Quizá conozcas a alguien que se haya quitado la vida. Suele ser una instancia muy dolorosa y difícil de transitar. Es tan duro que, aunque suene ridículo, hasta 2014, por ejemplo, suicidarse era ilegal en la India y, como obviamente era difícil cumplir esa pena, eran los familiares quienes eran condenados por la Justicia. *¿Alguna vez te detuviste a pensar en qué situaciones crees que está bien suicidarse?* Tal vez pienses que nunca, que la vida tiene un valor en sí misma y que más allá de la situación por la que uno esté atravesando siempre hay alternativas, siempre hay alguna manera de solucionarlo. En la Edad Media, **Tomás de Aquino** tomó esta posición y la justificó en sus escritos, pavimentando el camino que desde entonces siguió la Iglesia Católica y que influyó en todo Occidente, seamos creyentes o no. Para él, suicidarse es un pecado gravísimo. Nuestra vida, según él, no nos pertenece porque nos ha sido dada por dios y sólo él puede tomarla. Es un acto abominable que daña no solo a la persona que muere, sino a su comunidad, e incluso a dios mismo. Quizás estés en la vereda de enfrente de este filósofo y creas que está bien, que cada uno es dueño de sí mismo, y eso incluye su cuerpo y su vida, *¿o acaso yo hago mucho escándalo cuando veo a un amigo fumando, comiendo todo el tiempo en locales de fast food o manejando sin el cinturón de seguridad?* Lo que está haciendo obviamente daña su salud y, de algún modo, podría ser visto como un lento suicidio, así que si no me detengo en esto, ¿por qué sí me detendría en su suicidio? Es posible que nuestras ideas sobre este tema sean muy rígidas y claras, pero también que partan de intuiciones que nunca nos cuestionamos ni de las que nos pusimos a pensar. Más allá del cómic y la película *300*, que puso el foco en la famosa Batalla de las Termópilas, el código de vida de los **espartanos** era muy original con respecto a la vida: para ellos morir en batalla combatiendo contra el enemigo era alcanzar el máximo honor posible, una posibilidad increíble con la que soñaban y por la que constantemente les invocaban a los dioses. Así, en vez de cuidar su vida y protegerla, la ponían voluntariamente en peligro por un ideal. No todos los suicidios son por motivos tan elevados, pero sí parece claro que podemos encontrar muchas zonas grises más allá de nuestro sentimiento de si está bien o está mal. Están incluso los que creen, como el filósofo inglés **Simon Critchley**, que no sólo que no hay nada malo en el suicidio, sino que es lo que nos identifica como humanos. Según su visión, la sociedad y la mala fortuna nos pueden ofrecer una vida de humillación, cautiverio, desencanto y enfermedades... pero jamás nos podrá sacar la posibilidad de terminar con ella. Siempre que tengamos la posibilidad de suicidarnos seremos libres, al menos en ese aspecto. Según este autor, durante siglos el suicidio quedó manchado por ser considerado algo reprobable o vergonzoso. Nuestras abuelas solían inventar otros finales para contarnos cómo falleció un familiar que se había suicidado y aún hoy los diarios y las revistas suelen omitir noticias de suicidios porque se cree que es información sensible que podría estimular a otros. Gigantes digitales como Facebook, por ejemplo, tienen protocolos especiales si detectan que uno de sus usuarios tiene tendencias suicidas y si uno busca en Google alguna forma específica para matarse, el primer resultado que aparecerá será el de la línea antisuicidios. Tal vez estas medidas son exageradas y paternalistas, *¿por qué alguien debería intentar convencerme de que no tome una determinada decisión?*

También están aquellos que desean terminar con su vida, pero no pueden hacerlo por sus propios medios. En 2017, **Andrea** ingresó al Complejo Hospitalario Universitario de Santiago de Compostela, una niña de 12 años que nació con una enfermedad neurodegenerativa irreversible tan rara y poco frecuente que ni siquiera tiene un nombre. Sus primeros síntomas aparecieron a los ocho meses de vida y desde entonces había perdido casi por completo su movilidad. Luego de más de una década de intervenciones, internaciones y sufrimiento, se le produjo una hemorragia intestinal que fue diagnosticada como terminal. Es por eso que la niña, luego de hablarlo mucho con sus padres, confirmó que no quería continuar con los tratamientos y que prefería no dilatar su final. Los tres le solicitaron al hospital español que le retirasen los tratamientos médicos agresivos, como corticoides e inmunodepresores, y que cesaran con la alimentación artificial. *"Después de años luchando como una campeona, su cuerpo no aguanta más. Hemos sido las manos, los pies, la boca y su voz, pero llegados a este punto no podemos alargar algo que es irreversible. No queremos que nuestra hija siga sufriendo, no queremos pasarnos ocho meses viendo a nuestra hija demacrada y presenciando cómo se le va la vida"*, dijeron los padres a las autoridades del lugar, quienes en principio se negaron al pedido, pero que luego encontró eco en el comité de ética asistencial, un órgano asesor del que disponen los hospitales de ese país. Unos años antes, en 2014, recorrió el mundo el mensaje de **Brittany Maynard,** una joven estadounidense de 29 años quien había recurrido al médico por severos dolores de cabeza que comenzaron luego de su boda. Un estudio confirmó que tenía un cáncer de cerebro terminal y muy agresivo que le permitiría una sobrevida de seis meses. Luego de meditar acerca de las consecuencias de someterse a un tratamiento agresivo (que sólo demoraría lo inevitable) o no, ella decidió elegir cómo y en qué momento morir. Con su familia se mudaron desde su casa en California al Estado de Oregón, en donde hay una ley de suicidio asistido. Allí recibió todo lo necesario para terminar con su vida sin los dolores que le provocaba la enfermedad. Brittany falleció unos días después del cumpleaños de su esposo, una fecha que eligió para poder disfrutar de esa celebración y de varios viajes con sus amigos y familia. Antes de hacerlo, dejó un mensaje en Facebook que se expandió por todo el mundo y en el que dejó en claro que había elegido *"morir con dignidad"* de un cáncer que le arrebató muchas cosas, pero no tantas como hubiese sido si no tomaba esa decisión. Su caso y el de Andrea muestran suicidios asistidos, en donde se requiere ayuda para la realización de un suicidio ante la solicitud de alguien. Muchos consideran que debe ser una práctica regulada legalmente y que los médicos deberían estar preparados para darle a un enfermo los fármacos necesarios para una muerte sin dolor y que, idealmente, él mismo se los puede administrar. Aquí, en el fondo, se está hablando de nuestra libertad y si en sus límites está o no poder decidir cuándo terminar con nuestra vida y de qué manera.

En estos casos de suicidio y aborto, los principales argumentos en torno a la decisión de seguir o no adelante con una vida están vinculados con el dolor: los seres humanos solemos evitar a toda costa el dolor. Sin embargo, en ocasiones, debemos pensar en la muerte sin que el dolor intervenga en la ecuación. Son los casos que solemos llamar **eutanasia,** en donde se facilita la muerte de un paciente que está atravesando una enfermedad incurable. Vivimos en un momento de la historia en donde la tecnología avanzó tanto que podemos mantener con vida a personas que, en otras circunstancias, habrían muerto. Contamos con fármacos, máquinas y tratamientos que pueden mantenernos vivos, aunque no tengamos actividad cerebral, nuestro corazón no pueda latir ni funcionen nuestros pulmones. Así, a la hora de pensar en quitar el soporte vital a un paciente en estado vegetativo, por ejemplo, no hay dolor porque esta persona no es consciente ni puede sentir nada. Y tampoco podemos hablar de libertad si el paciente no dejó en claro su voluntad. Podemos, sí, pensar en su familia, en el dolor que esto le causa o incluso ser fríos y considerar el dinero que gasta un particular o un Estado en mantenerlo vivo mecánicamente y si eso tiene sentido. **Por lo tanto, a la hora de preguntarnos acerca de la muerte es importante pensar en su contracara: la vida.** *¿Qué es una buena vida? ¿Qué pensamos que es vivir dignamente o humanamente?*

Después de haber leído estas páginas,
#PIÉNSALO:

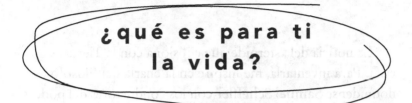

**¿qué es para ti
la vida?**

Para seguir preguntándote y pensando

La noticia del asteroide que colisiona con la Tierra es apócrifa. Para inventarla, me inspiré en la charla del filósofo estadounidense **Samuel Scheffler** con los conductores del podcast *Philosophy Bites* a propósito de su libro *Death and the afterlife*.

Por su parte, la frase de Cicerón *"Filosofar es aprender a morir"* encierra una complejidad que excede el uso que le di en este caso, pero siempre es oportuno citarla y me gusta que la conozcas. También fue la inspiración del ensayo homónimo de **Michel de Montaigne**, que no mencioné, pero cuya lectura siempre es recomendada.

El juicio a **Sócrates** y muchas de sus ideas acerca de la muerte se pueden leer en el diálogo de **Platón** *Apología*.

Las ideas de **Zhuang Zi** están presentes en *El Libro de Zhuang Zi* (el nombre no es muy original, pero era una costumbre de su tiempo).

Lamentablemente, la mayoría de la obra de **Epicuro** se perdió, pero podemos inferir sus ideas del genial *Vidas, opiniones y sentencias de los filósofos más ilustres*, de **Diógenes Laercio**, y del libro de **Lucrecio**, *De rerum natura*, en donde habla de sus ideas. **Thomas Nagel** discute con estas ideas en su libro *La muerte en cuestión*.

Martin Heidegger es uno de los filósofos más interesantes y atractivos del siglo XX, pero su lectura no es sencilla. Su gran obra es *Ser y tiempo*, en donde habla del ser-para-la-muerte, pero siempre es bueno acompañar su lectura con alguna guía o introducción para no desanimarse.

Para el caso del embarazo avanzado de un feto con espina bífida, me inspiré en un hecho real, el de la periodista **Gretchen**

Voss, aunque simplifiqué algunos datos. Se puede leer su experiencia relatada en primera persona en su excelente artículo *"My Late-term Abortion"*, disponible en varias webs.

Las ideas de **Simon Critchley** están presentes en un libro realmente genial (a pesar de su temática), *Apuntes sobre el suicidio*, en donde aborda sin prejuicios un tema lleno de tabúes.

El caso de la adolescente española **Andrea** es real, y es fácil encontrar online todas las discusiones que despertó en España y Europa en 2017, al igual que el de **Brittany Maynard**.

Dios

¿Existe algo así como un dios?

¿Por qué siempre los seres humanos hemos creído en la existencia de un ser superior? Todo lo que descubro en la Naturaleza tiene un perfecto equilibrio,

¿eso es una prueba de que dios existe?

¿O tenemos que asumir que se trata de una gran casualidad?

¿Podría ser que ese mismo dios implantó en nosotros la idea de su existencia?

¿Conocer la existencia de dios

es necesariamente un acto de fe?

¿O podría ser que la ciencia nos ayude a determinar el asunto?

¿Y si los supuestos dioses no son sino seres diferentes de los humanos que aún no descubrimos o no se nos revelaron?

*H*ace muchos años, mientras estaba de vacaciones con unos amigos, una noche nos sorprendió una tormenta en el medio de la playa, junto al mar. Estábamos lo suficientemente lejos de la ciudad como para que no fuese posible encontrar reparo. Todavía hoy tiemblo cuando recuerdo aquellos truenos ensordecedores y los rayos que iluminaban las ráfagas de viento. Me costaba muchísimo ver —soy miope y tengo astigmatismo, así que incluso con lentes no tengo buena visión si no hay mucha luz—, y caminaba tanteando el terreno en la arena mojada. Teníamos que gritarnos porque sólo escuchábamos el sonido de las olas rompiendo. Empapado, y totalmente desprotegido, sentía miedo. Recuerdo no haber pensado en dios, ni haberle pedido que hiciera que saliera el sol, sino en que era la clase de situaciones en las que la potencia de la naturaleza puede llevarnos a sospechar que debe haber algo más allá de nosotros mismos...

¿Quién podría sorprenderse entonces si naciera en nosotros la necesidad de rezar para que la situación se detenga?

¿Cómo hacían en la Antigüedad para resistir la tentación de creer que esos rayos poderosísimos no eran descargas naturales, sino que el mismo Zeus los arrojaba?

Parece bastante seguro que la gran mayoría de los hombres y mujeres que pisaron este mundo se enfrentaron alguna vez con la incógnita de la existencia de dios. Están los que de inmediato dirán que es evidente que hay un ser superior, y enfrente los que rechazarán de plano la idea. *Pero también, muchos querrán pensar por qué deberíamos creer en una cosa o en la otra.*

• • •

Existen miles de testimonios de **conversiones religiosas**, ese momento en que alguien se vuelve **creyente**. En ocasiones se trata de **revelaciones**, como arbustos en llamas que no se consumen o voces que se oyen desde el cielo llamándonos por nuestro nombre. También están los que presencian o son protagonistas de un **milagro**: una recuperación inesperada o un episodio que no tiene explicación científica. En todos los casos, hay algún elemento **sobrenatural** involucrado que, *seamos sinceros*, simplifica las cosas a la hora de ponernos a creer en una entidad superior. Y no sólo eso, en la mayoría de los casos este ser es benévolo y quiere nuestro bien. Para los que no somos creyentes, estos casos nos despiertan un poco de envidia... *¡qué fácil sería si hoy a la noche, antes de dormir, una aparición inesperada nos confirmara que hay una realidad diferente a la nuestra que nos espera una vez que abandonemos este plano terrenal!* Incluso se podría decir que es bastante injusto: *¿por qué a algunos se les hace tan fácil la fe con un milagro o una intervención divina y al resto se nos pide tener fe sin ver ni experimentar nada extraordinario?*

¿Cuál es el valor de creer en dios si éste se te aparece y te pide algo? Vale mucho más creer sin haber visto.

Con tantas personas durante la historia preguntándose si dios existe, entonces es fácil entender por qué tantos filósofos y filósofas se dedicaron a este tema, que ocupa miles y miles de páginas y que seguramente en el futuro seguirá siendo motivo de preocupación. En ocasiones se confunden estas reflexiones filosóficas con la **teología**. Entre sus muchas diferencias, creo que la crucial es ésta: **la teología tiene como punto de partida la existencia de dios**. Para los teólogos esto es un hecho y a partir de allí se ponen a reflexionar muchas cuestiones que se derivan de este dato. Los filósofos, en cambio, **nos ponemos a pensar sin esa certeza y no vamos a aceptar nada si no contamos con argumentos confiables o evidencia comprobable.** En esto se puede decir que **la fe —en tanto no necesita comprobación y se basta a sí misma— se opone a la razón.** Podemos sentir muy dentro nuestro que dios existe, que lo conocemos y que él nos conoce. Pero eso no alcanza para convencer a otros de que esto es cierto. En la mayor parte de los casos, nuestras creencias están moldeadas por la influencia de nuestros padres y la cultura en la que nacimos y crecimos, que explican por qué somos, por ejemplo, católicos o judíos, pero no musulmanes. Y seguramente seríamos musulmanes o budistas de haber crecido en otro sitio o en otro momento histórico. No hay nada malo en eso y nadie debería recriminar a otro por sus creencias. **Simplemente que a la filosofía no le sirve la fe.** Los filósofos necesitamos algo más, necesitamos **buenas razones** que nos convenzan de que algo es cierto, ya sea por medio de argumentaciones o de alguna prueba empírica.

La filosofía no es la única que se interesó por la existencia de dios. Se puede analizar este fenómeno desde la **antropología**, la **sociología** o, incluso, desde la **biología**, ya que existen científicos que sospechan que como especie humana podemos tener inclinaciones naturales a creer en una entidad superior. Pero las diversas formas que puede adoptar un dios o la práctica religiosa es un terreno vasto y complejo, difícil de abarcar, que requeriría mucho tiempo y espacio para explicarlo; no sería fácil. Nos vemos obligados entonces a hacer un recorte sobre esta cuestión, a enfocarnos en algunas temáticas y a dejar afuera otras. Vamos a pensar acerca de si es posible demostrar la existencia de dios sin apelar a la fe o a una revelación divina y si nos puede bastar nuestro pensamiento, nuestra experiencia y, ¡quizá!, la ciencia para hacerlo. Y dejaremos de lado pequeñísimos detalles como:

- ¿Dios es una entidad eterna o una que nació en algún momento y sigue vivo desde entonces?
- ¿Dios es material o inmaterial?
- ¿Existe el tiempo para él?
- ¿Es hombre, mujer u otra cosa?
- ¿Hay un único dios o existen varios dioses?
- ¿Si dios existiera, podríamos llegar a conocerlo o es tan distinto a nosotros que jamás podríamos comprenderlo?
- ¿Nos espera dios en algún lado luego de la muerte?
- ¿Sabe dios cómo serán las cosas en el futuro?
- Y de saberlo, ¿cómo se supone que soy libre si hay un ser que conoce de antemano mis elecciones y acciones?

¡Qué difícil!

Vamos a pensar si es posible saber si dios existe sin recurrir a él.

Por eso, cuando analicemos argumentos a favor de la existencia de dios evitaremos pensar que estamos hablando de Jehová, Jesús, o de cualquiera de las representaciones que nosotros hoy consideramos como las tradicionales. Vamos a hablar de dios con minúscula, y no de Dios con mayúscula, para que no queden dudas.

• • •

Si se instauraran los Premios Oscar a la Filosofía —*ojalá que nunca pase y ojalá que, si eventualmente pasara, le cambien el nombre por algo más canchero*— en la categoría *"Mejor argumento"*, sin duda, quería ternado el argumento ontológico de **Anselmo**, una verdadera joyita del pensamiento occidental que se mantiene como uno de los esfuerzos intelectuales más importantes por demostrar la existencia de dios de manera racional. Anselmo lo presentó por primera vez en un tratado llamado *Proslogium* que escribió entre 1077 y 1078, cuando ya era Obispo de Canterbury, en plena Edad Media. No sabemos si a este buen hombre alguna vez le falló la fe en la existencia de dios, pero sí que se tomó el trabajo de tratar de dejar en claro que se podía prescindir de ella para demostrar que era necesario que dios existiera y que esto se trataba de una verdad universal. **Todo el argumento está basado en la naturaleza de cómo debe ser dios.** Y el estudio de la naturaleza de las cosas es lo que llamamos **ontología**, por lo que el argumento de Anselmo suele ser conocido como **el argumento ontológico**, aunque es una denominación que se podría aplicar a cualquiera que recurra a la vía de la naturaleza de un objeto o entidad. Lo que sucede es que el argumento de este Obispo del siglo XI es el más conocido de todos (*es por eso que se merece la nominación a nuestros Premios Oscar a la Filosofía*), y se basa en qué piensas tú y el resto de los hombres y mujeres acerca de qué es dios. Como te imaginarás, **nunca nos vamos a poner de acuerdo en los detalles,** ya que hay muchísimas religiones que creen que dios es de una forma específica y rechazan vehementemente que sea de otra (*es lamentable reconocer que desde tiempos antiguos millones de personas han muerto por guerras surgidas por el choque de la fe y es probable que otras tantas sigan muriendo en el futuro*). Debemos, entonces, pensar en qué características podría tener para no generar controversias. No podrían ser, por ejemplo, su género, su edad o su vínculo con los seres humanos. No es una tarea fácil, pero este filósofo lo resolvió de una manera muy ingeniosa. *Pasemos al siguiente párrafo para saberlo.*

Para Anselmo, dios es la mejor cosa que podamos imaginar. Tan simple como eso. Lo mejor de lo mejor.

Mejor que Lady Gaga, los Rolling Stones o Los Beatles. Mejor que el auto con el que siempre soñaste, o con esa casa que sueles ver en Instagram y que tiene una cocina gigante que parece que no se ensucia con nada. Dios es mejor que comer pizza de anoche en el desayuno, que salir a bailar y encontrarte con el que te gusta o dormir la siesta mientras afuera llueve. Así de simple, dios es lo mejor que podemos imaginar. Anselmo pide que aceptemos esto, que dios es lo mejor que podemos concebir, que es imposible que pensemos en algo mejor que eso. Y si reconocemos esto, Anselmo nos dirá que entonces estamos **obligados** a reconocer que dios existe. *¡Epa! ¿No estamos yendo muy rápido? ¿Cómo es que pasamos de creer que dios es lo mejor que podemos pensar a sentirnos obligados a reconocer que existe?* Es que para Anselmo las cosas solo pueden existir de dos modos: **siendo imaginarias** o **siendo reales**. Las cosas imaginarias son los unicornios, los centauros y los sueldos que nos permiten llegar holgadamente a fin de mes. Las cosas reales también podemos imaginarlas, pero además existen en el mundo, como la pizza de anoche que quedó en la heladera y que vamos a robar en el desayuno o la lluvia que cae a la hora de la siesta. Y, para este filósofo, **existir en la realidad y en la mente es mejor que existir en la mente y no en la realidad**. Esto también parece ser razonable: cuando nos despertamos con hambre realmente queremos que la pizza que queremos comer no esté solo en nuestra mente sino también en la heladera. Una tarde de lluvia, la agenda libre y la cama lista para dormir es una gran idea, pero es mucho mejor si es realidad. Esto es todo lo que se necesita. *Avancemos al párrafo siguiente.*

Si definimos a dios como la mejor cosa que podemos imaginar, debe tener todas las condiciones de aquello que es mejor. Y la existencia en la realidad, además de en el pensamiento, es una de ellas. Entonces, **ya que dios es la mejor cosa necesariamente debe existir**. Se trata de un **motivo ontológico**, porque depende de la naturaleza de dios, en cómo lo definimos y en que consideremos que existir en la realidad es mejor que existir sólo en el pensamiento. No se trata de condiciones insólitas o estrambóticas y por eso el argumento de Anselmo se mantiene, casi mil años después, como tan relevante, es una invitación a pensar a la que pocos se resisten. **Si imaginamos que dios es la mejor cosa posible y no puede haber nada mejor, entonces... ¡debe existir! La existencia de dios es necesaria, no importa si tenemos fe o no.**

Pasando en limpio todo lo dicho, **el argumento ontológico tiene cuatro pasos:**

- El *primero* es admitir que **dios es lo mejor que podemos imaginar.**
- El *segundo*, es que **las cosas pueden existir en nuestra mente o en nuestra mente y en la realidad.**
- El *tercero*, que **las cosas que existen en la mente y en la realidad son mejores que las cosas que existen solo en nuestra mente.**
- El paso tercero, nos conduce al *cuarto*: todo esto indica que, **si dios existiera únicamente en nuestra mente, no sería lo mejor que podemos imaginar.** Por lo tanto, concluye Anselmo, **dios debe existir en nuestra mente y en la realidad.**

Una de las cosas que más le gustó a Anselmo del argumento que había creado es que es un misil que va dirigido contra todo aquel que alguna vez dijo que no hay dios. Esto es un absurdo, cree él, porque **negar a dios implica pensarlo de algún modo,** tener una idea de él (que, como vimos, seguramente implique que dios es lo mejor que podamos imaginar) y esto significa ya tener a dios de cierta forma. Es por esto que, tanto el creyente como el ateo, en el fondo, creen que dios existe, pero necesitan que alguien se lo clarifique.

Durante un tiempo este pequeño argumento estuvo blindado a las críticas y se creyó irrefutable. *Y fue un auténtico hit*: gran parte de los filósofos de la escolástica lo defendieron y retomaron, como **Alberto Magno, Juan de Fidanza** (llamado también **san Buenaventura**) y **Juan Duns Escoto**. Pero también hubo críticas. Luego de haber leído *Proslogium*, un monje llamado **Gaunilo de Marmoutiers**, escribió un pequeño libro en el que se aseguraba que esa línea de pensamiento habilitaba a que cualquier cosa genial existiera. Por ejemplo, si puedo pensar en una isla perfecta en la que el clima siempre es el ideal, el paisaje es bellísimo y el mar es calmo, esa isla genial debe existir en la realidad. Para él, esa línea de razonamiento servía para probar la existencia de **literalmente** cualquier cosa perfecta. Para Gaunilo, si puedo pensar algo existente como no existiendo, también puedo pensarlo a dios como no existiendo. Y si no puedo pensar a dios como no existiendo, esta imposibilidad no es exclusiva de dios. Por lo tanto, **aceptar el argumento de Anselmo es probar la existencia de cualquier cosa que entendamos que es la más perfecta que se pueda pensar en su género**, como la isla más perfecta que pueda pensarse.

Anselmo leyó esta crítica y no tardó en responder: ninguna isla es tan perfecta como es dios, y es la naturaleza de dios la que vuelve necesaria su existencia. Solamente dios es tal que puede tener una definición de *"dios es aquello mayor que lo cual nada puede pensarse"*. A las islas, las pizzas y las siestas se las puede pensar como no existiendo nunca ni en ningún lugar (*¡un mundo sin pizza no tendría sentido!*). Pero *dios es aquello mayor que lo cual nada puede pensarse*, por lo tanto, debe ser pensado como existiendo siempre. La inexistencia del ser mayor que el cual no puede pensarse no es posible, porque entonces no sería lo mayor que puede pensarse.

Antes de seguir, vuelvo sobre una advertencia que ya hice antes, pero que es importante recordar. No hay que asustarse si tantas palabras te marean y sientes que no entiendes de qué están hablando estos filósofos: los argumentos de este estilo se basan en la precisión con la que se enuncian y hay que leerlos muchas veces y hacer el esfuerzo por comprender qué significa cada término. Una mirada rápida te puede hacer creer que estamos frente a simples giros del lenguaje. Lo cierto es que son razonamientos complejos y muy precisos.

A pesar de sus altas expectativas, y la respuesta que elaboró contra Gaunilo, no todos están convencidos de que el argumento de Anselmo sea infalible (*un pequeño spoiler: nada en filosofía lo es*). Su problema principal es que hace trampa: le agrega a la definición de dios lo que requiere para ser necesario, por lo que quiere demostrar que existe aquello que da por sentado que existe. Uno de los grandes críticos de este razonamiento fue **Immanuel Kant**, quien trabajó en derribar todas las demostraciones clásicas de la existencia de dios —que dividió en dos clases, las **cosmológicas**, que se basan en la existencia de entes sensibles, como la que veremos en el caso de **Tomás de Aquino**, y las **ontológicas**, que se basan solo en las ideas de la razón— pero se tomó especial trabajo con el argumento ontológico, ya que lo creyó un digno oponente para su visión del mundo.

Por un lado, para Kant, del hecho de que en el concepto de dios esté incluida la noción de su existencia, no se deduce que dios exista en la realidad. Que la idea *"del ente perfectísimo"* contenga todas las realidades posibles, **no obliga a que tenga existencia real**, ya que **nada puede ser la razón suficiente de su propia existencia en el plano real**, por la misma razón por la que **nada puede ser causa de sí mismo**. Se trata de una consecuencia de la manera en que Kant entendía en ese momento las relaciones causa y efecto. Por otro lado, para Kant, el ser no es un predicado real de la esencia, sino el nexo entre dos predicados o la posición absoluta de una cosa. Cuando yo digo, por ejemplo, *"La pizza es rica"* sólo hay dos conceptos en esa proposición: *"pizza"* y *"rica"*. Para él, *"es"* no es un predicado, sino aquello que relaciona el sujeto *"pizza"* con el predicado *"rica"*. Así, cuando digo *"dios es"* o *"existe dios"*, no le estoy agregando nada al concepto *"dios"*, sino que **se establece que es un sujeto posible de sumar predicados**. El caso que usa para ilustrar esta objeción es muy conocido e involucra táleros, la antigua moneda de lo que hoy conocemos como Alemania. Para él, **cien táleros reales en mi bolsillo no poseen en absoluto mayor contenido que cien táleros posibles en mi mente**. En efecto, si los táleros que tengo en mi bolsillo tuvieran mayor contenido que los de mi mente, no podría decir que la definición de los cien táleros en los que pienso no son los cien táleros que tengo en el bolsillo. Esto implicaría que mi concepto no expresaría el objeto entero, ni sería, consiguientemente, el concepto adecuado del mismo. **Si se pone el sujeto, necesariamente se pone el predicado o si no caeríamos en una contradicción.** Pero **si se quita el sujeto, también se quita el predicado** sin que haya contradicción, por lo que sería absurdo hablar de un sujeto necesario cuya necesidad haga referencia a su posición en la realidad. Por ejemplo, no existe un triángulo si yo elimino que tenga tres ángulos. Pero, si suprimo el triángulo y sus tres ángulos, no hay ninguna contradicción. Eso mismo es lo que ocurre con la idea del ente necesario, si se suprime su existencia, se suprime la cosa misma con todos sus predicados y no hay contradicción. Cuando alguien dice que dios no es o que no existe, tal como hacen los ateos, se niegan también todos sus atributos; entonces, **no hay obligación de pensar que tiene que existir**. Para Kant no es posible la noción de **existente necesario**, es decir, del ente cuya esencia implica su existencia.

La objeción de Kant es considerada una de las más importantes en la historia del argumento ontológico, ya que es un rechazo a cualquier prueba de la existencia de dios sobre la base de su naturaleza o concepto. Según él, **todo posible** intento de demostrar la existencia de dios termina en agnosticismo, aunque es importante señalar que Kant era un gran creyente y que dios es el sostén necesario de su moral. Lo que este pensador alemán no compartía era esa posibilidad de demostrar racional o lógicamente su existencia.

• • •

Otro que creía en dios, pero sentía que había que demostrar su existencia sin recurrir a la fe, era **René Descartes**, uno de los filósofos más brillantes de la historia y uno de los mayores exponentes de lo que se llamó **racionalismo**, el movimiento que ponía a **la razón como la principal fuente del conocimiento humano**. En sus numerosos escritos, Descartes usó distintos argumentos a favor de la existencia de dios. En ocasiones, se inspira en Anselmo, que, si hubiese vivido en la era del copyright, *¡hoy sería millonario!* Pero también tiene un argumento propio que aún hoy genera muchas discusiones, ya que hay varias maneras de entenderlo. Para comprender este razonamiento hay que saber distinguir entre dos modos de realidad: la **realidad formal** y la **realidad objetiva**. Cada cosa tiene distintos niveles de realidad formal. Piensa en el libro que estás sosteniendo en este momento y en la idea que tienes de libro en tu cabeza. *¿Podemos decir que el libro existe?* Sí. *¿Y existe la idea de libro?* **Claro que sí, también.** Descartes va a tratar de convencernos de que **la idea de libro y este libro que estás leyendo existen, pero tienen distintos niveles. El libro tiene un nivel de existencia mayor que la idea de libro**. Podemos tener ideas de un triángulo perfecto, por ejemplo, pero si ese triángulo no existe en el mundo tiene un orden de realidad menor que el de un triángulo imperfecto que sí existe. Todas las ideas tienen diferentes niveles de realidad objetiva y **lo que determina su nivel de realidad objetiva es si existe aquello que representan**. Cuando pensamos en la idea de dios, esa idea tiene niveles infinitos de realidad objetiva, a diferencia de los niveles finitos de realidad objetiva de la idea de un libro, la pizza en la heladera o un unicornio. **Para Descartes todos los hombres y mujeres tenemos una idea de dios como un ser infinito.** Para él, **dios es una idea innata,** algo *"que traemos de fábrica"* y que explica por qué en todas las civilizaciones siempre hay sistemas de creencias que cuentan con un ser superior de características especiales. Para este filósofo francés esto es un dato de la realidad, no busca justificarlo, como quizá le pediríamos hoy a un científico o un antropólogo, **sino que lo da por sentado.** Según Descartes, para poder crear el universo y todo lo que hay en él, está claro que **dios no fue creado, sino que siempre existió.** Y esto implica que no está atado al tiempo porque no tiene origen, sino que es eterno y atemporal. **Como todos tenemos la idea innata de que dios es un ser infinito, nuestra idea de dios tiene una realidad objetiva infinita.** Cada idea que tenemos, cada cosa con realidad objetiva, fue creada por algo con un nivel más alto de realidad formal. Tú y yo, como seres humanos, tenemos un nivel finito de realidad formal, que es más realidad formal que el de una planta o una piedra porque podemos crear ideas sobre las plantas y las piedras. Según su visión de la causalidad, **debe existir tanta realidad en la causa de algo como en el efecto que genera.** Pero entonces, *¿por qué nosotros, que somos finitos, tenemos ideas de un ser infinito?* Según las leyes de la causalidad en las que confía Descartes, **sólo un ser infinito puede tener ideas de algo infinito.** Por lo tanto, **ya que todos tenemos la idea de que dios es infinito, fue dios el que puso esas ideas en nosotros, porque nosotros con nuestra finitud nunca hubiésemos llegado a ella. Y, por lo tanto, dios existe.**

Tal vez creas que lo que acabas de leer es una versión, con otras palabras, de lo que ya sostuvo Anselmo. Sin embargo, aun cuando puedan parecer similares, porque ambas buscan probar la existencia de dios a partir de la sola consideración de la idea que tenemos de él, son sustancialmente distintas. *¿Por qué?* Porque el Obispo de Canterbury sostiene que, si entendemos por dios aquello mayor que lo cual nada puede pensarse, entonces dios no puede existir sólo mentalmente, mientras que Descartes infiere la existencia de Dios como causa de la idea que tenemos de él. Insisto con esto: estamos analizando ideas y razonamientos que tienen cientos de años y que han sido motivo de numerosos debates y que aún hoy despiertan detractores y defensores. Pero te recomiendo que vuelvas a leer estos últimos párrafos tratando de seguir el hilo del argumento prestando atención en las palabras que utilizan, pensando que el objeto final es tratar de justificar la existencia de dios apelando únicamente a nuestras ideas.

Aunque Descartes afirmaba ser un cristiano, su tesón a la hora de justificar la existencia de dios **excedía con creces su fe personal**. Este francés necesita a dios para dejar de dudar acerca de la existencia de un ser maligno empeñado en engañarnos cada vez que nuestros sentidos nos fallan. El dios de Descartes, que es perfecto, jamás sería un dios engañador o falaz, sino que, por ser perfecto, necesariamente es bueno y nos deja percibir al mundo tal y como realmente es. Además, en su imagen del mundo racionalista, gobernada por reglas y vínculos causales, necesita el fundamento para esas conexiones, que no podían retrotraerse hasta el infinito. El límite final para justificar todo sin caer en un círculo vicioso necesita ser dios. Pero, **el peor enemigo de Descartes resultó ser Descartes mismo**: el genio maligno que creó en *Meditaciones Metafísicas* es tan poderoso que nunca terminó de explicar cómo vencerlo. Él asegura que la existencia de un dios benévolo es la garantía de que no hay un ser superior que nos engaña, pero la manera en que se prueba que este dios bueno existe es a través de pensamientos cuya veracidad está garantizada por este dios. **Es decir que la existencia de un dios bueno** se justifica por ideas que ese dios bueno nos puso... *¡está intentando explicar la existencia de algo justificándolo con aquello mismo que quiere explicar!* Es un círculo inadmisible y peligroso. Están también quienes le cuestionan al francés de dónde sacó una de las ideas base de su razonamiento: que seres de realidad formal infinita no pueden tener ideas de cosas de realidad finita. Y, como ya vimos, también es problemático que anuncie sin más que todos los seres humanos tenemos la idea de que dios es infinito... *¿de dónde salió eso? Si vamos a buscar respuestas racionalistas ¡exigimos pruebas!*

• • •

No todos intentaron demostrar la existencia de dios apelando a la fe, pero sí comprometiéndose con la naturaleza de dios o la definición de su concepto. El filósofo **Tomás de Aquino** decidió partir de **la experiencia** para hacerlo. Él fue **el mejor alumno de Aristóteles**. Si bien los separan más de mil años, cuando este monje medieval leyó las obras del griego quedó hondamente impresionado y muy sorprendido. Tanto, que se volvió un experto en ellas, las examinó en detalle y se convirtió en un especialista. Luego de un arduo análisis, sentenció que eran compatibles con la fe católica y despertó un frenesí por los escritos de Aristóteles, que se volvieron muy populares y muy leídos hasta hacerle sombra al griego más famoso del momento, **Platón**, quien para algunos había adelantado las ideas del catecismo siglos antes del nacimiento de **Jesús**.

Igual que Anselmo, que había vivido doscientos años antes que él, Tomás también sintió que **la filosofía tenía la obligación de demostrar la existencia de dios**. Pero rechazó de plano el argumento ontológico, ya que **no podía aceptar que algo tan importante como demostrar la existencia de dios se hiciera dándole la espalda a nuestra experiencia**. Y en estas ideas —*revolucionarias para la época en la que vivió, la Edad Media, cuando lo que hoy llamaríamos ciencia no tenía precisamente buena prensa*— también se nota la influencia de Aristóteles. Tomás toma del filósofo griego varias categorías, como la división entre **potencia y acto**, la manera de entender **la causalidad** y la definición de **necesario y contingente**. Vamos a explicarlas brevemente porque nos servirá para entender sus argumentos. Aristóteles asegura que no hay un único modo de ser, sino que **se puede ser en acto o en potencia**:

- el **ser en acto** es aquel que está realizado plenamente, como un árbol adulto;
- el **ser en potencia** es aquel que no ha sido plenamente realizado, como la semilla, que es un árbol en potencia; no es un árbol, pero tiene la capacidad de serlo si se cumplen ciertos requisitos.

Por otro lado, este filósofo griego creía que había **cuatro tipos distintos de causa**:

- la **causa material**, que es aquello a partir de lo cual se forma una sustancia, como el vidrio que causó el vaso de vidrio en donde tomas agua;
- la **causa formal**, que es aquello que hace que una cosa sea lo que es y que la diferencia de otras cosas, en este caso la figura o forma del vaso, que lo vuelve único;
- la **causa eficiente**, que es la actividad por la que se produce esa cosa, como el trabajo de la persona o la máquina que creó tu vaso;
- la **causa final**, el objetivo que tiene cada objeto en el mundo, en el caso de tu vaso, su función es contener líquido para que se pueda beber.

En cuanto a la distinción contingente y necesario, las **cosas contingentes** son aquellas que pueden ser y no ser, mientras que **las necesarias** deben ser, sí o sí, porque por su misma causa no pueden no ser. Casi todo en lo que podemos pensar es contingente incluyendo, *lamento el golpe al ego*, tú, yo y todos los que conoces y conocemos. Simplemente podrían haber existido y podrían no existir en el próximo segundo. En cambio, la divina es necesaria, ya que siempre existió y según esta visión no podemos pensarla como no existente.

En su escrito más importante, *Suma Teológica*, Tomás no desarrolla una ni dos ni tres pruebas de la existencia de dios… ¡expone cinco!

Se las conoce como **las cinco vías** y aún hoy son utilizadas por muchas personas porque son razonamientos muy convincentes. Las cuatro primeras son las que **Kant** llamó **demostraciones cosmológicas**, porque se basan en hechos necesarios del universo, y la quinta, que se suele conocer como **teleológica**, hace referencia a un fin o un propósito final. *Esto quedará claro dentro de pocos párrafos. Ahora pasemos a conocer las cinco vías.*

- La *primera vía* es la llamada **vía del movimiento**.
  Partimos de nuestra experiencia de que hay cosas en el mundo que se mueven. Pensemos en las olas del mar, las rocas que caen del lecho de la montaña y los animales que pueblan la tierra. Ahora bien, *¿quién mueve estos cuerpos?* Para Tomás de Aquino, todo lo que se mueve es movido por otro, ya que nada se mueve más que en cuanto está en potencia respecto a aquello para lo que se mueve. En cambio, mover requiere estar en acto, ya que mover no es otra cosa que hacer pasar algo de la potencia al acto y esto no puede hacerlo más que lo que está en acto. Por

ejemplo, las maderas y el carbón para hacer el asado están calientes en potencia y necesitan de algo caliente en acto, como un fósforo o un papel en llamas, para calentarlo. No es posible que una misma cosa esté, a la vez, en acto y en potencia respecto a lo mismo (aunque sí respecto a cosas diversas). Esto es lo que lleva a Tomás a decir que **todo lo que se mueve es movido por otro.** Pero, si lo que mueve a otro es, a su vez, movido, es necesario que lo mueva una tercera cosa. Y esa tercera cosa, por una cuarta y ésta por una quinta y así sucesivamente. Pero no podemos seguir indefinidamente porque necesitamos algo en acto que no haya estado en potencia y activado por otro. Pensemos en esas largas filas de piezas de dominó que están unas paradas junto a otras. Es necesario que alguien toque la primera de las piezas para que el resto se caiga en una reacción en cadena. Si la fila se extendiera indefinidamente jamás se caería ningún dominó, porque es necesario que alguien, que no es movido por algo más, inicie esa caída masiva. Lo que este filósofo busca evitar es lo que se suele conocer como **regresión al infinito,** que sucede cuando en una cadena de razonamiento la evidencia de cada eslabón descansa en la existencia de algo que le precede y que, a su vez, descansa en otra cosa que le precede también. Es necesario que esas cadenas se corten en algún punto, sino se vuelve absurda y lógicamente imposible. No podemos extender la lista de causas hasta el infinito: **debemos aceptar que tiene que existir un primer motor que no fue movido por otro, inmóvil y que dio inicio al movimiento. Este primer motor inmóvil, para Tomás, es dios.**

- La *segunda vía* está basada en la **causalidad eficiente,** es decir, en las **causas que son suficientes para crear efectos.** Tenemos conocimiento de un orden determinado entre las causas eficientes, pero no hallamos que cosa alguna sea su propia causa. Pensemos en cómo llegamos hasta aquí. Quizás estés leyendo este libro tirado en una hamaca paraguaya durante una tarde de verano al sol o tal vez lo hagas en un aula, obligado por una profesora. ¿Qué causó esto? En ambos casos tomaste el libro, que fue un regalo o una compra, y que fue elegido por voluntad o porque una profesora te obligó. Y eso fue a su vez causado por algo: quizá te recomendaron el libro o se lo impusieron al docente. Si tienes suficiente tiempo y ganas, vas a poder encontrar causas de los eventos que te trajeron hasta la hamaca paraguaya o al aula… ¡yendo muy atrás! ¿Cuán atrás? Es posible que llegues hasta el momento en que abandonaste el útero de tu madre y, con la información suficiente, podrás seguir yendo para atrás, encontrando causas a cada hecho. Tomás dice que incluso si tuviésemos el tiempo, las ganas y la información necesaria, **no podríamos ir para atrás eternamente,** porque si prolongamos indefinidamente la serie de las causas eficientes caeríamos en una **regresión al infinito,** que ya señalamos que es algo que debemos evitar. **En algún momento debemos parar y encontrar una causa que no tenga otra causa.** Por una cuestión lógica **nada puede ser causa de sí misma, porque debería ser anterior a sí misma y eso es imposible.** Pero tampoco pueden haber infinitas causas eficientes, porque entonces no existiría ninguna por el inconveniente de la regresión sin fin. **Es necesario que exista una causa eficiente primera, que según Tomás es la que todos llaman dios.**

- La *tercera vía* tomista se centra en la diferencia entre los seres contingentes y los seres necesarios que mencionamos más arriba.
Como las vías anteriores, esta demostración de la existencia de dios comienza con una apreciación que cualquier lector de la *Suma Teológica* debería admitir como cierta:

hallamos en la naturaleza cosas que podrían existir o no existir. El mundo está poblado de seres que se reproducen, nacen, crecen y mueren. Tienen la posibilidad de existir y no existir, y aunque seguramente sería una realidad muy aburrida, el mundo puede prescindir de nosotros, por ejemplo. Tomás cree que **es necesario que algo detenga la contingencia** de volverse un regreso al infinito. No podemos tener un mundo en el que todo es contingente ya que, por definición, sería un mundo que podría no haber existido jamás. Esto es porque, según su manera de entender el mundo, **las cosas que son contingentes debieron no ser en algún momento del tiempo**. Si todas las cosas son contingentes, en algún momento todas las cosas no existieron y no deberían existir tampoco ahora, porque lo que no existe no empieza a existir más que en virtud de lo que ya existe y si nada existía, fue imposible que empezase a existir cosa alguna. Yo sé que todo esto suena a un trabalenguas o a una frase sin sentido, pero léela de nuevo despacio y la entenderás: **si todo es contingente, este mundo no debería existir**…. *¡pero es obvio que levantamos la vista de este libro y está lleno de cosas contingentes!* Entonces **debe haber un motivo por el cual existen**. La única forma es que, entre estos entes, haya alguno necesario, es decir, **que tiene la razón de su necesidad en sí mismo** porque si su necesidad dependiera de otro deberíamos aceptar una serie indefinida de cosas necesarias. **No queda otra opción, piensa Tomás: hay que admitir que existe algo que es necesario por sí mismo y que no tiene fuera de sí la causa de su necesidad, sino que es la causa de la necesidad de los demás. Eso es dios.**

- La *cuarta vía* considera **los grados de perfección que hay en los seres**.
  Sabemos por experiencia que hay seres más buenos que otros, más nobles que otros y más verdaderos que otros,

entre otras tantas cualidades. Los conceptos *bueno, noble* y *verdadero* son como los conceptos *grande* o *frío*, no pueden existir aisladamente. Si llevas a tu casa una nueva mascota y es un perro chico —un chihuahua, digamos— es posible que la reacción de tu madre o padre sea muy distinta que si llevas como mascota una rata del mismo tamaño. No será útil para calmar el ataque de nervios de tus progenitores que el tamaño de la rata, por el que entraron en crisis de llanto, sea idéntico al de un chihuahua porque **medimos los tamaños de las cosas a partir de otras cosas similares.** El chihuahua es pequeño comparado con un perro gran danés, pero la rata que quieres de mascota es gigante comparada con otros roedores. Lo mismo sucede con las notas que obtienes en los exámenes: si es un 4 o un 9 depende de cuán similar es a un examen hecho sin errores, que es el que tiene como calificación un 10. No puede haber un examen de 11 o de 12 puntos. **Que algo sea más o menos bueno depende de cuánto se acerca o se aleja de la bondad máxima, que es el punto en el cual compararse y que nada podría estar por encima.** Esto significa que debe existir algo que sea el punto de referencia, que sea lo más bueno y noble posible. Necesariamente debe haber un ente o ser supremo que es causa de esas características y de otras como la verdad. **Ese algo que es para todas las cosas causa de su ser, de su bondad y de todas sus perfecciones es lo que llamamos dios.**

Aunque en su momento fueron muy celebradas, y aún se pueden escuchar argumentos similares cuando se habla de dios, lo cierto es que estas cuatro vías tienen muchos detractores. Los filósofos contemporáneos a Tomás, y los que lo sucedieron, no quedaron muy impresionados con estos razonamientos. Por un lado, siendo Tomás un ferviente católico (no solo es considerado Santo sino también *Padre de la Iglesia,* una distinción muy selecta para aquellos que trabajaron especialmente para dar forma al catolicismo tal como lo conocemos hoy), sorprende que sus argumentos sean sobre un dios tan genérico y distante que no se parece en nada al del Nuevo Testamento. Un motor inmóvil y una causa primera no parecen buenas caracterizaciones de Jehová, Jesús o el Espíritu Santo, que son personificaciones cercanas, que tienen un vínculo paternal con hombres y mujeres, que escuchan nuestros pedidos y rezos. De hecho, **uno de los problemas del argumento de las cinco vías es que es compatible con el politeísmo**: podría haber varios dioses que mueven sin ser movidos, que causan sin ser causados y demás requisitos. Pero si incluso estamos dispuestos a aceptar esto —*después de todo, al comenzar a pensar en este caso dijimos que no nos preocuparían los detalles de cómo es dios, sino solamente si podemos demostrar su existencia sin recurrir a la fe*— hay **dos problemas graves**. El primero es que no todos los filósofos creen que la regresión al infinito sea algo tan terrible. Tomás asume que sí o sí debe haber un punto de inicio para todo (movimiento, causa, seres contingentes, etc.), pero nunca demuestra por qué, sólo se horroriza con la posibilidad. Varios creen que necesita desarrollar qué sería específicamente lo lógicamente imposible de esto. En segundo lugar, el dios que queda demostrado en las cuatro vías es excepcional en muchos sentidos: no se adapta a las reglas que debemos obedecer el resto de los mortales. *¿Qué nos garantiza que no haya otros seres que tampoco siguen estos parámetros?* Si existe la chance de que existan cosas sin que dios sea responsable, entonces no necesitamos de dios, podríamos prescindir de él. Además de estos cuestionamientos al tipo de dios al que se arriba, y ciertas inconsistencias internas, las cuatro primeras vías de Tomás no parecen sostenerse bien con el conocimiento que tenemos hoy de nuestro mundo y nuestro universo. Pero *la quinta vía,* por la cual Tomás cree que se puede demostrar la existencia de dios sin recurrir a la fe, es bien distinta de las anteriores y debe ser analizada por separado. De hecho, se popularizó varios siglos después gracias al filósofo y teólogo cristiano de origen británico **William Paley**, que la rescató del olvido, le quitó las telarañas y la adaptó un poco. Es un argumento **tan convincente** que es posible que lo hayas escuchado alguna vez, aunque jamás te haya interesado la filosofía, ya que aparece en varios debates públicos cuando se discuten corrientes como el **creacionismo**. En *la quinta vía* Tomás se interesa por **la manera en la que funciona el mundo**. Para él todos los días somos testigos de cosas que carecen de conocimiento o conciencia, como los pájaros u otros animales, que obran por un fin sin sospecharlo y que, de hecho, obran de la misma manera, aunque nadie se los haya enseñado o ellos lo hayan aprendido conscientemente para conseguir lo que más les conviene. Es por esto que debemos entender que hay una intención detrás, pero ellos no tienen conocimiento ni sabiduría. Debemos coincidir, entonces, **en que hay alguien que guía lo que sucede,** de la manera en que el arquero dirige una flecha que llega a destino sin saber cómo lo hizo. **Aquel que dirige todo, que necesariamente es inteligente, es para Tomás aquello que llamamos dios.**

Este argumento, que desde Kant llamamos **teleológico**, es más popularmente denominado **diseño inteligente**. Paley reformuló la idea de Tomás como un argumento inductivo por analogía, en el que, considerando un estado particular de cosas en una situación determinada, creemos que lo mismo sucederá en una situación que es razonablemente parecida a esa situación. Para este inglés, debemos pensar en un reloj abandonado en la playa. Al encontrarlo, ¿creeríamos que la arena produjo un reloj así de la nada? Seguramente no: examinaríamos el reloj hasta analizar sus partes, ver que están relacionadas, que los engranajes coinciden entre sí, que cumplen una función (dar la hora). En este caso, llegaríamos a la conclusión de que alguien inteligente construyó ese reloj pensando en un diseño con una función particular. Es por esto que llamamos a este argumento teleológico, **porque nos habla del propósito final**. En este caso, un diseño pensado por alguien inteligente para dar la hora. Las tijeras, los bolígrafos, los manubrios de una bicicleta: fueron creados de esa manera porque deben cumplir con un propósito establecido de antemano.

El cuerpo humano y el de cualquier animal puede ser equiparado con el de una máquina de alta precisión, con numerosas partes interrelacionadas y que trabajan entre sí de una manera fascinante y maravillosa, que tomó miles de años descifrar y de la que aún no conocemos todos los detalles.

El resto de los seres vivos también tienen estructuras internas complicadas y sorprendentes, que interactúan entre sí de manera armoniosa y natural. Las leyes que gobiernan nuestra realidad son increíblemente precisas y adecuadas. Esto no puede ser un simple accidente. Para Paley, **así como el reloj nos habla de la existencia de un relojero, la naturaleza y el mundo nos hablan de su hacedor, que es dios**. Quizás alguna vez tuviste una intuición similar a la de Paley: conocer cómo funciona el mundo, nuestro cuerpo o alguna parte de la naturaleza nos hace pensar que alguien las tuvo que haber creado de manera perfecta. El razonamiento del diseño inteligente es hoy muy popular y todos los que lo escuchan por primera vez suelen apurarse a coincidir con él. Los filósofos, en cambio, son más cautos. Si el argumento de Paley es por analogía, hay que encontrar por qué la situación del reloj no es lo suficientemente similar como para establecer esa relación. Y lo cierto es que nuestro cuerpo, por ejemplo, no es tan parecido a un reloj en cuanto a que tenemos partes que no tienen una función específica, como el bazo o los pezones en los hombres. Paley, sin embargo, contraataca explicando que no conocemos que tengan una función específica, quizá la tienen y no la conocemos.

Después de haber leído estas páginas,
#PIÉNSALO:

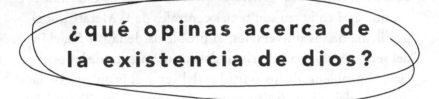

¿qué opinas acerca de la existencia de dios?

Para seguir preguntándote y pensando

La fascinación que generó durante siglos el argumento de **Anselmo**, que hasta hoy es discutido y analizado, es tal, que hay muchas formulaciones y variantes, además de críticas, contraargumentos y defensas. Algunos encontrarán este tipo de discusiones algo abstractas, pero en el fondo se trata de las tesis filosóficas generales que hay detrás de cada autor. Lo que está en juicio son temas centrales de la **Metafísica**: el problema de **los universales**, el problema de **la predicación del ser**, el problema del **origen del conocimiento de las esencias**, el problema de **los sentidos del ser** y el problema de **la división del ser en finito e infinito**, entre otros. Tanto los defensores del argumento ontológico como sus objetores se ven obligados a fijar y discutir su posición con respecto a estas cuestiones y otras similares. Así, el análisis necesario para sostener o rechazar la prueba de Anselmo es una excusa para que se hablen de estas cuestiones y es por esto que es uno de los grandes temas clásicos durante gran parte de la historia de la filosofía. *Proslogium* no es quizás el texto más amigable para los no iniciados, pero una vez que se entiende la lógica detrás, es una lectura muy enriquecedora.

En cuanto a las críticas destacadas a Anselmo, la más popular y demoledora es la de **Kant**. Aparece en varias obras de su primer período, pero está formulada con el ejemplo de los táleros en *Crítica de la Razón Pura*.

Dios es un protagonista destacado de la filosofía de **Descartes**, aunque a veces haya que rastrearlo un poco. Además de lo que discute en *Meditaciones Metafísicas*, en donde aparece como una sustancia destacada y diferente de la *res cogitans* y la *res extensa*. El argumento que expuse en este caso aparece con variantes en algunas obras. En donde está desarrollado de forma más clara es en *Principios de filosofía*.

Las cinco vías de **Tomás de Aquino** están presentes en *Suma Teológica*, un libro monumental en varios sentidos: por tamaño, por lo ambicioso que se propone y por cómo escribe este Padre de la Iglesia. *Recomendable sólo para valientes.*

Finalmente, las ideas de **William Paley** con respecto a lo que hoy conocemos como el **argumento del diseño inteligente** están en su libro *Teología Natural*, de 1802, pero se repite en muchos autores contemporáneos.

Ser Persona

¿Por qué soy yo quien soy
y no soy otro?

¿Por mi cuerpo?

¿Por mi mente?

¿Por mis recuerdos?

Si es así, ¿por qué no considero que soy otra

persona si sufro cambios corporales u olvido

algunos hechos?

Muchos creen que somos animales que piensan...

¿qué significa esto?

¿En qué medida soy animal y en qué medida

no lo soy?

¿El pensamiento es lo que nos define?

¿Qué pasa con el arte?

¿Y con nuestros afectos?

¿No somos acaso aquellas cosas que amamos?

*H*ace muchos siglos atrás Teseo, el rey fundador de Atenas, partió con su tripulación desde Creta a bordo de un gran barco. A medida que la travesía avanzaba, el navío sufría la furia del mar y se iba deteriorando: una tabla rota por acá, un marco de una ventana falseada por allá, una porción del mástil que se perdía... Por fortuna, nuestro monarca navegante era muy precavido y llevaba a bordo mucha madera, con la que sus marineros fueron creando los repuestos necesarios para cambiar lo que estaba en mal estado. Cada vez que algo se rompía o averiaba, era reemplazado por una pieza nueva en alta mar, así nunca dejaban de navegar. Finalmente, luego de mucho andar, llegaron a buen puerto. Ahora bien: cuando desembarcaron, descubrieron que habían reemplazado todas las partes del barco con el transcurso del tiempo y ya no quedaba ninguna pieza del original con el que habían partido... ¿podríamos decir, entonces, que Teseo llegó a destino con el mismo barco con el que zarpó o con uno nuevo? Es una pregunta difícil de contestar, porque si no existe nada físico del barco que salió de Creta en el que llegó a Atenas, es obvio que no puede ser el mismo. Pero, ¿es realmente otro barco completamente diferente o no? ¿En qué momento dejó de ser ese barco? ¿Con la primera tabla que se reemplazó? Esto parece raro, porque si le cambiamos un neumático a nuestro auto difícilmente digamos felices que tenemos un auto nuevo. ¿Habrá sido, entonces, con la quinta tabla cambiada? ¿Acaso cuando hubo más partes nuevas que viejas? Si pudiésemos hablar con el dueño del barco o con sus tripulantes, ellos estarían totalmente convencidos de que siempre estuvieron a bordo de la misma embarcación, que no hubo cambios. Pero los que lo recibieron en Atenas conocieron un barco totalmente distinto al que partió de Creta. El barco de Teseo nos trae un verdadero dolor de cabeza: es muy difícil saber exactamente el punto en el que una cosa pasa a ser otra distinta si reemplazamos sus partes.

Quizás a **Teseo** nunca se le cruzó por la mente este problema porque, después de todo, a él sólo le importaba que el barco cumpla con su objetivo y lo pueda llevar a destino. Mientras cumpliera con su función, estaría todo bien. Es como si, mientras duerme la siesta, le robaras a tu mamá un billete de 50 pesos para comprar un helado en una tarde de calor intenso en la ciudad. Luego de disfrutar del cucurucho y refrescarte, pasas por el cajero automático y extraes 50 pesos y se lo repones antes de que ella se despierte: ¿tiene sentido que le avises que cambiaste el billete? ¿Ella acaso se dará cuenta o finalmente estamos hablando de dos papeles que tienen el mismo valor y que, por lo tanto, podríamos decir que son idénticos, aunque son dos cosas distintas? Podemos pensar en ejemplos más dramáticos, pero no imposibles: una amiga se va de vacaciones y te deja a cargo de sus tres pequeños hámsteres que tiene de mascotas. Pero un día te olvidas de darles de tomar suficiente agua y dos de ellos mueren… ¿Qué haces? Tomas una decisión muy polémica, pero crees que salvará tu pellejo y le ahorrará un disgusto a tu amiga: compras dos hámsteres muy parecidos en una veterinaria y reemplazas a los fallecidos. Ella jamás se entera de lo sucedido y llama a las nuevas mascotas con los viejos nombres. Si años después, lleno de culpa, le confesaras la treta, ¿ella creería que sus hámsteres son otros o, como ha pasado tanto tiempo, los nuevos roedores ya serían los propios? ¿Se podría hacer lo mismo con un perro o un gato? *¡Ahá…! Sin duda, este es un caso para la filosofía.*

• • •

Abandonemos las aguas del mar y las mascotas muertas para mirarnos a nosotros mismos. *¿Hemos sido siempre nosotros o algo nos cambió?* Seguramente somos más grandes que cuando nacimos. Y tenemos partes que antes no teníamos y que aparecieron con el crecimiento y la pubertad. Tal vez, incluso, perdimos partes, ya sea en un accidente o de forma mucho más cotidiana, como cuando nos cortamos el pelo o las uñas. Seguramente alguna vez jugamos a imaginar qué le diríamos a nuestro yo de hace diez años, a fantasear qué consejo le daríamos a una versión más joven de nosotros mismos (*"¡No te enamores de tal que te va a terminar lastimando!"* o *"¡Compra bitcoins!"*). Si pudiese viajar en el tiempo y hablar con el Tomás del pasado, le diría que no use pantalones chupines, aunque estén de moda, y quizá le advertiría de que no vote a tal o cual candidato. Pensemos en las cosas que nos gustaban una década atrás o cuando éramos chicos: ¿cómo puede ser que siguiéramos esa banda de rock barrial que no afinaba un tema? ¿Yo soy el mismo que se tatuó el nombre de la persona que me rompió el corazón? ¿Cómo es que soy el mismo que se hizo trencitas cuando viajó por primera vez a una playa de Brasil? Nos sucede lo mismo cuando leemos viejos estados de Facebook, o cuando nos encontramos con algún diario íntimo de la adolescencia o cuando descubrimos una vieja carta de amor: ¿cómo puede ser que hayamos escrito o pensado eso alguna vez?

¿Es posible cambiar tanto? ¿O será que nosotros no somos los mismos de ayer?

Todos hemos cambiado mucho con los años, pero lo hemos hecho de una manera más radical de la que posiblemente podamos reconocer. **Existe evidencia científica que nos muestra que la inmensa mayoría de las células que formaban nuestro cuerpo hace siete años han muerto y han sido reemplazadas por otras.** Y aquellas células que no mueren, como algunas de las que constituyen nuestro cerebro, han renovado sus átomos y moléculas. En sentido estricto, entonces, nosotros somos fundamentalmente diferentes de aquella persona del pasado. **Como el barco de Teseo, no tenemos las** mismas partes con las que emprendimos este viaje desde que llegamos a este planeta.

• • •

Si la constitución misma de nuestro cuerpo cambió casi por completo con el tiempo, *¿por qué creemos que seguimos siendo la misma persona desde que nacemos? ¿Qué nos hace ser quienes somos? ¿Nuestra mente o nuestro cerebro?* Si pensamos que es nuestra mente y no nuestro cerebro, eso nos llevaría a preguntarnos qué sería nuestra mente si no es algo físico. Después de todo, es discutible que exista algo no físico en el mundo. Y si pensamos que es nuestro cerebro, como órgano del cuerpo también sufre cambios con el paso del tiempo y es muy diferente de cómo era hace unos años. **Quizá podríamos salir de este atolladero pensando que lo que hace que mantengamos nuestra identidad en el tiempo no es nuestro cerebro sino su actividad.** Somos los mismos por nuestros recuerdos, por el punto de vista que adoptamos frente a las cosas que nos suceden. Somos, en ese sentido, nuestra memoria. **Pero existe evidencia científica que nos muestra que muchos de nuestros recuerdos fueron cambiando con el tiempo o que incluso tenemos recuerdos falsos de cuya veracidad estamos convencidos.** En ese caso… ¡la base de nuestra identidad sería cambiante y una mentira! Es lo que sucedería con las personas que sufren algún desequilibrio: si nuestra identidad son nuestros recuerdos y nosotros después de un golpe creyéramos que somos Napoleón y pudiésemos recordar nuestras grandes hazañas, ¿quién podría desmentirnos? **Al parecer, no hay manera segura de defender nuestra identidad personal.** Estamos todo el tiempo en constante cambio... *¿será entonces que nosotros no somos los mismos de ayer?* Una vez más, cuando creíamos que estábamos seguros de algo, la filosofía metió la cola y empezamos a dudar de si somos nosotros mismos o alguien más o qué es lo que hace que seamos personas y no simplemente cosas. **La identidad de los objetos y de las personas trae muchos problemas. Veamos algunos.**

• • •

Podemos pensar la identidad como una relación que una cosa mantiene sólo consigo misma. Soy idéntico únicamente a mí mismo y no a otra cosa. Si hubiese otra cosa idéntica a mí, entonces eso también sería yo. *¿Cómo puede ser que algo tan sencillo ocasione tantos problemas?* Bueno, como vimos con el barco de Teseo, los billetes de 50 pesos, los hámsteres muertos y nuestras propias células, **el problema es que las cosas cambian y nada es exactamente igual a como estaba recién.** Pensemos en *Superman*, ¿es acaso idéntico a Clark Kent? (Supongo que esto califica como *spoiler*, así que perdón si llegaste a esta etapa de tu vida sin conocer la identidad secreta del superhéroe más famoso del mundo, y si eres Lex Luthor y estás leyendo esto por favor no le digas a Superman que te lo conté yo).

La pregunta es si Superman y Clark Kent comparten la misma identidad, es decir, si mantienen entre ellos una relación que es única.

En principio parece que sí: lo que diferencia a uno de otro es un par de anteojos y un traje muy apretado con una capa. Ambos vivieron las mismas experiencias: fueron enviados desde un planeta llamado Krypton, terminaron en el planeta Tierra y fueron criados por la familia Kent en una granja. Pero hay muchas cosas que diríamos de Clark Kent —que es tímido, que trabaja como periodista, que se toma el autobús para ir de su casa a la redacción del *Daily Planet*— que no diríamos de Superman. Y viceversa: Clark Kent no vuela, no rescata a damiselas en apuros ni es considerado un paladín de la Justicia. Luisa Lane conoce a Clark Kent y conoce a Superman y, sin embargo, ella no diría que son idénticos. Además, hubo otras personas que dijeron ser Superman que no son Clark Kent, como cuando Doomsday mató al último hijo de Krypton y aparecieron cuatro candidatos distintos que decían ser el original. En un sentido, entonces, Clark Kent es Superman, pero en otros sentidos parece no serlo.

Uno de los que se preocupó por este tema —*aunque no conoció a Superman y jamás leyó un cómic porque vivió en el siglo XVII*— es **Gottfried Wilhelm Leibniz**, quien postuló una famosa fórmula llamada **identidad de los indiscernibles**. Según él, **si dos objetos comparten todas sus propiedades, entonces esos objetos tienen que ser idénticos y, por lo tanto, son el mismo objeto y no dos.** Estas propiedades tienen que ser cualitativas, es decir, propiedades que pueden ser instanciadas por más de un objeto y que no involucran una relación con ningún otro objeto particular, como ser de color verde o tener forma rectangular. De esta manera, es imposible que dos objetos sean numéricamente distintos si comparten todas sus propiedades no relacionales, es decir, propiedades que no impliquen establecer una relación con otro objeto. Si una cosa que llamaremos "x" no es idéntica a una cosa que llamaremos "y", entonces tiene que haber una propiedad que valga para "x" y no valga para "y" o que no valga para "x" y valga para "y". Pero si "x" e "y" comparten todas sus propiedades, entonces "x" es idéntico a "y" y cada propiedad de "x" debe ser una propiedad de "y". **Para Leibniz, entonces, si "x" e "y" son la misma entidad, entonces tienen exactamente las mismas propiedades.** Esto significa que ni bien le cambiaron el primer tornillo al barco de Teseo, se volvió un nuevo barco, ya que adquirió una propiedad que no tenía. Y

Superman y Clark Kent no pueden ser idénticos porque tienen propiedades diferentes: uno es parte de La Liga de la Justicia mientras que el otro es periodista; uno usa calzoncillos afuera de los pantalones y otro adentro. Luisa Lane cree que Superman puede volar pero que Clark Kent no puede volar. En ese sentido, ella le adjudica a Superman una propiedad que Clark Kent no tiene y entonces, siguiendo la regla propuesta por Leibniz, no son objetos idénticos. *¿Cuánto se puede cambiar sin dejar de ser la misma cosa?*

Después de todo, el cambio parece ser la única constante en nuestro mundo.

• • •

El filósofo estadounidense **Allan Gibbard** propuso otro ejemplo: un escultor recrea al gigante bíblico Goliat en dos partes, su torso y la parte inferior de su cuerpo, usando un gran bloque de arcilla que bautizó *Lumpl*. Une ambas partes y obtiene una obra de arte a la que llama, apropiadamente, *Goliat*. La escultura es un éxito y comienza a ser requerida por varios museos y galerías. En uno de esos traslados, la estatua se cae y se rompe en cientos de pedazos. En ese momento, tanto *Goliat* como *Lumpl* quedan destruidos. En el sentido de Leibniz, diríamos que *Goliat* y *Lumpl* son una y la misma cosa: ambas estuvieron en salas de museos y galerías, ambas fueron admiradas por el público y celebradas, ambas tienen el mismo valor económico en el mercado. Es más, podríamos decir que física y molecularmente son idénticas, ya que no hay parte de *Goliat* que no sea *Lumpl* ni parte de *Lumpl* que no sea *Goliat*. Sin embargo, cuando las partes de arcilla son reunidas y vueltas amasar, *Lumpl* regresará, pero *Goliat* no. Y si pusiéramos una imagen de *Lumpl* junto a una de *Goliat*, muchos estarían dispuestos a decir que estamos en presencia de cosas diferentes. Y es difícil que alguien pagara por *Lumpl* lo que pagaría por *Goliat*. **La identidad de los indiscernibles muestra así tener muchos problemas.**

Quizás una manera para mantener la idea de identidad y a la vez poder admitir cambios sea distinguir entre sus propiedades aquellas que son **esenciales,** es decir, *las que tienen que estar sí o sí,* de aquellas que son **accidentales,** es decir, *que pueden o no estar.* Las propiedades esenciales son los elementos que no pueden faltar para que una cosa sea lo que es y las propiedades accidentales son aquellos atributos que pueden estar ausentes y que no convertirían esa cosa en algo diferente. En el caso de Tomás, el autor de este libro, si mi pelo es negro o si me lo tiño de rubio, no parece cambiar mi identidad, por lo que sería una propiedad accidental. Perder un brazo o una pierna en un accidente tampoco me haría menos Tomás, así como tampoco cambia mucho si tengo bigotes o no (*¡nunca tengo porque no me crecen!*). Pero si en vez de estudiar filosofía hubiese estudiado profesor de educación física o me hubiese dedicado al canto, quizá no sería este Tomás. Lo mismo si hubiese nacido en otra familia, en otro país o en otro momento histórico. *¿Cuál es el límite?* Pensemos en un caso más sencillo: el árbol de una plaza. Ese árbol sigue siendo el mismo en primavera, lleno de hojas, como en otoño, cuando está pelado. Y si se lo podara o se le cortaran sus raíces para que no dañe las instalaciones de la plaza, también diríamos que es el mismo árbol. Pero si lo cortamos por completo, lo volvemos pulpa y con eso hacemos papel con el que se imprime un libro, ¿no nos costaría pensar que ese libro es nuestro árbol de la plaza? En este caso podríamos decir que sus propiedades esenciales cambiaron. El problema, claro, es dónde poner ese límite. De hecho, **muchos pensadores encuentran tan problemático poner un límite entre propiedades esenciales y accidentales que prefieren no hablar en esos términos...** *¿quién puede hacer la lista completa y exhaustiva de* *los rasgos que hacen que seamos quienes somos?* ¿Deberíamos incluir, por ejemplo, nuestra educación, la cantidad de hermanos que tuvimos, quién fue nuestro mejor amigo en el colegio o a quiénes votamos en nuestra primera elección? ¿Diríamos que la forma de nuestra cara, de nuestro cuerpo, que la persona a la que amamos o el equipo de fútbol por el que hinchamos es esencial o accidental? ¡Es muy difícil! En esta instancia vuelve a nuestro pensamiento una de las frases más famosas de la historia de la filosofía. La enunció **Heráclito**, que vivió en el siglo V a.C., y del que, si bien tuvo muchos discípulos en su época, no contamos hoy con ninguna de sus obras, ya que no sobrevivieron al paso del tiempo. Se cree que escribió aforismos, siendo el más conocido aquel que afirma que *"no se puede entrar dos veces en el mismo río"*. El texto original no es exactamente este, sino que esta es la manera en la que **Platón** lo recrea en su diálogo *Crátilo,* aunque refleja perfectamente lo que, según creemos, era la búsqueda intelectual de Heráclito, **la doctrina del cambio.** El río cambia constantemente y también estamos cambiando nosotros, concibiendo la idea de una realidad que está **en constante fluir.**

Si aceptamos la idea de Heráclito de que estamos en constante cambio, ¿deberíamos entonces preocuparnos por la identidad?

• • •

Quizá no nos importe tanto la identidad si pensamos en barcos o superhéroes, pero parece ser muy relevante a la hora de pensarnos a nosotros mismos y a otras personas. Sabemos que casi todos los materiales físicos que nos constituyen cambiaron en la última década. No tenemos nada en común con la persona que fuimos a los 5 años ni a los 15. Pero esto choca con la idea que tenemos de que somos los mismos desde que nacimos hasta ahora. Y tiene consecuencias importantes, porque podríamos sacar un crédito en un banco a veinte años y dejarlo de pagar en la mitad porque no somos los mismos que contrajimos la deuda, así como podríamos decirle a nuestro esposo o esposa que ya no tenemos ningún compromiso con ellos porque ambos somos diferentes de los que éramos antes. **Es por eso que es muy importante tratar de pensar cómo mantener nuestra identidad.**

La primera idea es apelar a nuestro cuerpo, a que este "vehículo", en el cual navegamos en el mundo, es el mismo desde que nacemos hasta que morimos. Pero nuestro envase físico pasa por tantos cambios en el tiempo que no podemos establecer nuestra identidad allí. Basta con ver una foto de cuando éramos chicos y una actual: es muy difícil creer que tenemos el mismo cuerpo. La ciencia nos dice que hemos cambiado las células y otros componentes que nos forman. Entonces, si no puede ser el cuerpo, debería ser la **mente**. Definir "mente" no es una tarea fácil, pero podemos traer a esta página una interesante idea del gran filósofo inglés **John Locke**, una de las figuras más importantes del pensamiento moderno y padre del **liberalismo**. Locke creía que nuestra identidad no podía estar en el cuerpo, sino en **la memoria**. Para él lo que nos mantiene siendo "nosotros" es el **flujo de conciencia** (*la memoria para él es una de las funciones de la conciencia*) que hace que podamos recordar lo que hacíamos a los 15 años y a los 25, lo que nos permite hilvanar lo que hicimos ayer con lo que estamos haciendo ahora. **Para este pensador ser uno mismo es tener conciencia y poder desplazar nuestra memoria hacia atrás o hacia adelante para comprender pensamientos y acciones.** La propuesta, no hay dudas, es atractiva y parece mucho más sólida que la que ubica nuestra identidad en nuestro cuerpo, pero tiene varios problemas. Por un lado, este flujo de conciencia del que podemos tener memoria **no** es continuo… *¡nadie recuerda qué pasa cuando duerme!* Incluso, si uno es muy bueno recordando sueños o pesadillas, la mayor parte del tiempo en que descansamos no tenemos control ni recuerdos, por lo que no seríamos "nosotros mismos" durante el sueño. Otro problema es que —salvo que seamos Funes, el personaje de **Jorge Luis Borges**—, **no recordamos todo**. Nuestra identidad comenzaría con nuestro primer recuerdo que, obviamente, no es cuando nacimos sino mucho más tarde, quizás a los 4 o 5 años (*¡o incluso más tarde! Creo que mi primer recuerdo es de mis 7 años*). Y alguien en un tribunal podría decir que, si no recuerda haber cometido un crimen, no puede ser castigado por eso, al igual que alguien que no tiene memoria de haber hecho un acto heroico no podría ser felicitado. Y si alguien sufre de demencia o enfermedad de Alzheimer, y comienza a olvidar partes de su vida, podría pasar que olvide todo lo que sucedió y bajo esta teoría sería una persona totalmente distinta que la que fue antes de enfermarse. Para colmo de males, hoy sabemos que tenemos muchos **recuerdos falsos**, lo que complica nuestra identidad.

• • •

El filósofo inglés **Bernard Williams** trabajó el tema de la identidad y desarrolló una serie de experimentos mentales —*en otras palabras, situaciones hipotéticas que nos permiten pensar cuestiones posibles*— que apela a nuestras intuiciones sobre el tema. El primero es imaginar una red de neurocirujanos muy malvados que secuestran personas para torturarlas durante días enteros. Pero, a pesar de su maldad, tiene como costumbre benévola borrar la memoria de sus víctimas, quienes terminan en la sala de castigos sin saber quiénes son ni recordar nada. Si uno terminara en manos de estos criminales, ¿preferiría que le borren la memoria o pasar por el dolor sabiendo todo? Si preferimos atravesar la tortura sin recuerdos, debe ser porque creemos, como Locke, que nuestra vida termina cuando termina nuestra conciencia y memoria, sin importar nuestro cuerpo. El segundo caso es imaginar que una secta de neurocirujanos (*Williams parece tener un encono con estos profesionales de la salud, vaya a saber uno por qué*) que se hace llamar los neurathitas. Ellos secuestran personas y van reemplazando partes pequeñísimas del cerebro de sus víctimas por otras perfectamente operativas e idénticas a las que sustituyen, pero completamente nuevas. Durante estas operaciones, además, la víctima está lo suficientemente anestesiada como para no sentir dolor, pero no tanto como para perder la conciencia, por lo que entiende todo lo que va sucediendo. A medida que van cambiando su cerebro por partes nuevas, el secuestrado se va preguntando si sigue siendo él mismo o si es otra persona, ¿cuándo sucede eso? Al parecer, siempre que te preguntes si eres tú vas a seguir siendo tú porque, aunque tu cerebro (un órgano físico de tu cuerpo) cambie por completo, si mantienes conciencia, entonces seguirás siendo tú. Al parecer, Locke tenía un buen punto cuando pensó que el cuerpo no podía ser el centro de una identidad.

• • •

La obra de Locke impactó en otro pensador vecino, un escocés cuyas ideas siguen vigentes y se siguen discutiendo. Se trata de **David Hume**, representante del **empirismo**, quien creía que el verdadero conocimiento provenía de la **experiencia sensorial**. Para él, la identidad personal (o el *"yo"*) es entendida como algo que acompaña a nuestras experiencias y percepciones y que se mantiene idéntico e invariable a través del tiempo. Para muchos, su existencia es tan evidente que no necesita ser probada. Él, en cambio, cree que, si nos detenemos a pensar, no encontraremos ninguna experiencia o dato de los sentidos del yo. **No contamos con información sensorial de**

nuestra identidad, porque se supone que es lo que acompaña a todas mis percepciones y las hace *"mías"* y no de otros. Pero no contamos con impresiones de los sentidos externos o de nuestras ideas que sean acerca de nuestro *"yo"*.

Siento frío, calor, tristeza o alegría, pero nunca me siento a mí mismo. Puedo pellizcarme un brazo para saber si es mío, pero lo que siento es el dolor de mi piel, no de mi persona.

Y cuando no tengo ninguna percepción, como cuando duermo, tampoco me percibo a mí. ¿Cómo puede ser esto posible? Es que para Hume los hombres y mujeres estamos estructurados como un haz o colección de percepciones diferentes, existentes en un perpetuo flujo y movimiento. Es como si "Tomás" fuera una caja grande y desordenada en donde hay impresiones de muchas cosas diferentes, como mi cuerpo, mi mente, las emociones que siento, los recuerdos que tengo, mi ideología, la música que me gusta, mi trabajo y la manera en la que los demás me conocen. Pero los objetos de esta caja no están estáticos, sino que entran y salen a medida que el tiempo transcurre. De hecho, el contenido de esta caja es muy diferente del que tenía hace diez años y mucho más aún de lo que era cuando nací. Y ojo con la imagen de la caja: para Hume, ni siquiera esto existe, no es que haya un recipiente fundamental, sino que somos un conjunto de impresiones que cambian todo el tiempo, aunque nuestra mente crea en la ilusión de que hay algo constante, el cuerpo que las contiene cambia todo el tiempo también. Toda la información que llega por medio de nuestros ojos, nuestro olfato, nuestro gusto, etc., atraviesa nuestra mente como una especie de escenario en el que pasan en orden, regresan o se desvanecen.

Nuestra mente, para este pensador, no es otra cosa que la contemplación consciente de tales percepciones. Y nuestra identidad, nuestro yo, no es más que una ilusión.

• • •

La posición humeana es bastante extrema. Pensemos en otro experimento mental, esta vez el de un inglés que vivió en el siglo XX, **Derek Parfit**. Imaginemos que finalmente, y hartos de embotellamientos y de colectivos que van llenos, se inventa un nuevo modo de movernos: **la teletransportación**. Al igual que a bordo de la nave Enterprise de la serie *Star Trek*, este dispositivo descompone la materia átomo por átomo, copia toda esa información y la transmite a Marte a la velocidad de la luz. Una vez que esa información llega a ese planeta, es captada por otra máquina que toma los átomos y reconstruye la forma original gracias a copias de la misma materia orgánica que estaba en la Tierra. Como el teletransportador reproduce la forma tal cual era, se mantienen los recuerdos de nuestra memoria, nuestros pensamientos y para nosotros es como si en un abrir y cerrar de ojos nos moviésemos de lugar. Aunque suene algo descabellado, creo que todos diríamos que la persona que es desintegrada en la Tierra y la que es reintegrada en Marte es la misma. Y que lo que hay en el medio es un viaje de 59 millones de kilómetros. A pesar de los temores iniciales, la invención es un éxito y más y más personas se animan a utilizarla. Pero una investigación periodística destapa un secreto: el verdadero funcionamiento del aparato no es transportar las moléculas al otro planeta, sino que simplemente copia la información del sujeto que ingresa, destruye todas sus células y las reproduce en el planeta rojo. Es decir que todos los que han usado el teletransportador han sido desintegrados y reemplazados por un clon. Esto desata un escándalo, porque uno de los que ha usado este sistema de transporte es el presidente de los Estados Unidos. Quien se sienta ahora en la Casa Blanca, entonces, no es quien fue elegido en las urnas sino una persona totalmente diferente, aunque tiene sus recuerdos y es indistinguible del original. *¿Qué diríamos ahora? ¿Que los que viajaron son la misma persona o que son otras?* **No hay una sola molécula de su cuerpo original en el nuevo cuerpo.** Pero, si el dato no se conociese, nadie sospecharía nada, empezando por los propios viajeros. Si consideramos que no hay mayores problemas, entonces las ideas de Hume no nos deberían parecer tan raras: no hay nada especial en la sustancia en la que suceden las percepciones, **porque no somos más que un manojo de estas sensaciones que van pasando por el teatro de nuestra mente.** Mientras el transportado crea que hay una identidad en ese haz de experiencias, todo estará bien.

• • •

Un gran filósofo estadounidense, **Daniel Dennett**, le dio un giro al experimento: supongamos que el presidente de los Estados Unidos prefiere evitar el transportador, para no ser acusado de que su clon no fue elegido democráticamente, y llega a Marte en una nave especial. Al arribar a la base terrícola, lo reciben con bombos y platillos, pero un desperfecto inesperado pone en peligro el lugar, haciendo que su destrucción sea inminente y total. La única salida es usar el transportador, *¿qué elegiríamos en su lugar?* ¿Morir o ser clonados bajo estas circunstancias? **Dennett se pregunta si la identidad es algo que se puede teletransportar sin problema.** Por ejemplo, si copiamos una película de una computadora a una memoria USB y borramos la original, sigue siendo la misma película, ¿o no? La película es un archivo electrónico que, en última instancia, es un código complejo con información. ¿La identidad también puede verse solo como información o somos algo más? Al parecer todos tenemos resistencia a tele-transportarnos, nos provoca miedo y sospechas. *¿Será algo anacrónico, como sugiere Dennett, o instinto de supervivencia?* Las mismas intuiciones se nos despiertan con los casos de **transplantes de cerebros**, la hipotética situación de que podamos mudar nuestro cerebro como hoy hacemos con un corazón o los pulmones. Pero qué sucedería si, por ejemplo, tres amigos que viajan en un automóvil sufren un terrible accidente de tránsito que le deja a uno el cuerpo destrozado y a sus dos acompañantes la cabeza rota. Los médicos tienen una única manera de salvarlos a todos, transplantar un hemisferio del primer hombre a los cuerpos de los otros dos. Una junta médica lo autoriza y, al despertar, los dos hombres aseguran ser dueños del cerebro original. Si se les hacen preguntas, responderán como lo haría el hombre del cerebro intacto y tendrán sus mismos recuerdos. *Esto nos parece absurdo, ¿no es cierto?* Para Parfit, si no aceptamos este caso tampoco deberíamos aceptar cualquier ejemplo de un cerebro transplantado, porque en esencia es lo mismo.

Al parecer, entonces, el cerebro (o nuestra mente) tampoco puede ser la sede de nuestra identidad.

Esto significa que tenemos que pensar en nuestra responsabilidad: *¿podemos comprometernos con un juramento "para toda la vida", como cuando nos casamos?* Hemos comprobado que cambiamos tanto que eso parece difícil, los matrimonios terminan siendo uniones de seres humanos que van modificándose muchísimo con el transcurso del tiempo, tanto física como mentalmente. Los sentimientos que tenemos hoy no serán los mismos en una década, así como posiblemente nuestras ideas y convicciones. Nos consolamos pensando que nuestros valores son los mismos de siempre, pero lo cierto es que si nos topásemos con nosotros mismos hace diez años, tendríamos muchas diferencias... y eso es sano. Mantenernos iguales y sin cambios no sólo es casi imposible, sino que también habla de un estancamiento, de un problema de madurez. Para Parfit, **la responsabilidad frente a nuestras acciones y el compromiso que expresamos en un juramento están ligados al grado de conexión que tenemos hoy con nuestra versión del pasado que hizo la promesa o aceptó la responsabilidad en aquel momento.** Si a los 20 años le prometiste a tu mejor amigo que te casarías con él si no encontraban pareja cuando tuvieran 40, lo cierto es que no tienes por qué cumplir con ese juramento si no se estuvieron viendo en este tiempo o si los dos son muy diferentes ahora. Quizá nos atraiga la idea de que las amistades, los matrimonios y otros "contratos sociales", sean temporales, el problema es que con el mismo razonamiento deberíamos abolir las penas de muchos años: quien pasa veinticinco años en la cárcel seguramente será una persona muy diferente al quedar libre de la que fue culpable de ese crimen.

· · ·

Una vez más nos encontramos con un dolor de cabeza... ¡por qué es tan difícil algo que debería ser tan fácil! *¿Cuál es la importancia de ponernos a pensar sobre nuestra identidad personal?* Porque, además de entender si tengo la obligación de pagar las cuotas de mi tarjeta que quedaron pendientes luego de cambiar de cuerpo en un transplante de cerebro, lo que yo defina como "persona" también estará atado a temas muy delicados como la interrupción del embarazo, la eutanasia y la pregunta acerca de si los animales pueden ser personas... *¿sólo los seres humanos son personas o deberíamos aceptar también que los orangutanes, los chimpances y otros simios también lo son?*

Para los filósofos y las filósofas la palabra "persona" es un término técnico que no debe usarse livianamente. Hay que precisar qué quiere decir uno con esta palabra, porque no es claro que necesariamente sea lo mismo que "ser humano". Es función de la biología determinar quién es humano y quién no y, para algunos todo se resume, al fin y al cabo, en si tiene o no un determinado ADN. **Las personas, en cambio, no se pueden determinar con un experimento en un laboratorio, sino que son un conjunto de individuos que mantienen ciertos rasgos.** Esos rasgos están en disputa y no hay una única opinión al respecto, pero como mencionamos, es una discusión muy importante, porque **todos aquellos que entren en ese conjunto serán objeto de consideraciones morales que los que queden afuera no tendrán.** Aquellos que sean parte del selecto grupo de "las personas" tendrán derechos y obligaciones específicos y únicos. Es por eso que, si pensamos que los óvulos fecundados, aunque son humanos no son aún personas, entonces interrumpir el embarazo en ciertas etapas es lo correcto, mientras que si creemos que desde el momento mismo de la concepción —y aunque no sean más que un grupo de células sin capacidad de sentir y sin órganos— existe una persona, abortar sería equivalente a un homicidio. Algo similar ocurre con los cuerpos en estado vegetativo permanente o con un electroencefalograma plano: con la pérdida irreversible de funciones cerebrales y sólo respirando gracias a máquinas, muchos creen que ya no hay personas, sino una suerte de cáscaras vacías. Es por eso que apoyan la **eutanasia,** ya que creen que el que está en la camilla no es quien solía ser, sino sólo un cuerpo. **Trazar una línea que establezca quién es persona y quién no implica muchas consecuencias.** Están los que creen que ciertas acciones pueden hacer perder la condición de persona. Matar a alguien o atentar contra su vida puede ser una forma de perder este privilegio que justifica a quienes apoyan la pena de muerte en ciertos casos, porque se asume que luego de cometer un delito gravísimo, el criminal ya no merece ser tratado como una persona.

• • •

Entonces, *¿cuáles podrían ser los criterios para determinar si alguien es o no una persona?* Hay quienes creen que es necesario y suficiente con ser humano. Pero este **criterio genético**, que únicamente deja que las personas sean aquellos objetos del mundo que exhiben ADN humano, tiene problemas, porque los tumores y los cadáveres, por ejemplo, cumplen el requisito de tener este tipo de ADN, pero a nadie se le ocurriría llamarlos personas. Y hay cosas que no tienen este ADN, pero nos parecen personas, como sucedería si Superman o Thor existieran: no son seres humanos, pero creemos que tienen derechos y obligaciones. Otra posible respuesta la dio la filósofa estadounidense **Mary Anne Warren**, quien durante la década del setenta escribió artículos muy importantes sobre la interrupción voluntaria del embarazo. **Ella creía que para ser persona hay que poseer una serie de capacidades racionales y comunicativas que engloba en cinco requisitos:**

- mostrar conciencia de objetos internos y externos a ella, incluyendo la capacidad de sentir dolor;
- poseer razonamiento, esto es, la capacidad para resolver problemas nuevos;
- tener actividad automotivada, es decir, mostrar autonomía en nuestras acciones y deseos;
- tener capacidad de comunicación en un número potencialmente infinito de tópicos posibles;
- la presencia de autoconciencia individual.

En la visión de Warren, un feto no posee estas capacidades aún y, por lo tanto, el **aborto** no se puede equiparar con matar una persona simplemente porque no es una persona. El inconveniente con esta visión es que muchos bebés ya gestados y fuera del vientre materno tampoco pueden ser considerados personas porque no cumplen con los cinco requisitos, que demuestran ser muy difíciles de cumplir. Para otros filósofos, **ser persona es ser reconocido como tal, es decir, se es persona cuando la sociedad te acepta como persona y se preocupa activamente por tu bienestar.** Esto suena bien, pero deja abierta la puerta para que si esto no ocurre dejemos afuera del club de las personas a quienes deberían estar. Pensemos en qué pasaría si de repente un tirano convence a las masas de que los pelirrojos no son personas, por ejemplo, o lo que pasó durante décadas luego del descubrimiento de América, cuando los sabios de esos tiempos no se ponían de acuerdo en si los habitantes del nuevo continente eran personas o no. Se cree que pasó más de un siglo entre que **Cristóbal Colón** pisó tierra americana y se consensuó que los habitantes de estas latitudes eran personas. **Un peligro similar acecha a los que creen que ser o no persona depende de si uno cumple o no con las reglas de la convivencia con los demás, es decir, si siguen las leyes.** Es la manera en que se puede justificar la pena capital —ya que un criminal renuncia a ser una persona cuando comete un delito gravísimo— pero también queda abierta la posibilidad de que por distintos motivos la sociedad le dé la espalda a seres que son personas con el pretexto de nuevos delitos.

• • •

Queda claro entonces que si dividimos los conceptos de **ser humano** y de **persona** como dos cosas distintas nos quedan tres combinaciones posibles:

- los seres humanos que son personas;
- los seres humanos que no son personas;
- y las personas que no son seres humanos.

La primera categoría es sencilla porque en la mayoría de los casos los seres humanos que conocemos son personas. La segunda incluye los casos que mencionamos recién: embriones humanos, cuerpos en estado vegetativo y criminales que han cometido delitos gravísimos. Y en el tercer grupo se encuentran las personas que no son humanos. En un comienzo nos puede parecer extraña la categoría, ¿cómo es posible que haya personas que no sean seres humanos como tú y yo? Pero pronto aparecen varios candidatos. Desde sofisticadas máquinas —como el Teniente Comandante Data de *Star Trek*, WA-LL-E, Visión de *Los Vengadores*, Baymax de *Grandes héroes*, o los habitantes de Sweetwater en *Westworld*— hasta animales como **Sandra**, la orangután del ex zoológico de la ciudad de Buenos Aires. Sandra nació en 1986 en el zoo de Rostock, Alemania, y a los 9 años fue trasladada a la capital argentina. Cuando en 2014 sus condiciones de vida se deterioraron por el mal mantenimiento del ambiente donde vivía, una asociación que vela por los derechos de los animales presentó ante la Justicia un *habeas corpus*, una figura legal que se utiliza para casos de personas privadas ilegítimamente de su libertad. Eso implicaba que fuera reconocida como **persona no humana**. Una primera sentencia, en diciembre de ese año, se lo reconoció y fue confirmada el 21 de octubre de 2015 por otro juzgado. El falló pidió su liberación o el traslado a un santuario en Brasil.

• • •

Uno de los mayores defensores de los derechos de las personas no humanas es el filósofo australiano **Peter Singer**, quien cree que **la clave para resolver el problema radica en el dolor**. Para él es una mala idea postular a la autoconciencia como criterio de persona porque esto deja afuera a embriones, niños, dementes y animales. Es mejor trazar la línea separando a aquellos que pueden sentir dolor o placer y los que no.

La regla es, entonces, no dañar ni matar a aquellos que puedan sufrir.

Quedan fuera del grupo de las personas los embriones en sus primeros tres meses de vida y los cuerpos en estado vegetativo, pero incluye a cualquier animal con un sistema nervioso central desarrollado. Y esto es mucho, porque entonces no sólo los seres humanos sentimos dolor, sino la inmensa mayoría de los animales, lo que trae consecuencias inesperadas porque supongo que la mayoría de nosotros estaríamos dispuestos a repudiar si alguien mata a propósito a la orangután Sandra, pero ¿qué pasa cuando comemos una milanesa de pollo o celebramos un domingo familiar haciendo un asado? ¿Cómo puede ser que muchos estarían dispuestos a hacer grandes sacrificios por sus mascotas, en especial perros y gatos, pero pasan por alto la manera en que matamos millones de animales a diario para nuestra alimentación o para el testeo de productos como champús o cosméticos? **Si creemos que son personas, deberíamos repensar toda nuestra vida cotidiana de una manera profunda.** Aquellos que conocen el proceso de crianza de los animales que consumimos saben que está muy lejos de ser la dulce granja de los dibujos animados. Las gallinas suelen ser criadas en cubículos mínimos prácticamente imposibilitadas para moverse, recibiendo todo el tiempo luz para asemejar el día y generar mayor cantidad de huevos. Y los cosméticos que usamos a diario son testeados en conejos, quienes no tienen conductos lagrimales para retirar el producto, que se rocía directamente sobre sus ojos para comprobar la reacción que produce, dejando en ocasiones ciego al animal. Nunca se nos ocurriría tratar a otro ser humano de esta forma, pero sí lo hacemos con animales que no son humanos.

Singer usa la palabra **especismo** para describir esta discriminación que realizamos, poniendo a nuestra especie por encima de cualquier otra. Según él, lo hacemos porque podemos y porque obtenemos beneficios de esto, pero no existen diferencias moralmente relevantes entre nosotros y los animales que pueden sentir. También existen los que se autodenominan **especistas orgullosos**, como el filósofo estadounidense norteamericano **Carl Cohen**, quien cree que **en la naturaleza cada especie debe luchar para su supervivencia y cuidado.** En este momento de la historia, los seres humanos estamos en la cima de la pirámide de poder y esto nos convierte en mejores que el resto. Quizás en el futuro esto cambie, pero hoy es así. El problema es que hace poco más de un siglo, en Estados Unidos, por mencionar un ejemplo, era común trazar una diferencia entre seres humanos únicamente por el color de piel, una diferencia moralmente irrelevante. Y los que esclavizaban a hombres y mujeres afrodescendientes también creían en ese momento que estaban en lo más alto de la cadena natural, aunque hoy su conducta nos causa tristeza y rechazo. Tal vez en un siglo, nuestros nietos sientan vergüenza al saber cómo tratábamos a los animales. ¿Y si todo se debe a que creamos que nosotros somos animales inteligentes y el resto de las especies no? Definir qué es **inteligencia** no es tarea fácil y quizá nosotros creemos que la mejor manera de mostrar que alguien es inteligente es resolviendo un gran problema o comunicándonos con palabras… ¡*justo las dos cosas que sólo los humanos podemos hacer!* Es como si en las reglas del juego hiciéramos trampa para ganar. Por otro lado, hay muchos seres humanos que no pueden desarrollar una inteligencia tal como tradicionalmente la entendemos. Y hay mamíferos superiores —como los monos bonobos, chimpancés, gorilas y orangutanes— que superan pruebas y tests complejos, y que llegan a ser más inteligentes que los humanos. Esto diluye la posibilidad de usar la inteligencia como un criterio de demarcación, **porque hay especies que demuestran conductas altamente compatibles con versiones de lo que pensamos que puede** ser la inteligencia, como pájaros que construyen herramientas para conseguir comidas o monos que aprenden a engañar para lograr sus propósitos. Alguien podría argumentar, cansado de ver que los filósofos damos tantas vueltas con este tema, que los seres humanos dominamos y decidimos sobre la vida de los otros animales porque hace siglos y siglos que es así y se ha vuelto la norma. El uso de animales en nuestra dieta y nuestras acciones es parte de nuestra cultura desde que los homínidos se volvieron cazadores y luego se perfeccionaron en comunidades agrícolas, ganaderas y pescadoras. Aquí, de nuevo, basta con recordar que la esclavitud humana existió por muchísimo más tiempo que la conciencia de la existencia de derechos humanos, un logro muy reciente.

Si seguimos estas ideas, nos daremos cuenta de que no existen motivos suficientes para justificar el trato que le damos a los animales. Y si reconocemos que hay una posibilidad cierta de que estos animales sean personas, es difícil mantener la manera de vivir en la que vivimos, porque el control que ejercemos sobre los animales es total. El escritor **Jonathan Safran Foer**, conocido por sus novelas juveniles de amor como *Todo está iluminado*, plantea una pregunta bastante incómoda: ¿por qué no comemos perros? En todo el mundo, millones y millones de perros y gatos son sacrificados anualmente cuando no encuentran una familia que los adopten. A la vez, millones y millones de personas no acceden a alimentos de calidad, con los valores que ofrece la carne. ¿Cómo se explica que, aunque virtualmente no haya leyes en el mundo que prohíban su consumo, a nadie se le pase por la cabeza comerse a perros o gatos? Un escenario posible sería imaginar qué pensaríamos de la posibilidad de, una vez muerto, hacer un banquete familiar en torno a Bobby, el perro que nos acompañó durante casi una década. Sería tomar su cuerpo y prepararlo como un plato delicioso para homenajear los años compartidos y sentirlo más cerca nuestro. A la gran mayoría de los lectores, la sola idea de este homenaje les revuelve el estómago. ¿*Por qué?* Salvo que uno sea vegetariano o vegano no deberían existir problemas en comernos a Bobby, quien ya no siente dolor. Si realmente te molestaría comerte a tu perro o a cualquier perro o gato, pero se te hace agua la boca al pensar en el pollo con papas que prepara tu mamá, entonces eres un especista. Estás dando privilegios sin justificación a ciertas especies de animales (en este caso, a los seres humanos, los perros y los gatos).

• • •

Dejemos por un momento a los animales, que nos obligan a repensar nuestra forma de vida, y pensemos en otras personas que no son seres humanos: **los robots.** Vamos a usar la palabra "robots" como genérico para nombrar a **las máquinas que consideramos que son inteligentes.** La ciencia ficción aportó muchos ejemplos de estos seres —los androides de *Star Wars*, replicantes de Philip K. Dick en *Blade Runner*, los cylons de *Battlestar Galactica* o el dispositivo del capítulo *Vuelvo enseguida* de la serie *Black Mirror*— y día a día la tecnología avanza en esta dirección. Hoy no nos parece tan raro hablarle al teléfono o a otros aparatos. Quizás, incluso, sientas que tienes una conexión especial con tu dispositivo: sabe cómo te llamas, a qué sitios te gusta pedir delivery, dónde vives, quiénes son tus contactos. Aún falta tiempo para que *Siri* de Apple, *Alexa* de Amazon o *Google Assistant* sean como *Samantha* de la película *Her*, pero vamos camino a poder contar con una **inteligencia artificial** que se parezca en muchos sentidos a la inteligencia humana, con capacidad de resolver problemas complejos por su cuenta, reconocer situaciones, adaptarse a escenarios cambiantes y, según creen los más entusiastas, **incluso tener creatividad e imaginación.** Aún no sabemos con exactitud cómo funciona nuestro cerebro, pero no parece imposible que en un futuro una máquina tenga las mismas capacidades que nuestros cerebros. Si esto te parece una locura, pensemos en el siguiente ejemplo del filósofo estadounidense contemporáneo **William Lycan**. Harry es un robot con forma humanoide. De hecho, su diseño es ultra realista y está recubierto con un látex que es igual a la vista y el tacto que la piel humana. Harry juega al golf, sabe tocar la guitarra, escribe poemas, puede probar teoremas matemáticos y hasta puede hacer el amor. Muchos que tratan a diario con Harry no sospechan que no es un ser humano. Si alguien que lo conoce desde hace años por accidente lo lastima y ve que en lugar de sangre y carne tiene aceite y circuitos electrónicos, ¿pensaría que no es una persona? Hasta ese momento sí lo consideraba como tal y no se le cruzaba por la cabeza preguntarse si tenía o no conciencia o pensamientos, igual que tú no te lo preguntas de tus amigos o familia si fueran robots. El punto de Lycan es que **tratamos o no a alguien como una persona según cómo se comporta porque nunca podemos estar totalmente seguros de que tenga conciencia, ya que sólo tenemos acceso a su conducta y no a su mente.** Aunque no parece probable, es posible imaginar que nuestro hermano, por ejemplo, sea un sofisticado robot creado por un laboratorio secreto o por una civilización avanzada de otro planeta. **En tanto cumpla con ciertos requisitos de conducta, pensaremos que es una persona.** Si esto es así, lo que hace falta para que en un futuro digamos que Siri, Alexa o Google Assistant son personas es que puedan tener un comportamiento que se asemeje al humano. Pensar que una inteligencia artificial no puede ser una persona simplemente porque no tiene ADN humano o porque no está hecho de carne y huesos como nosotros es mero chauvinismo, asimilable a lo que sucedía con los esclavos de piel negra. **Alguien podría objetar que los robots están programados por alguien más y que nosotros como seres humanos hacemos nuestra** propia historia sin que nadie la escriba. Bueno, *esto también es discutible*. Por un lado, la programación de una máquina inteligente debería permitirle pensar y tomar decisiones una vez evaluado cada caso particular, no siguiendo siempre las mismas reglas. Y, por otro, la verdad es que no somos hojas en blanco en donde escribimos de cero nuestra historia: **lo que hace nuestra familia, los primeros años del colegio y el medio en el que crecemos se parece bastante a una programación.** Es la manera en la que explicamos diferentes reacciones y conductas de las personas a los mismos estímulos.

• • •

Tal parece que pensar en qué es una persona y cómo entender si somos nosotros mismos los mismos de siempre no es una cuestión tan sencilla...

Después de haber leído estas páginas,
#PIÉNSALO:

¿qué es ser persona?

Para seguir preguntándote y pensando

La leyenda del barco de Teseo fue contada por primera vez por **Plutarco** en el siglo I y fue utilizada por muchos filósofos; quizás el más reciente fue el pensador austríaco **Otto Neurath**, quien la usó para describir la compleja tarea de crear conocimientos científicos.

El ejemplo de Goliath y Lumpl está en el libro *Occasions of Identity* de **Allan Gibbard**.

El ejemplo del transportador a otro planeta está en el libro de **Bernard Williams** *Los problemas del yo* que incluye valiosas reflexiones sobre la identidad, problematizando las respuestas clásicas.

Las ideas de **David Hume** sobre la identidad personal están en la parte IV de su *Tratado de la naturaleza humana*, mientras que el experimento de la teletransportación a Marte es de **Derek Parfit**, aunque le agregué algunos detalles menores, y está en su libro *Razones y personas*.

Las ideas de **Mary Anne Warren** se pueden encontrar en varios artículos breves y muy agudos. El más conocido acerca de la noción de persona es *Sobre el estatus moral y legal del aborto*, de 1973, pero seguramente *Diferencia entre aborto e infanticidio* de 2000 también interesará a muchos.

En cuanto a **Peter Singer**, también todos sus trabajos son deliciosos y fuente de discusión y asombro. En varias obras trata el concepto de persona; quizá donde está más claro es en *Ética práctica*. Él y varios antiespecistas trabajan en el *Proyecto Gran Simio*, un movimiento para lograr derechos para nuestra *"familia amplia"* de grandes simios antropoides, que incluye bonobos, chimpancés, gorilas, orangutanes y seres humanos.

Epílogo

Ojalá que haber llegado a estas últimas páginas no signifique ninguna despedida ni ningún cierre, sino el comienzo de un nuevo camino de ideas y conceptos. Creo que las respuestas son importantes, pero también creo que las preguntas lo son más, así que, si te quedaste con muchas preguntas en la cabeza, me sentiré satisfecho: ahora llegó tu turno de seguir pensando.

La Argentina tiene muchísimos filósofos y filósofas que producen lecturas, comentarios y textos propios que nos ayudan a entender algunas de las grandes preguntas del pensamiento. Los textos clásicos que ya no cuentan con derechos de autor se pueden encontrar de manera gratuita en la web en páginas como el *Proyecto Gutenberg*. A la hora de buscar producción filosófica de especialistas, la página del CONICET permite acceder a un vasto material, al igual que las de las universidades con carreras de filosofía presentes en todo el país, como la UBA, la UNC o la UNLP, por ejemplo. Además, son recomendables los portales como *academia.edu*, *scielo.org*, *researchgate.net* o *Google Académico*, en los que se pueden acceder a muchísimos trabajos.

Yo suelo aprender mucho escuchando podcasts de filosofía. Los podcasts son contenidos de audio que puedes escuchar en el momento que quieras en tu celular o tu computadora. Yo escucho *Philosophize This*, *Philosophy Bites*, *In Our Time* y *The Partially Examined Life*, pero hay muchos otros. Estos están en inglés, pero si conoces el idioma no te resultarán difíciles de entender. Aunque suene a autopromoción, tengo un podcast en donde discuto problemáticas con filósofos y filósofas de la Argentina a partir de películas, cómics y programas de TV que se llama *Filosos*. Para el tono de este libro me inspiré en el canal de YouTube *Crash Course*, que también fue la base para una serie de videos que hice para *La Nación* y que se encuentran bajo el título *Filosofía para todos*.

Me hubiese gustado sumar más voces de filósofas en este libro, pero en el largo camino que venimos recorriendo desde los inicios del pensamiento, lamentablemente el mundo de las ideas no estuvo ajeno a los errores de su tiempo. Es por eso que la mayoría de las obras de las mujeres se perdieron en el tiempo o no encontraron el eco que merecían, dejándonos sin una porción central del saber. Esto está cambiando y hoy aprendo a diario del debate y lectura con colegas y autoras mujeres. Te invito a que las descubras, las leas y las difundas.

Soy un convencido del poder de la reflexión filosófica para ayudarnos a vivir mejor. Al igual que tú y tanta gente, he sufrido golpes y heridas, algunas muy profundas. Sin embargo, en medio de la vorágine de la vida cotidiana, los obstáculos que aparecen en el camino y las despedidas inesperadas e injustas, **encontré en la filosofía una herramienta para analizar lo que nos sucede y aspirar a la tranquilidad.** En ocasiones personas que me conocen y me tratan con frecuencia destacan que suelo estar de buen humor y sereno a pesar de los vaivenes cotidianos, aunque me doy cuenta que en ocasiones esto se confunde con ingenuidad, falso optimismo o conformidad. **Pero yo creo que es por la filosofía. Te aseguro que incluso en la peor tormenta, la filosofía fue mi consuelo y mi manera de no dejar de sonreír.**

Ojalá esto también te haya sucedido durante la lectura de este libro y que la filosofía se convierta a partir de ahora en tu consuelo y en tu manera de no dejar de sonreír.

#PIÉNSALO

10 Casos para la FILOSOFÍA

Índice